BEIHEFTE ZUR
ZEITSCHRIFT FÜR ROMANISCHE PHILOLOGIE

BEGRÜNDET VON GUSTAV GRÖBER
FORTGEFÜHRT VON WALTHER VON WARTBURG
HERAUSGEGEBEN VON KURT BALDINGER

134. Heft

URSULA KLENK

La Leyenda de Yusuf

Ein Aljamiadotext

Edition und Glossar

MAX NIEMEYER VERLAG TÜBINGEN
1972

ISBN 3-484-52039-6

Printed in Germany

VORWORT

Die spanischen Morisken des 14. bis 16. Jahrhunderts hinterließen ein reichhaltiges Schrifttum in spanischer Sprache, die sogenannte Aljamiadoliteratur. Diese stellt sowohl in literarischer als auch sprachlicher Hinsicht ein interessantes Forschungsgebiet dar, das jedoch, bedingt durch den Mangel an kritischen Textausgaben, bisher wenig behandelt worden ist. Erst in letzter Zeit ist es stärker in den Blickpunkt der hispanistischen Forschung gerückt. Die vorliegende Arbeit bringt eine kritische Edition eines der bedeutendsten Aljamiadotexte.

Die Arbeit wurde maßgeblich von Herrn Prof. Ineichen angeregt und gefördert. Ihm danke ich herzlich für viele wichtige Ratschläge methodischer Art und seine ständige Hilfsbereitschaft. Ferner bin ich Herrn Prof. Bihler für die vollständige Durchsicht der Arbeit zu aufrichtigem Dank verpflichtet.

Göttingen
August 1972

Ursula Klenk

VERZEICHNIS DER WICHTIGSTEN ABKÜRZUNGEN

adv.	Adverb
Akk.	Akkusativ
ar.	arabisch
arag.	aragonesisch
aspan.	altspanisch
conj.	Konjunktion
f.	feminin
hisp. ar.	hispano-arabisch
ib.	ibidem
Inf.	Infinitiv
intr.	intransitiv
jud. span.	judenspanisch
kat.	katalanisch
Ms.	Manuskript
n.	Fußnote
navarr.	navarresisch
Pers.	Person
pl., Pl.	Plural
port.	portugiesisch
p. p.	Partizip Passiv
prp.	Präposition
s.	siehe
Sg.	Singular
span.	spanisch
s.v.	sub voce
tr.	transitiv
vulg.	volkstümlich

EINLEITUNG

Die vorliegende Arbeit ist der erste Teil einer kritischen Edition der "Leyenda de Yūsuf". Er enthält den Text und zu diesem ein Glossar. Nicht im Rahmen dieser Dissertation erscheint als zweiter Teil eine Untersuchung zur Sprache des Textes. Sie umfaßt eine grammatische Beschreibung mit Berücksichtigung der Graphien und bezieht auch das Arabische in diesem Text mit ein.
Die "Leyenda de Yūsuf" gehört zur Aljamiadoliteratur[1]. Sie berichtet nach arabischen Quellen die alttestamentliche Geschichte von Joseph, dem Sohn Jakobs. Das Manuskript liegt vor in dem Codex Nr. 5292 der Nationalbibliothek in Madrid. Er wurde bereits 1888 von F. Guillén Robles in "Leyendas de José, hijo de Jacob, y de Alejandro Magno" veröffentlicht. In dieser Ausgabe, mit der beabsichtigt war, überhaupt auf die Aljamiadoliteratur aufmerksam zu machen, ist der Text stark modernisiert. Sie konnte bei der Herstellung unserer Edition manchmal Aufschlüsse über schwierige Textstellen geben, ist aber allgemein für wissenschaftliche Zwecke unbrauchbar. Auch die Fußnoten, die jeweils bei modernisierten Stellen die Lesart des Ms. angeben, sind unvollständig und häufig fehlerhaft.
Der Codex enthält nur die "Leyenda de Yūsuf". Das Ms. be-

---

1 Mit dem Terminus "Aljamiadoliteratur" wird die Literatur der span. Morisken, die in span. Sprache geschrieben ist, bezeichnet. Sie reicht zeitlich vom 14. bis zum Anfang des 17. Jhds. (die Morisken wurden 1609 aus Spanien vertrieben). Einen Überblick über diese Literatur gibt A. R. Nykl in der Einleitung zum "Rrekontamiento del rreyAlišand^{e}re".

steht aus 163 fortlaufend beschriebenen Folien zu durchschnittlich 13 Zeilen pro Seite. Es ist in spanischer Sprache geschrieben, der Text ist jedoch mit vielen arabischen Wörtern durchsetzt. Oftmals treten arabische Sätze, vor allem religiöse Lobpreisungsformeln, auf. Wie in den Aljamiadohandschriften allgemein üblich, wurde die arabische Schrift verwendet. Sie ist vollvokalisiert, ausgenommen wenige Stellen in ar. Sätzen. Zur Paläographie ist anzumerken, daß nach westlicher Weise für ar ف (fā') das Zeichen ڢ , für ar. ق (qāf) das Zeichen ڧ eintritt.
Das Tašdīd[1] ـّ ist allgemein als ـٚ wiedergegeben: in Verbindung mit Fatḥa (a) ـَ : ـَّ ; mit Kasra (i) ـِ : ـِّ ; mit Damma (u) ـُ : ـُّ ; in wenigen Fällen erscheint ـّ .
Am Anfang des Ms. fehlen 1 oder 2 Folien. Weder der Autor noch der Titel der Legende sind bekannt. Auch enthält das Ms. kein Datum der Abschrift. Daß es sich bereits um eine Abschrift einer anderen Handschrift handelt, ist an versehentlichen Wiederholungen von Wörtern und Sätzen (vgl. zum Beispiel in der Edition 38 n. 1) ersichtlich und besonders daran, daß zwei Schreiber an dem Ms. gearbeitet haben (zweiter Schreiber ab 305 der Zählung in der Edition).
Mit ziemlicher Sicherheit kann gesagt werden, daß die "Leyenda de Yūsuf" die Übersetzung eines arabischen Textes ist. Darauf weist vor allem die Sprache hin, die sich syntaktisch und wortbedeutungsmäßig oft eng an das Arabische anschließt. Die "Leyenda" steht ferner ganz in der koranischen und nachkoranischen Tradition der Josephsgeschichte. Sie hält sich in ihrem Aufbau an den Bericht in der 12. Koransure, aus der häufig zitiert wird. Betreffs einzelner Episoden, die im Koran nicht erwähnt sind, ist besonders mit den Korankommentaren von Tabarī und Baydāwī und den Prophetenlegenden (Qiṣaṣ al-'anbiyā') von T̠aᶜlabī und Kisā'ī zu vergleichen[2]. In der "Leyenda de Yūsuf" wird als Gewährsmann häufig Kaᶜb al-'Aḥbār "der Rabbiner Kaᶜb"

---

1 Das Tašdīd steht im Arabischen als Verdopplungszeichen von Konsonanten.

2 Vgl. auch M. Schmitz, Über das spanische Poema de José, Romanische Forschungen XI, S. 315 ff., 623-27, R. Menéndez Pidal, Poema de Yuçuf S. 97 ff.

genannt, auf den sich auch Ṯa^{c}labī und Kisā'ī berufen. Ka^{c}b al-'Aḥbār, der im 7. Jhd. lebte, war ein jemenitischer Jude, der zum Islam übergetreten war. Er ist einer der ältesten Gewährsmänner der biblischen Überlieferung im Islam. Es ist jedoch kein schriftstellerischer Nachlaß von ihm bekannt [1]

Eigenheiten in Lautentwicklung, Morphologie und Lexikon weisen die "Leyenda de Yūsuf" als aragonesischen Text aus. Doch ist die Sprache allgemein bereits stark kastilianisiert. Das Ms. ist, nach einigen Lautentwicklungen zu schließen, ins 16. Jhd. zu datieren: lat. F- > h findet sich schon sehr oft [2]; für arag. -ll- < lat. -LI̯-, -C'L-, -G'L-ist allgemein akast. j (im Ms. durch ar. ج ğim dargestellt, Umschrift ğ) eingetreten, arag. ll ist beim ersten Schreiber bewahrt in filla 90 (sonst fiğo, -a, -oš, -aš 1^{4} passim), konšellaban 17, konšella 27, k^{u}rusillada 38, 96, 164, 209, 214, chinolloš 60 (mit der Graphie l: konšelarronše 17, konšelo 27, k^{u}rusilada 28, 213) [3]; kast. -ch- < lat. -CT- und -LT-der Verbindung -ULT- ist allgemein übernommen, arag. -it- erscheint nur beim ersten Schreiber in dito 31, 86, (sonst dicho 8, 11 passim) und den Dialektalismen dereytağe 19, 21 passim, f^{u}ruyta 7 (daneben f^{u}ruta, -aš 7^{2}, 119^{4}, 168) und beim zweiten Schreiber in fe'ito 311 (daneben hecho, fecho 305, 319) [4]. Lat. PL-, CL- sind beim ersten Schreiber noch ziemlich oft erhalten, z.B. in p^{o}loro 8, 17, p^{e}lega 102, k^{a}lamo 70, daneben erscheint die kast. Entwicklung zu ll, z.B. in llorar 105, llego 59, llamar 144 (mit der Graphie l: lama 163, lamaba 285 sowie die meisten Formen von "llegar", z.B. legaba 1,2 legaše 29).

---

1 Zu Ka^{c}b al-'Aḥbār vgl. Enz. Isl. II, S. 622, M. Schmitz, op. cit. S. 321.

2 Zum Erscheinen von h - < F- in arag. Urkunden vgl. F. Lázaro, Formas castellanas en documentos zaragozanos, Argensola II, S. 48-49, M. Alvar, El dialecto aragonés S. 164.

3 Zum Auftreten von kast. j < lat. -LI̯-, -C'L-, -G'L-in arag. Urkunden vgl. F. Lázaro, op. cit. S. 48, 50, M. Alvar, op, cit. S. 192.

4 Zum Auftreten von kast. ch < -CT-, -LT- von -ULT- in arag. Urkunden vgl. ebenfalls F. Lázaro, op. cit. S. 48-50, M. Alvar, op. cit. S. 191.

Herstellung der Ausgabe:

1. Der Text ist in lat. Umschrift etabliert. Bei der Transskription wurde im großen Ganzen mechanisch verfahren.

a) Umschrift der Konsonantenzeichen: [1]

Ar. Hamza ء (bzw. mit Hamza gleichwertiges Alif ا): Umschrift: im Innern von span. und ar. Wörtern: ' ; sonst ist Hamza (bzw. dieses Alif) nicht bezeichnet: es steht immer am Anfang von Wörtern, die in der Umschrift mit Vokal beginnen und nicht mit dem vorhergehenden Wort durch einen Bindestrich verbunden sind (s. 3.)

Ar. ب bā' : Umschrift: b

Ar. بّ bā' mit Tašdīd : Umschrift: in span. Wörtern: p; in ar. Wörtern: bb

Ar. ت tā' : Umschrift: t

Ar. ث tā : Umschrift: t̠

Ar. ج ǧīm: Umschrift: ǧ

Ar. جّ ǧīm mit Tašdīd: ch

Ar. ح ḥā' : Umschrift : ḥ

Ar. خ ḫā' : Umschrift : ḫ

Ar. د dāl : Umschrift : d

Ar. ذ ḏal : Umschrift : ḏ

Ar. ر rā' : Umschrift : r

Ar. ز zāy : Umschrift : z

---

1 Zur Aussprache des Arabischen vgl. R. Blachère, M. Gaudefroy-Demombrynes, Grammaire de l'arabe classique 3. ed. S. 23ff. (Paris 1952), speziell J. Cantineau, Cours de phonétique arabe (Alger 1941).

Ar. س sīn : Umschrift: s

Ar. ش šīn : Umschrift: š

Ar. ص ṣād : Umschrift: ṣ

Ar. ض ḍād : Umschrift: ḍ

Ar. ط ṭā' : Umschrift: ṭ

Ar. ظ ḏ̣ā' : Umschrift: ḏ̣

Ar. ع ᶜayn: Umschrift: ᶜ

Ar. غ ġayn: Umschrift: in span. Wörtern: g; in ar. Wörtern: ġ

Ar. ف fā' : Umschrift: f

Ar. ق qāf: Umschrift: q

Ar. ك kāf: Umschrift: k

Ar. ل lām: Umschrift: l

Ar. م mīm: Umschrift: m

Ar. ن nūn : Umschrift: n

Ar. ه hā' : Umschrift: h

Ar. و wāw: Umschrift: w; im Diphthong "au": u

Ar. ى yā' : Umschrift: y

Doppelbuchstaben in der Umschrift repräsentieren das dem einfachen Buchstaben entsprechende ar. Zeichen, das mit Tašdīd versehen ist. In der Verbindung von ar. Artikel und folgendem Sonnenbuchstaben liegen der Umschrift in Doppelbuchstaben jedoch oftmals auch andere Graphien zugrunde, (s. 5.). Ferner steht nn für zwei aufeinanderfolgende ن nūn (das erste mit dem Zeichen für Vokallosigkeit) in annillare 193, ennoblesiʸan 121 sowie in der Verbindung von ar. Artikel und folgendem ar. n in annabī آنْنبِى 305, 320, annabiyeš 139; ebenfalls stehen in annūbbu'a 141 zwei ن hintereinander, das zweite hat dazu Tašdīd: آنْنُبُوَّة

Die ar. Nunationsendungen[1] un, in (an kommt nicht vor) sind

1 Das sind die Deklinationsendungen des indeterminierten ar. Nomens.

durch die Nunationszeichen ٌ (un), ٍ (in) dargestellt und werden in der Umschrift normal ausgeschrieben, z. B. qadīrun 225, ššayyin 225.

b) Umschrift der Zeichen für Vokale:

Ar. َ Fatḥa: Umschrift: a; ā in Allāh, in diesem Wort ist allgemeinem ar. Schriftgebrauch entsprechend das Längungszeichen im Ms. nicht gesetzt.

Ar. اَ Fatḥa mit Alif: Umschrift: in span. Wörtern: e; in ar. Wörtern: allgemein ā; in einigen ar. Wörtern, in denen اَ an der Stelle von klass. ar. a auftritt, wobei Schließung zu e in der Aussprache mit Sicherheit angenommen werden kann, steht die Umschrift e, z. B. in ašeyṭān 11 (ar. aš-šayṭān), essalām 110 (ar. as-salām); ferner ist e gesetzt, wenn اَ an der Stelle von klass. ar. i steht: dies ist der Fall in Ebrahim 163, Esmācīl 140; ferner e in Rraubel 32 (dieser Name im Ms. sonst in der Form Rraubīl, Rraubil, vgl. im Glossar S. 137); ebenfalls tritt e ein für einen durch اَ dargestellten Auslautvokal, der an ein in der Pausalform auf Doppelkonsonanz endendes ar. Wort neu herangetreten ist: es finden sich damit al^{c}ilme 179, 263, arrizke 47, 113[4], 176, 225, 227, Miṣre 236.

Die Umschrift ā tritt ferner für يَ, Fatḥa mit yā', am Ende ar. Wörter ein: es erscheinen mit dieser Graphie ta^{c}ālā 1, 4, 7 passim (ta^{c}alā 324 mit Fatḥa und Alif), ^{c}ālā 225, 320 (ar. ^{c}alā), chalā (ǧallā) 38, 39, 138, 194, 212, 239, 274 (ar. ǧalla); ebenfalls mit diesem ي, aber unvokalisiert: ṣallā 136.

In Mūsā 7, 136, ^{c}Īsā 136 tritt ā für Fatḥa + yā' + Alif, يَا, ein, in ^{c}Isā 7, wo ebenfalls Fatḥa mit Alif erscheint, ist im Ms. nicht zu erkennen, ob die Schleife bei س (sīn) ein yā' darstellen soll.

Ar. ِ Kasra: Umschrift: i

Ar. ُ Ḍamma: Umschrift: in span. Wörtern: u oder o, je nach dem normalen Auftreten der beiden Vokale im Spanischen; in ar. Wörtern: allgemein u; das Ḍamma, das in ar. Wörtern für ein aus ar. au entstandenes o (oder u ?) [1]

---

1 Der Lautwert steht nicht ganz fest. Span. Arabismen zeigen allgemein Entwicklung von ar. au zu o. Im Hispanoarabischen ist eine Entwicklung jedoch kaum belegt sondern

steht, ist durch o wiedergegeben: es erscheint in alchohar (alǧohar) 75, 85, 92, 93 passim (ar. al-ǧauhar; vgl. span. aljofar), fir^{c}oneš (fir^{c}ōneš, vgl. nächsten Absatz) 196, 229 (ar. im Singular fir^{c}aun).
Ar. ُو Ḍamma mit wāw: Umschrift: in ar. Wörtern: allgemein ū, ō in fir^{c}ōneš 229 (vgl. vorigen Absatz); in span. Wörtern ist diese Graphie in der Umschrift nicht berücksichtigt (sie wird zusammen mit der folgenden Graphie in der Untersuchung zur Sprache des Textes besprochen).
Ar. ِي Kasra mit yā': Umschrift: in ar. Wörtern: ī; für die Graphie in span. Wörtern gilt dasselbe wie bei Ḍamma mit wāw.
In Ableitungen und Formen von ar. Wörtern, die durch Anfügung einer span. Endung gebildet sind (z.B. der Plural mit span. -eš in almalakeš 3 u.a.; die 3. Pers. Sg. des Perfekts mit span. -o in ḫalāqo 7 u.a.) richtet sich die Umschrift der Vokale im ar. Wortteil nach den genannten Regeln für ar. Wörter, im spanischen nach denen für span. Wörter.
An nichtvokalisierten Stellen wurden die Vokale ergänzt. Diese Stellen sind jeweils in einer Fußnote vermerkt.

2. Zwischenvokale und Zwischenkonsonanten:
Steht beim ersten Konsonanten einer am Silbenanfang auftretenden span. Konsonantengruppe ein Vokalzeichen, so ist das dem Vokalzeichen entsprechende Umschriftszeichen erhöht gesetzt, z.B. in k^{e}resi^{y}a 2, p^{o}loro 8 (span. Konsonantengruppen im Wortanlaut und im Silbenanlaut nach Konsonant haben fast immer einen solchen Zwischenvokal).
Die Umschriftszeichen w und y der Buchstaben و wāw und ي yā', die in span. Diphthongen und Hiaten als konsonantische Träger für das Zeichen des zweiten Vokals eintreten, sind ebenfalls erhöht gesetzt, z.B. in nasi^{y}eron 1, enbi^{y}eš 15, depu^{w}eš 1; auch in satzphonetischer Verbindung, z.B. in i^{y}-era 1, i^{y}-alabate 5, šu^{w}-ermano 269. Erhöhtes y steht ferner, wenn in ar. Wörtern nachkonsonantisches y mit folgendem Vokal durch die Graphie iy + Vokal wiedergegeben ist: adduni^{y}a 224, ali^{y}akūtaš 84, alwaḥi^{y}a 46.

---

der Diphthong bewahrt. Die Entwicklung zu ū erscheint in verschiedenen magrebinischen Dialekten, in anderen dieser Gruppe die zu ō. Vgl. A. Steiger, Contribución S. 360 ff.

3. Im Ms. zusammengeschriebene Wörter (z. B. häufig Artikel mit Substantiv) wurden in der Edition nach der üblichen Schreibweise im Spanischen getrennt.
Ist ein vokalisch anlautendes Wort mit einem vorangehenden konsonantisch auslautenden in der Weise verbunden, daß das Zeichen des Anlautvokals über den Auslautkonsonanten gesetzt ist (wobei Hamza bzw. Alif wegfällt, s. 1.a; vgl. aber Alif bei Allāh unter 5.), so tritt in der Umschrift zwischen die beiden Wörter ein Bindestrich (z. B. in un-arbol أُنَرْبُلْ 1).

4. In satzphonetischen Verbindungen ist bei Elision eines von zwei aufeinanderfolgenden gleichen Vokalen, die zu zwei verschiedenen Formen gehören, die erste Form apostrophiert, z. B. in t'enbi^{y}a 15. Bei Elision des Auslautvokals einer Form vor folgendem davon verschiedenem Vokal ist die Form apostrophiert, z. B. in t'aš 12, š'abi^{y}a 26. Bei Elision des anlautenden Vokals einer Form nach einem von diesem verschiedenen Vokal ist an der Stelle des Vokals der Form ein erhöhter Punkt gesetzt, z. B. in šu·rmano 1, šino·n 183. Geläufige Verbindungen, wie z. B. del, della, dakel, sind zusammengeschrieben beibehalten. Elision eines von zwei gleichen Konsonanten ist in folgenden Fällen durch Apostroph bezeichnet: e'nu^{w}ešt^{a}ra 240, e'nošot^{o}roš 20, ko'nošot^{o}roš 247, 252, a'nasido 271.

5. Zur Umschrift des ar. Artikels: Der ar. Artikel al- ist in der Edition immer mit dem folgenden Substantiv zusammengeschrieben.
Vor einem Sonnenbuchstaben[1] (ohne Tašdīd) ist das ل (lām) des Artikels durch das Umschriftszeichen wiedergegeben, das dem Sonnenbuchstaben entspricht; dieses erscheint also zweimal, da es noch einmal für den Sonnenbuchstaben selbst eintritt, z. B. in assalām السلام 14. Dieselbe Umschrift tritt aber auch ein, wenn der Sonnenbuchstabe Tašdid hat,

---

1 Bekanntlich wird das l des Artikels an die sog. Sonnenbuchstaben (t, ṯ, d, ḏ, r, z, s, š, ṣ, ḍ, ṭ, ḏ̣, l, n) assimiliert, indem diese verdoppelt werden. In der ar. Orthographie bleibt l jedoch erhalten, bei Vokalisation wird über den folgenden Sonnenbuchstaben Tašdīd gesetzt.

wobei ل entweder vorausgeht oder weggelassen ist:
mit ل z.B. arrizke آلرِّزْكَا 113 (3.), ohne ل z. B. assamā اَسَّمَا 113. Ferner ist diese Umschrift verwendet bei ل vor س (sīn), das in ssalam (ssalām) لسَلَمْ (لسَلَامْ) der Sätze ^{c}alayhi wa ssalām (ssalam) 2, 87, 205, ṣala (ṣalla) Allāhu ^{c}alayhi wa ssalam (ssalām) 54, 119, 142, 202, 254 und ṣallā Allāhu ^{c}alayhīm wa ssalam ^{c}ağma^{c}īna 136 auftritt. - Eine Zusammenstellung der Fälle mit den genannten Graphien wird in der Untersuchung zur Sprache des Textes gegeben.

Ist das a des Artikels in syntaktischen Verbindungen elidiert, sog. Verbindungsalif als bedeutungsloses graphisches Zeichen jedoch bewahrt, so erscheint in der Umschrift an der Stelle des a ein waagerechter Strich, z. B. in عَلَيْهِ ٱلسَّلَامْ ^{c}alayhi -ssalām 2. Die Fälle, in denen auch das Verbindungsalif fehlt, sind durch einen hochgesetzten Punkt an der Stelle des a gekennzeichnet, z.B. وَلْحَمْدُ wa·lḥamdu 327. Dasselbe gilt für das Wort Allāh (<al-'ilāh), z.B. de -llāh 4, ohne Alif i·llāh 45.

In den Verbindungen von Allāh mit einem vorangehenden Wort nach der in 3. beschriebenen Weise, ist das Alif in einem Teil der Fälle bewahrt. Es wird in der Umschrift nicht mit berücksichtigt. Folgende Fälle treten auf: أَدَ ٱللّٰهْ ad-Allāh 4, 19 passim (22mal), اَنْتَدَ ٱللّٰهْ entad-Allāh 151, يَا ٱللّٰهْ y-Allāh 280; dagegen ohne Alif: أَدَلّٰهْ ad-Allāh 16, 18 passim (20 mal). In den Fällen mit Alif könnte auch Ellāh transskribiert werden, doch ist diese Variante in anderem Kontext nur einmal (5) vertreten. Die Verbindung دَاللّٰهْ 27, 44 passim (23mal) kann als de·llāh, d'Ellāh oder d'Allāh gelesen werden. Für die Ausgabe wurde analog die Umschrift d'Allāh gewählt.

6. Die arabischen Wörter (s.S.XVII) sind, um sie besser kenntlich zu machen, unterstrichen. Dies betrifft jedoch nicht die ar. Namen und die häufige Vokativpartikel yā, es sei denn, sie stehen in einem ar. Satz.

7. Die Gliederung des Textes in Absätze und die Interpunktion, beide im Ms. nur wenige Male vorgegeben, wurden nach dem inneren Zusammenhang durchgeführt.

8. An den Stellen, wo der Text des Ms. verbessert wurde, ist jeweils die Lesart des Ms. in einer Fußnote angegeben. Ergänzungen zu fehlerhaften Manuskriptstellen sind in run-

de Klammern gesetzt.

9. Die Nummerierung am Rand der Ausgabe wurde nach Manuskriptseiten vorgenommen. [1]

10. Die Fußnoten enthalten außer Bemerkungen zum Ms. vor allem sprachliche Erklärungen zur Übersetzung der Koranstellen im Text.

Das Glossar: Das Glossar besteht aus einem spanischen und einem arabischen Teil. Es enthält ferner eine Zusammenstellung der Eigennamen.
Der span. Teil enthält die typischen Aljamiadowörter des Textes, diejenigen Wörter, die in der Bedeutung von der normalen kastilischen abweichen (zugrunde gelegt ist hier das Kastilische des 16. Jhds.), ferner die Aragonismen, Katalanismen und sonstigen dialektalen Formen sowie die Formen, die in der kast. Hochsprache bereits veraltet waren. Tritt hier neben einem formal von der Hochsprache abweichenden Wort auch die hochsprachliche Parallelform auf, so ist diese jeweils in einer Klammer vermerkt. Diejenigen arag. Formen, die sich vom Kastilischen nur durch eine für dieses oder das Aragonesische typische Lautentwicklung, die allgemein auftritt, unterscheiden, sind nicht ins Glossar aufgenommen.
Wie der Vergleich mit anderen Aljamiadotexten zeigt, gibt es in dieser Literatur eine Reihe von neugebildeten Wörtern, die allgemein im Spanischen nicht auftreten, jedoch innerhalb der Aljamiadoliteratur ziemlich verbreitet gewesen zu sein scheinen. Es sind vor allem von einem Substantiv oder Adjektiv abgeleitete Verben auf span. -ecer, z.B. aberdadeser, adebdeserše, alibyaneser, amucheser, enb^{a}lankeserše, und Abstrakta auf span. -mi^{y}ento, z.B. benimi^{y}ento, amami^{y}ento.
Semantische Eigenheiten scheinen sich in den Aljamiadotexten, die aus dem Arabischen übersetzt sind, durch das Übersetzen zu ergeben. Der Bedeutungsbereich vieler ar. Wörter ist von dem der spanischen, die dieselbe Grundbe-

---

1 Im Ms. selbst ist bereits eine Seitennummerierung von moderner Hand erfolgt, doch sind dabei Versehen unterlaufen.

deutung haben, doch sehr verschieden. Bei wörtlicher Übersetzung kann daher ein span. Wort in einen Zusammenhang geraten, wo es ganz ungewöhnlich ist. Solche Fälle finden sich auch in der "Leyenda de Yūsuf", vgl. z.B. Glossar s.v. ašentar.
Um die Verbreitung typischer Aljamiadowörter zu zeigen, wurden im Glossar bei diesen vorhandene Parallelstellen der zwei Aljamiadotexte "Rek. Ališ". und "Leyes de Moros" angegeben. Auch sonst wurde häufig auf Lexika und Glossare verwiesen, um über Belegstellen von Wörtern zu informieren.
Der ar. Teil des Glossars enthält die ar. Wörter und Sätze des Textes. Als ar. Wörter rechnen jedoch nicht die span. Arabismen, die bereits im 16. Jhd. ins Spanische entlehnt waren; das Wort alqaṣar "alcazar", das zwar meistens in der ar. Schreibweise auftritt, wird ebenfalls zu den span. Wörtern gerechnet. Der ar. Teil enthält ferner die Derivationen ar. Wörter mittels span. Endungen. Diese hybriden Formen sind ebenfalls typisch für die Aljamiadoliteratur.

Eine technische Bermerkung: Tritt ein verzeichnetes Wort auf einer Ms.-Seite mehr als einmal auf, so ist die Häufigkeit durch eine Hochzahl hinter der Seitenangabe bezeichnet.

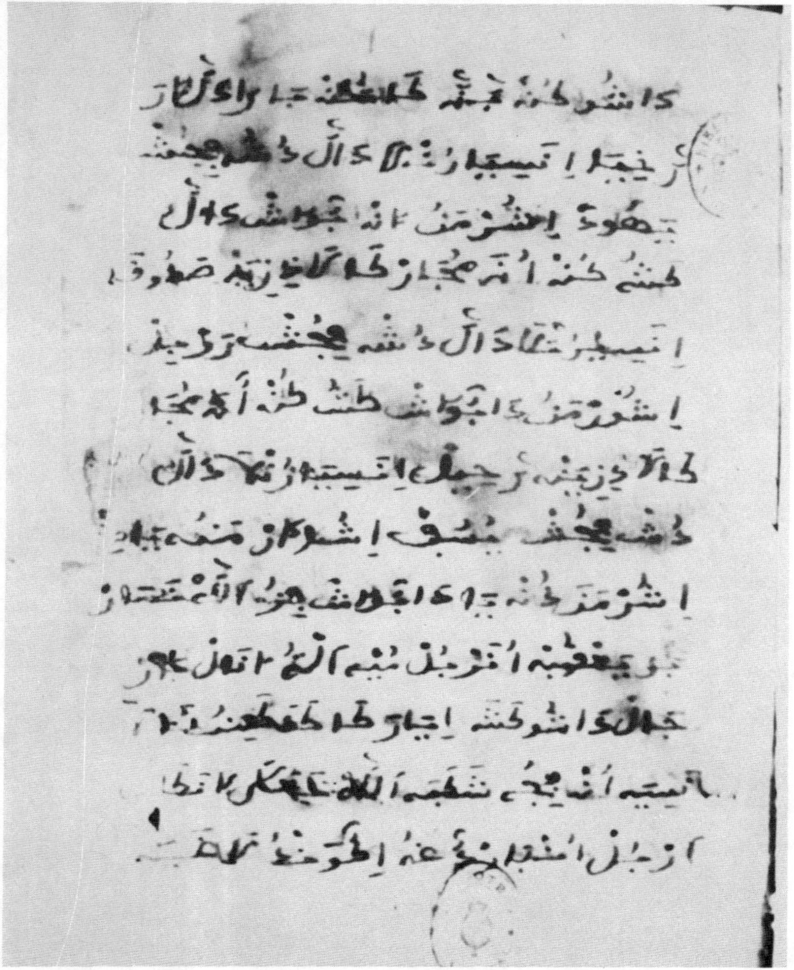

Manuskript 5292 der Biblioteca Nacional, Madrid, S. 1-15

كَاكَدَا تْرَايِيَه أَلْجِبْرِيلُ مَن شَابَه كَدَه [illegible]
مِيبَه أَلْحَلَالْ [illegible] إِلُوشْ [illegible] أَ أَ [illegible]
الْقَمَنْ شَابَه [illegible] كُنْ تَنِيم [illegible] آل
[illegible] إِ [illegible] أَبَاقْ إِتْسِيبَا [illegible] أَبَال
[illegible] إِشْكَدَا أَلّٰه [illegible]
[illegible] كَال أَوْجِيلْ أَشْرَابَارْ [illegible]
إِلْهُنْ [illegible] أَلْمُشْ [illegible]
[illegible] إِلْوُزْ [illegible]
[illegible] أَلْقَلَامْ [illegible] أَلْقُبْرُ [illegible]
[illegible] إِلْحَقْ [illegible] أَلْعَبْ
[illegible] إِسْيَبَا [illegible]
[illegible] إِلْوَاجَارْ [illegible] إِسْيَبَا [illegible]
[illegible] عَلَيْهِ وَلَدْ [illegible]

إِأَنَا [illegible] أَلْمُجِيبُ [illegible]
[illegible] إِشْكَلَ [illegible]
[illegible] لُشْ [illegible]
آزَاشْ [illegible] إِسْيَبَا [illegible] أَلْكَفْ
إِزَاشْ [illegible] إِسْيَبَا [illegible]
[illegible] إِسْيَبَا [illegible] عَلَيْهِ السَّلَامْ
[illegible] إِبْرَاهِيم [illegible]
الْقَدْ شَابَه [illegible]
[illegible] إِشْقَبَة [illegible]
إِ [illegible] أَلْحَبْرُ [illegible]
[illegible] إِلْقَلَ [illegible] إِأَوَاشُ
[illegible]
[illegible] إِلْحِلْوَ [illegible]

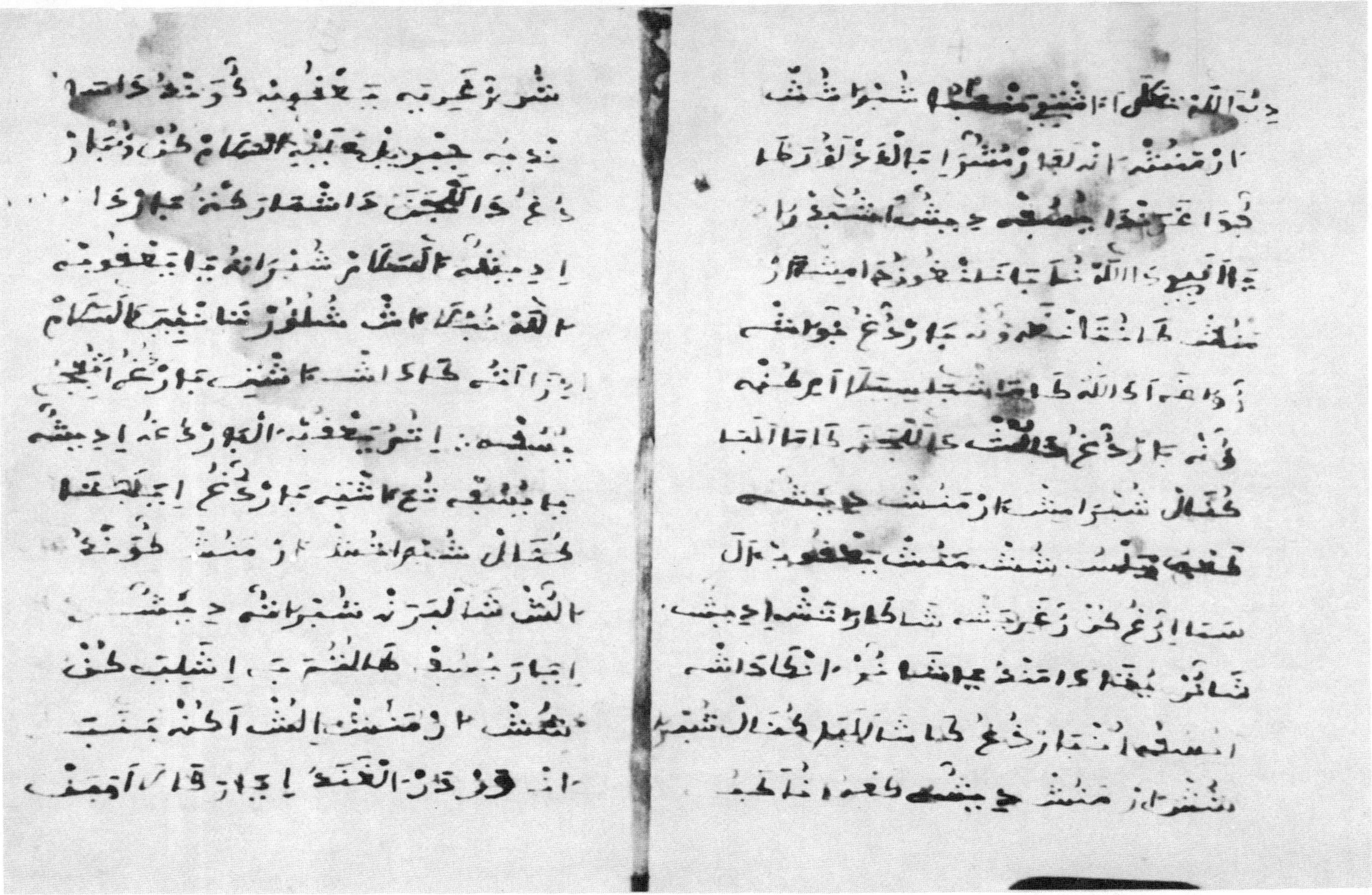

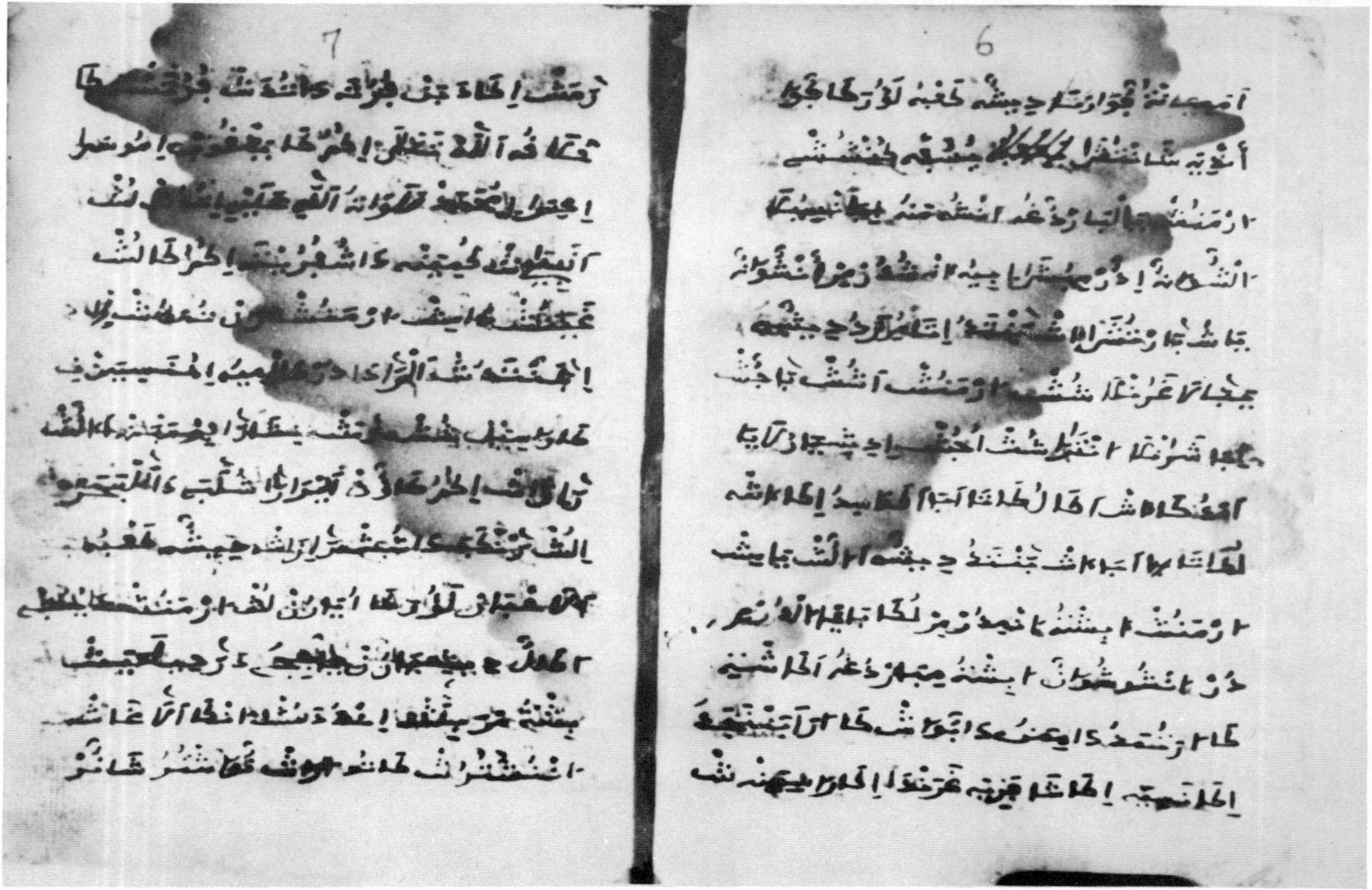
7
6

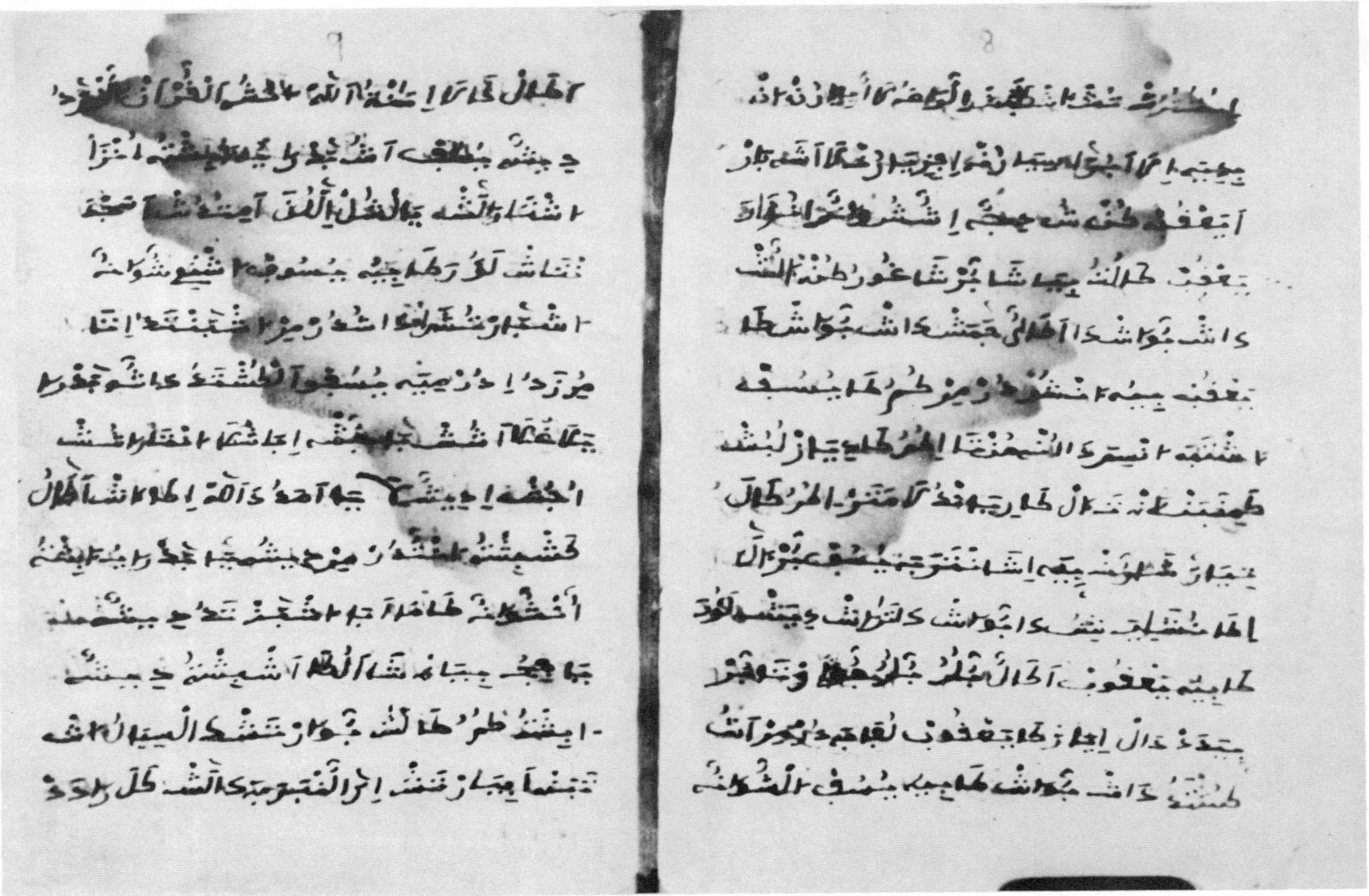

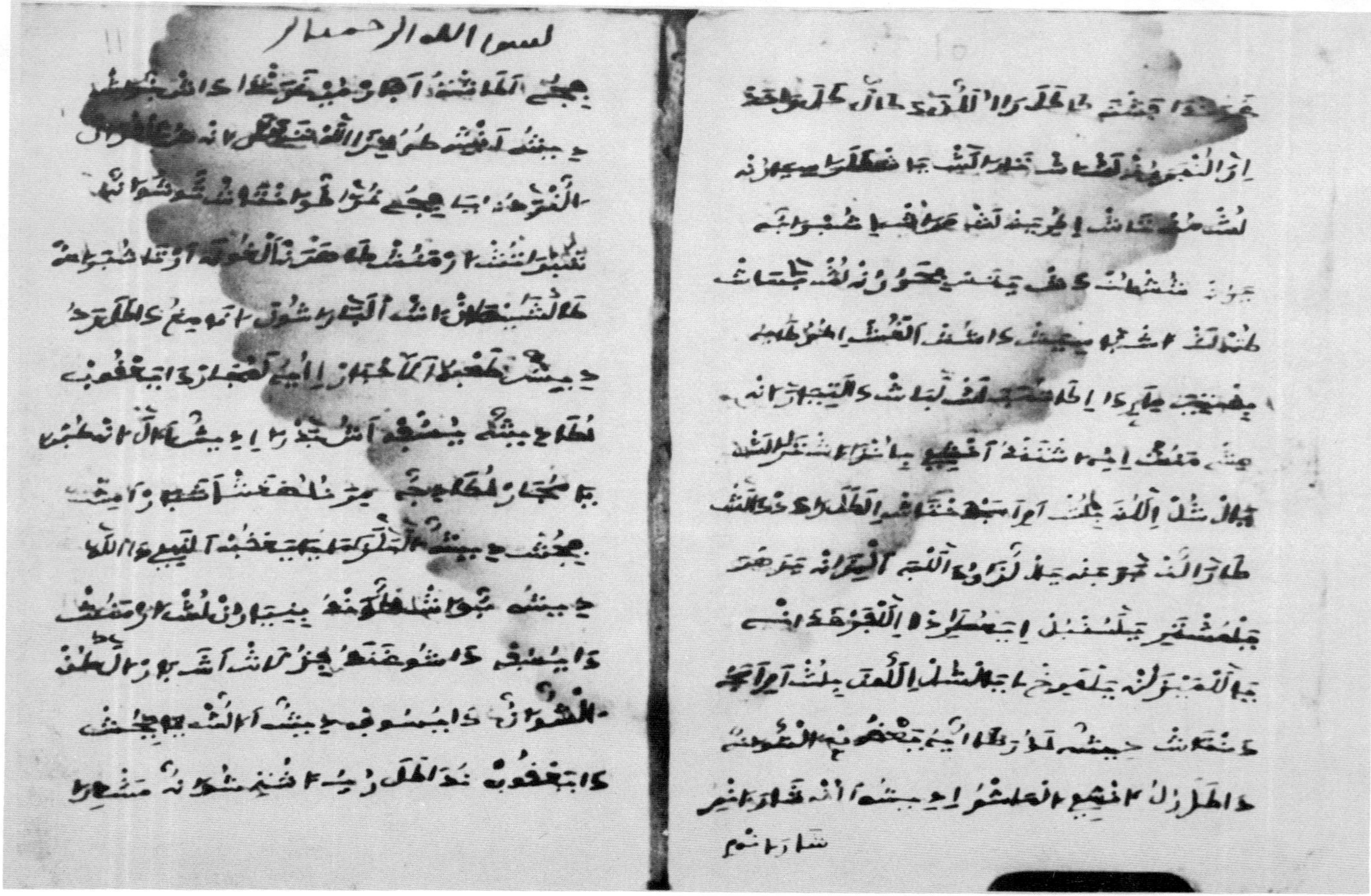
بسم الله الرحمن

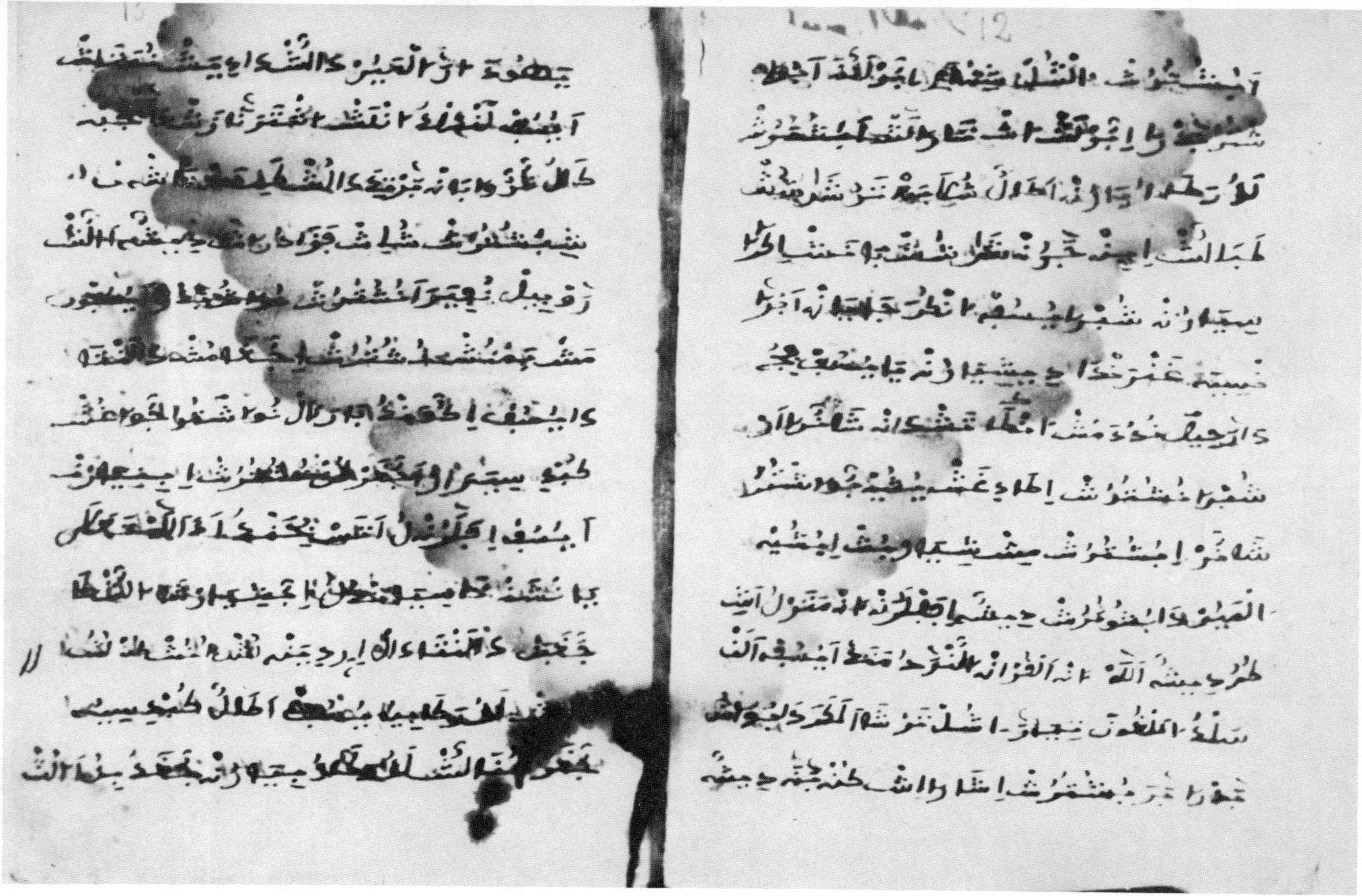

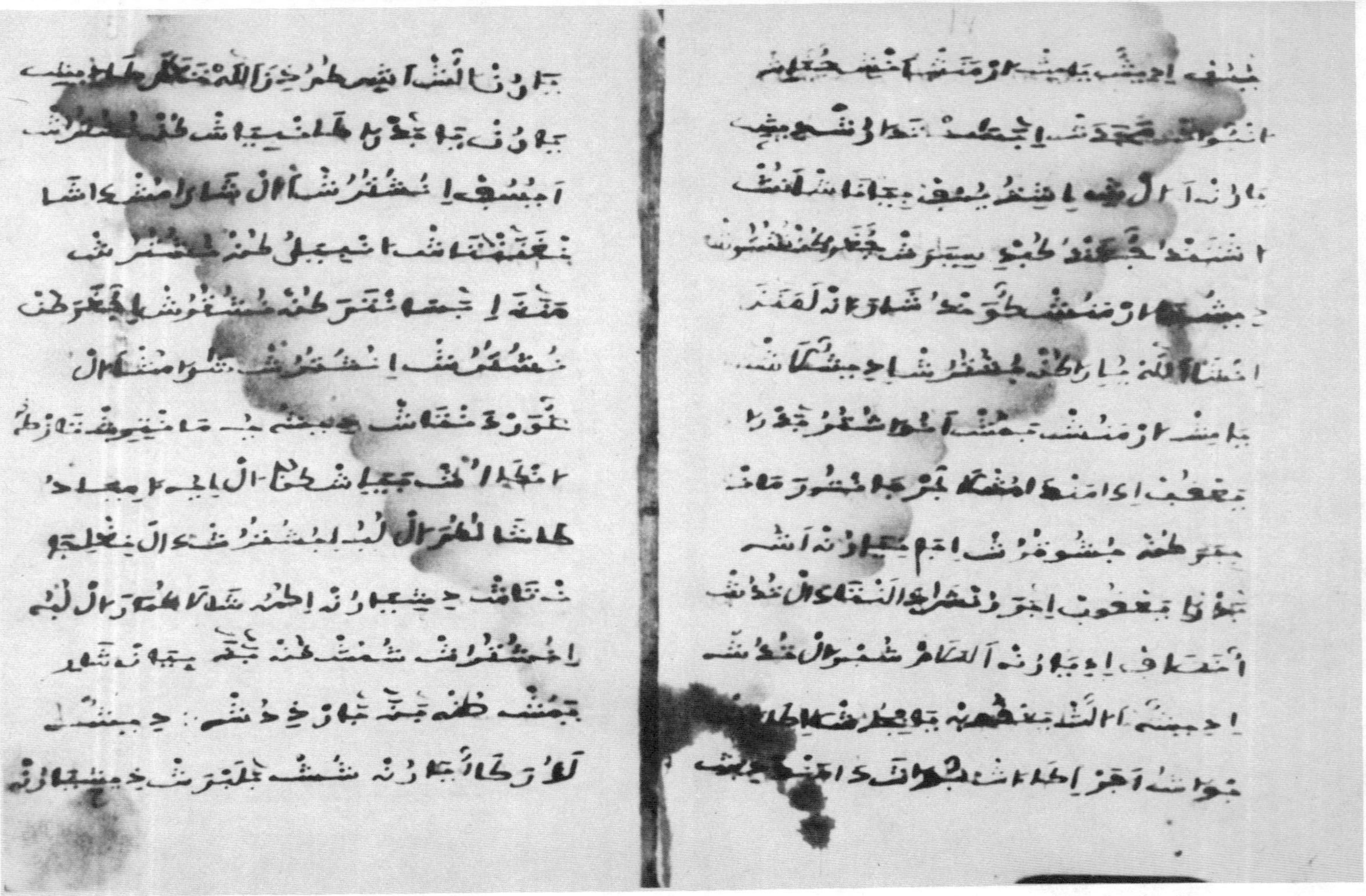

LA LEYENDA DE YŪSUF

...[1] de šu konpanna ke šu n(o)nb^{e}re dalla era Rraẖiyā,
i nasi^{y}eronle della doš fiğoš, Yahūda i šu·rmano. en-
pu^{w}eš della kašo kon una muğer ke le ḏizi^{y}an Sadūqa, i
nasi^{y}(e)ronle[2] della doš fiğoš, Raubil[3] i šu·rmano.
depu^{w}eš kašo kon una muğer ke le ḏizi^{y}an Rraḥīl, i na-
si^{y}eronle della doš fiğoš, Yusuf i šu ermano Yāmin, i
šu·rmana Ḏunyā.
Depu^{w}eš fizo Allāh naser para Ya^{c}qūb un-arbol muy alto
en-el berğel de šu kaša. i^{y}-era ke kada kamino ke le na-
si^{y}a un fiğo, šakaba Allāh, ta^{c}ālā, en-akel arbol un
2 berdugo. i ku^{w}ando legaba | ke k^{e}rresi^{y}a mansebo, k^{e}re-
si^{y}a el berdugo, i ku^{w}ando lega(ba) a edad el mansebo,
ke kortaba Ya^{c}qub el berdugo i dabalo a el. i nasi^{y}eron-
le a el doze fiğoš mašk^{o}loš. i šako Allāh, ġaza (wa)[1]
ğala, dakel arbol onze berdugoš, i kunp^{i}li^{y}oše para kadaguno de loš fiğoš un berdugo.
I la ora ke nasi^{y}o Yusuf, ^{c}alayhi -ssalām, rrellunb^{o}ro
la ti^{y}erra kon šu fermošura i beldad, i k^{a}lare'aba el

1-1 Am Anfang des Ms. fehlen 1 oder 2 Folien. Der Text setzt mitten im Bericht über Jakobs Familie ein.

2 Im Ms. entweder nasironle (نَسِيرُنْلَا) oder nasi^{y}oronle mit durchgestrichenem o-Zeichen, die Stelle ist undeutlich.

3 Ms.: Raubil scheint in Raubin verbessert zu sein; im Text sonst mit -l, vgl. 13, 32, 33, 269, 289.

2-1 Manuskriptrand beschädigt.

bal de Kin^{c}an y-ešk^{a}larresi^{y}eron loš (rr)i^{y}oš[2] i rre-
berdesi^{y}eron loš arboleš kon la k^{a}laredad de Yusūf,
3 ^{c}alayh(i) w(a) ssalām[3]. | i alegraronše laš fiyeraš todaš
por šu ašomada i šu k^{a}laredad, y-alegraronše loš almalakeš en šuš azeš y-ešpandesi^{y}eron šuš alaš. i rrešp^{a}landesi^{y}eron loš monteš kon el nasimi^{y}ento de Yusuf, ^{c}alayhi-ssalām[1]. diššo Ka^{c}bu Alāḥbār: i k^{e}resi^{y}o el mansebo i šobrepuyo su k^{a}laredad, fašta ke šuš ermanoš i šu padre i madre no podi^{y}an mirar a el de la fortaleza de loš rrayoš de šu k^{a}laredad i de šu fermošura. y-era ke pašaban los bašanteš i dizi^{y}an: o, ku^{w}anta ibantaǧa|
4 di^{y}o Allāh, ta^{c}ālā, a ešti mansebo šobre šuš ermanoš en la fermoššura i beldad.
La ora ke fu^{w}e g^{a}rande Yusuf, diššo a šu padre: yā anabī de -llāh, no abe nenguno de miš ermanoš ke no tenga un berdugo. pu^{w}eš rru^{w}ega ad-Allāh ke m'ešpesi^{y}ale a mi kon un berdugo de loš dell-alǧana, ke me alabe kon-el šobre miš ermanoš. diššo Ka^{c}bu: y-also šuš manoš Ya^{c}qūb al-asamā i rrogo kon rrogari^{y}aš šek^{e}retaš i diššo: Šennor, yo te demando, yā Šennor, en ke deš a Yusuf un berdugo, ke še alabe kon-el šobre šuš ermanoš. diššo
5 Ka^{c}bu: no akabo | šu rrogari^{y}a Ya^{c}qūb, ku^{w}ando desendi^{y}o Ǧibrīl, ^{c}alayhi-ssalām, kon un berdugo del-alǧana d'ešmerakto berde i diššo: ell-asalām šobre tu, yā Ya^{c}qūb, Ellāh, noble eš su lo'or, t'enbi^{y}a ell-asalām i dize a tu ke deš ešti berdugo a tu fiǧo Yusuf. i tomo Ya^{c}qub el berdugo i diššo: yā Yusuf, toma ešti berdugo i^{y}-alabate kon-el šobre tuš ermanoš ku^{w}ando elloš še alabaran šobre tu. diššo: i^{y}-era Yusuf ke lo tomaba, i šali^{y}a kon šuš ermanoš i loš akonpannaba en wardar el

---

2 Der Anfang des Wortes ist am Manuskriptrand verblaßt.

3 Ms.: Vokalisation von ^{c}alayhi wa ssalām (vgl. Glossar S. 131 s.v. ^{c}alayhi-ssalām) verschrieben: عَلَيْهَ وَلسَّلَاْمْ ^{c}alayha ssalām mit unvokalis. w, Sukūn statt Fatḥa bei l von ssalām.

3-1 Ms.: -ssalām unvokalisiert.

6 ganado. i^{y}-era ke le amaban | amami^{y}ento fu^{w}erte.
Diššo Ka^{c}bu: la ora ke fu^{w}e un ḏi^{y}a, šentoše Yusuf kon
šuš ermanoš, y-el berdugo en šu mano, i bensi^{y}ole el
ššu^{w}enno i durmi^{y}oše. i bi^{y}o en šu dormir un ššu^{w}enno
y-ešpertoše ešpantado i temorizado. diššo: y-ap^{e}legaron-
le šuš ermanoš a šuš pechoš i bešaronle ent^{e}re šuš oğoš
i diši^{y}eronle: yā amado, ¿ke eš akelo ke te abe aka'e-
sido i ke eš lo ke te abe ešpantado? diššo a elloš: yā
miš ermanoš, e bišto en mi dormir lo ke beye el dormidor en šu šu^{w}enno. e bišto mi berdugo akešti ke era tomado de mi mano, depu^{w}eš, ke era abantağado i ke nasi^{y}a
7 i ke še fazi^{y}a g^{a}rande i k^{e}resi^{y}an (šu)š | rramaš i ke
daban f^{u}ruta de todaš f^{u}rutaš ke halāqo Allāh, ta^{c}ālā,
i komo ke Ya^{c}qūb i Mūsā i ^{c}Isā i Muḥamad, salawātu
Allāhi ^{c}alayhi, i todoš loš anabiyeš komi^{y}an de šu
f^{u}ruyta, i komo ke loš gayatoš de miš ermanoš eran tomadoš i p^{a}lanťadoš alrrededor del mi^{y}o i no nasi^{y}an ni
še rrefirmaban a elloš rra'izeš, i komo ke un ayre rre-
šollaba dell-albaḥar i loš rrankaba de šuš rra'izeš.
ḏiššo Ka^{c}bu Alāḥbār: la ora ke oyeron loš ermanoš de
Yusuf akello, dišši^{y}eron: yā fiğo da Rraḥīla, y'aš bišto marabillaš i no dudamoš en ke allegeš en nošot^{o}roš
8 ke tu ereš nnu^{w}ešt^{o}ro šennor | i nošot^{o}roš tuš ešk^{a}la-
boš.
I llu^{w}ego le ubi^{y}eron enbidi^{y}a i le aborresi^{y}eron. i
fizi^{y}eron a šaber a Ya^{c}qub kon šu dicho i ššu šu^{w}enno.
i no era Ya^{c}qub ke lo tubi^{y}eše por šeguro kon elloš
dešpu^{w}eš de akello chamaš dešpu^{w}eš ke Ya^{c}qub bi^{y}o en
šu dormir komo ke Yusuf eštaba ensima de un monte i ko-
mo ke di^{y}ez loboš kaminaban enta el, keri^{y}endole matar,
i komo ke la ti^{y}erra še rronpi^{y}a i š'ent^{a}raba Yusuf por
ella i ke no šali^{y}a šino depu^{w}eš de t^{e}reš di^{y}aš, la ora
ke bi^{y}o Ya^{c}qūb akello, p^{o}loro p^{o}loro fu^{w}erte por pi^{y}a-
dad del. i^{y}-era ke Ya^{c}qūb lo feba dormir a šu koštado.

9 Ḏešpu^{w}eš ke bi^{y}o Yusuf el ššu^{w}enno | akel ke le imento
Allāh en šu Alqur'an ell-onrrado: DIŠŠO YUSUF A ŠU PA-
DRE: YO E BIŠTO ONZE EŠT^{e}RELLAŠ Y-EL ŠOL I LLA
LUNA A MI TODOŠ ASAĞDANTEŠ[1], la ora ke bi^{y}o Yusūf

9-1 Vgl. Koran XII, 4.

ešti ššu^{w}enno, ešpertoše de šu dormir ešpantado i temorizado. i dormi^{y}a Yusuf al koštado de ššu padre, y-alegole a šuš pechoš i bešole ent^{e}re šuš oğoš i diššole: yā amado da Allāh, ¿i ke eš akelo[2] k'aš bišto en tu dormir? dišo: yā padre, yo e bišto un ššu^{w}enno ke me abe ešpantado. diššo: yā fiğo, bi^{y}en še'a lo ke aš bišto. diššo: e bišto komo ke laš pu^{w}ertaš del si^{y}elo eštaban abi^{y}ertaš
10 i rrellunb^{a}raba dellaš k^{a}laredad | g^{a}rande, fašta ke
k^{a}lare'o la lluna dakella k^{a}laredad i rrelunb^{a}raron laš ešt^{e}rellaš y-ešk^{a}laresi^{y}eron loš monteš i kori^{y}an laš mareš i šobrepuyaron šuš ondaš y-atasbiharon[1] loš peseš kon laš ešpesi^{y}aš de šuš algoš[2], i komo ke yo bišti^{y}a mi arridā i ke tomaba laš llabeš de la ti^{y}erra en miš manoš. i yo eštando anši, bi onze ešt^{e}rellaš y-el šol i lla luna, biloš a mi asağdanteš, i la k^{a}laredad delloš[3] ke rrellunb^{a}raban, y-el lluzero dell-alba (y-) Almizān y-Azahara y-Almuštari y-all-Asunbul i^{y}-A^{c}uṭārid i ll'Alfarqadān y-ell-Almayzān y-Almariḥ i^{y}-el šol i la lluna biloš a mi asağdanteš. diššo: la ora ke oyo Ya^{c}qub el ššu^{w}enno, dek^{a}larolo en ši el mešmo i dišo:
11 a'un šera en mi | fiğo akešto afer muy g^{a}rande. dešpu^{w}eš
dišo anši komo dize -llāh, ta^{c}ālā, en šu Alqur'an ell-onrrado: YĀ FIĞO, NO RREKU^{W}ENTEŠ TU ŠU^{W}ENNO ŠOBRE TUŠ ERMANOŠ, KE HARAN ALGUNA ARTE ŠOBRE TU, K'ELL-AŠEYṬĀN EŠ A LA P^{E}REŠONA ENEMIGO DEK^{A}LARADO [1].

Diššo Ka^{c}bu Alāḥbār: i oyo la muğer de Ya^{c}qūb lo ke diššo Yusūf a šu padre. i diššo a ella: enkubre, yā muğer, lo ke (a) dicho. mira, no lo hagaš a šaber a miš fiğoš. diššo ella: p^{a}lazeme, yā Ya^{c}qub, annabī de -llāh. dišo: pu^{w}eš ku^{w}ando bini^{y}eron loš ermanoš de Yusuf de šu ganado, fizoleš a šaber ella kon el ššu^{w}enno de

---

2 Ms. akkelo اَكَّالُ

10-1 Ms. y-atasbiḥaroron

2 Ms.: vielleicht auch alagoš. Die Bedeutung des Wortes ist nicht klar.

3 Ms. dellaš

11-1 Vgl. Koran XII, 5

Yusūf. diššo a elloš: yā fiğoš de Ya^{c}qūb, no dek^{a}laro
12 yo ešti šu^{w}enno, maš dire | a bošot^{o}roš: el šol šino a
mi i por la lluna a bu^{w}ešt^{o}ro padre i por laš ešt^{e}re-
llaš a bošot^{o}roš. la ora ke oyeron akello, šolebanta-
ro(n)še šuš kabelloš i^{y}-incharonše šuš benaš i k^{e}re-
si^{y}eron šobre Yusuf en korağe y-en aborrensi^{y}a g^{a}rande[1].
diši^{y}eron: yā Yusuf, fiğo de Rrahīla, no dudamoš en ke
t'aš d'enšennore'ar šobre nošot^{o}roš i ke digaš: yo šoy
bu^{w}ešt^{o}ro šennor i bošot^{o}roš miš ši^{y}erboš, i yo šoy el
mayor de bošot^{o}roš. diššo: i fablaron en matarlo, aši
komo diššo Allāh en (šu) Alqur'an ell-onrrado: MATAD A
YUSUF O[2] LANSALDO EN-ALGUNA TI^{Y}ERRA, I ŠOLTARŠE
A LA KARA DE BU^{W}EŠO PADRE PARA BOŠOT^{O}ROŠ I
ŠERE'IŠ KONPANNA[3].
13 Diššo| Yahūda, erra el mayor delloš de di^{y}aš: no mateš
a Yusuf, lansaldo en laš ešt^{a}rannezaš dell-alğub, ke lo'
t^{u}ru^{w}eben partida de loš kaminanteš, ši bošot^{o}roš šo'iš
fazedoreš[1]. diššo a elloš Rraubīl: no fi^{y}ara a noš-
ot^{o}roš nu^{w}ešo padre a Yusūf, maš bamonoš nošot^{o}roš i
chugemoš delante de Yusuf, i ku^{w}ando bera el nu^{w}eš-
t^{o}ro(š) chu^{w}egoš, kobdisi^{y}ara ir a chugar kon nošot^{o}roš.
i bini^{y}eron a Yusuf i fallaronlo atasbihando ada Allāh,
ta^{c}ālā, y-enšantesi^{y}endolo. i puši^{y}er(on)še elloš ke
chugaban delante del, i rridi^{y}an loš unoš kon loš-

12-1 Ms. ganrande
2 Ms. a lansaldo
3 Vgl. Koran XII, 9. Zum Passus i soltarše a la kara de bu^{w}ešo padre para bošot^{o}roš vgl. ar. yaḫlu lakum wağhu abīkum "das Gesicht eures Vaters wird für euch frei werden" (d.h.: er wird sich euch zuwenden). Der Schluß des Koranverses ist unvollständig wiedergegeben, vgl. ar. wa takūnū min ba^{c}dihī qauman ṣāliḥīna "und ihr werdet nach ihm (d.h. wenn er, Joseph, nicht mehr da ist) rechtschaffene Leute sein".

13-1 Die Worte Yahūdas entsprechen Koran XII, 10. Im Koran ist der Name des Bruders, der hier spricht, nicht erwähnt. Zu ši bošot^{o}roš šo'iš fazedoreš vgl.

o(t^{o}ro)š[2]. la ora ke ubi^{y}eron chugado, bino a elloš |
14 Yusuf i diššo: yā miš ermanoš[1], anši chuga'iš enpu^{w}eš
mağadaš i pasentaderoš. dišši^{y}eron a el: ši. i ši tu,
Yusuf, bi^{y}eneš a noš eštando chugando, kobdisi^{y}araš chugar kon nošot^{o}roš. dišo: yā ermanoš, ku^{w}ando šera en la mannana, in šā Allāh, yo ire kon bošot^{o}roš. i diššoleš: yā miš ermanoš, bamoš a nu^{w}ešt^{o}ro padre Ya^{c}qub i demandemošle, por bentura m'enbi^{y}ara kon bošot^{o}roš.
I beni^{y}eron a šu padre Ya^{c}qūb i pararonše delante del todoš un-asāf i di^{y}eron assalām šobr'el todoš. i diššo
a elloš Ya^{c}qūb: yā figoš, ¿i ke eš bu^{w}ešo afar i ke eš
15 bu^{w}eša demanda? diši|^{y}eron elloš aši komo dize[1] Allāh,
ta^{c}ālā, ke diši^{y}eron: YĀ PADRE, K'ENBI^{Y}EŠ KON NOŠOT^{O}ROŠ A YUSUF, I NOŠOT^{O}ROŠ A EL ŠEREMOŠ DEŠENGANNANTEŠ. ENBI^{Y}ALO KON NOŠOT^{O}ROŠ MANNANA, I PASENTARA KON NOŠOT^{O}ROŠ I CHUGARA KON NOŠOT^{O}ROŠ, I NOŠOT^{O}ROŠ ŠEREMOŠ A EL GU^{W}ARDANTEŠ. DIŠŠO: YO M'ENT^{i}RIŠTEZKO EN KE OŠ BAYA'IŠ KON EL, I YO E MI^{Y}EDO KE ŠE LO KOMA EL LOBO, I BOŠOT^{O}ROŠ DEL NIGLIĞENTEŠ. DIŠŠI^{Y}ERON: I KOMO ŠE LE KOMERA EL LOBO, I NOŠOT^{O}ROŠ ŠOMOŠ KONPANNA, BI^{Y}EN ŠERI^{Y}AMOŠ KONPANNA (DE) PERDIDOŠ.[2] Diššo: la ora ke oyeron šuš

---

ar. in kuntum fā^{c}ilīna "wenn ihr etwas tun wollt".

2 Nach loš-o Ms. durch Tintenflecke nicht lesbar.

14-1 Ms. ermanaš

15-1 Ms. diza Allāh

2 Vgl. Koran XII, 11-14. Die Stelle k'enbi^{y}eš kon nošot^{o}roš a Yusuf weicht vom Korantext ab, in dem es ar. heißt: mā laka lā ta'mannā ^{c}alā Yūsufa "warum vertraust du uns Joseph nicht an?" Pasentara "er wird weiden (trans.)" tritt fälschlicherweise an die Stelle von ar yarta^{c} "daß er sich vergnüge", wo die Grundbedeutung "weiden, grasen (intrans.)" vorliegt. Konpanna perdidoš (Lesung des Ms.) ist möglicherweise, beeinflußt durch das vorhergehende konpanna, verschrieben für bloßes perdidoš, das dem Korantext entspricht.

16 palabraš, d̲išši^{y}eron|a el: yā nu^{w}ešo padre, Yusūf eš komo
uno de noš y-a el eš la ibantala šobre noš por tu amo-
ri^{y}o en-el i por šu ğikenez ent^{e}re nošot^{o}roš. diššo:
la ora de akello ap^{e}lego a Yusuf a šuš pechoš i bešo en-
t^{e}re šuš oğoš i d̲iššo: yā fiğo, enkomi^{y}endote ad-Allāh.
dešpu^{w}eš ešg^{a}rasi^{y}oše delloš, y-el bolbi^{y}endoše a elloš,
fašta ke še t^{a}rašpuši^{y}eron del.
La ora ke še t^{a}rašpušo Ya^{c}qūb, rreguraronše šobre Yusuf,
fašta ke le kanšaron. i bolbi^{y}oše Yusuf ke andaba saga
17 elloš una begada i kay(i)'a[1], | otra begada še lebanta-
ba. depu^{w}eš ubo bolluntad Šama^{c}ūn a šuš bašilloš de
agu^{w}a i derramološ todoš en-ell-arena, i sertefikoše
Yusuf kon-el perdimi^{y}ento. dešpu^{w}eš konšelarronše en šu
fecho. la ora ke loš bi^{y}o Yūsuf ke še konšellaban, p^{o}lo-
ro i sertefikoše kon la mu^{w}erte. dešpu^{w}eš diššo: yā ermanoš, ke p^{e}rešto abe'iš olbidado el-omenağe akel ke
tomo šobre bošot^{o}roš mi padre Ya^{c}qūb, la ora ke boš kaš-
tigo kon mi i dišo: Yūsuf, ši abra[1] fanb^{e}re, dadle a
18 komer, i ši abra šed, dadle a beber, i ši še|kanšara,
dadle fu^{w}e(l)go. yā miš ermanoš, ya m'e kanšado, dadme
fu^{w}elgo y-ašentadoš kon mi, fašta ke fu^{w}elge. yā'rmanoš,
yo e fanb^{e}re, dadme a komer a mi. yā miš ermanoš, yo
m'e ašetado[1], dadme a beber a mi. diši^{y}eron a el: yā
fiğo de Rrahīl, konpannero de loš ššu^{w}ennoš mint^{o}rošoš,
enpero emošte šakado para matarte y-ešpartir ent^{e}re tu
kabesa i tu ku^{w}erpo. dišo a elloš: yā rmanoš, no fagayš
tal. temed ad-Allāh, ta^{c}ā(l)ā, i api^{y}adad laš kanaš de
bu^{w}ešo padre Ya^{c}qub. yā miš ermanoš, ? porke me matayš

16-1 Ms. kaya'a

17-1 Ms. abre, möglicherweise durch Verwechslung des Subjekts (der Schreiber konnte versehentlich i dišo Yūsuf: ši abre... gelesen haben)

18-1 Ms. ašentado

19 a mi? dišši^{y}eron a el: por tuš ššu^{w}e|nnoš loš mint^{o}ro-
šoš. dišo a elloš Yusuf: por el dereytaǧe de laš kanaš
de Ibrahīm, nu^{w}ešt^{o}ro agu^{w}elo, no e mentido en lo k'e
dicho[1]. i no rresibi^{y}eron šu dicho. i keššoše a eloš
de hanb^{e}re i de la šed. i tomaron lo ke leš abi^{y}a dado
Yūsuf[2] del pan, i di^{y}eronlo a šuš perroš i dišši^{y}eron:
nošot^{o}roš dayunamoš ag^{a}radesi^{y}endo ad-Allāh, ta^{c}ālā,
pu^{w}eš noš a dado a'nšennore'ar a tu, yā fiǧo de Rraḥīl,
el mint^{o}rošo. dešpu^{w}eš ke Yūsuf ubo šed muy fu^{w}erte,
20 diššo a elloš: yā miš ermanoš, | dadme a beber una bebi-
da de a(gu)^{w}a[1], ante ke me mate'iš a mi, ke no morere[2]
ašetado. dišši^{y}eron a el: e'nošot^{o}roš no abe awa ninguna koša.
I bolbi^{y}eronše kon ke penšaban kon ke mu^{w}erte lo mata-
ri^{y}an. elloš eštando anši, be'oš un-abe ke bolaba, y-
ela ke dizi^{y}a: yā fiǧoš de Ya^{c}qūb, ke p^{e}rešto abe'iš
olbidado ell-omenaǧe i la fe, i no abe'iš berwensa da
Allāh, ^{c}aza wa chala. i no še bolbi^{y}eron (a) šuš balabraš ni k^{e}resi^{y}eron šino en koraǧe y-en enemigansa. diššo Ka^{c}bū Alāḥbār: dešpu^{w}eš fu^{w}eron kon-el a un monte
21 de loš monteš de Kin|^{c}an i dišši^{y}eron: matad a Yūsuf
en-ešti monte. i k^{i}ridoleš el monte: yā fiǧoš de Ya^{c}qūb,
konǧuroboš kon Allāh, el g^{a}rande, i por el dereytaǧe de
bu^{w}ešo awelo Ibrāhīm, amigo da Allāh, ke no mateš a
Yūsuf šobre mi, ke šeri^{y}a komo ki^{y}en še ašoma šobre matar anabī, ke demandari^{y}a Allāh, ta^{c}ālā, por-ello. diššo: i no eškucharon šuš palabraš. be'oš kon una fi^{y}era
parda ke dizi^{y}a a elloš: yā fiǧoš de Ya^{c}qūb, por Allāh,
si matas a Yūsuf, a'un noš iraremoš laš fi^{y}eraš šobre
22 bošot^{o}roš. i no še bolbi^{y}eron | a šu dicho.
Diššo Ka^{c}bu: dešpu^{w}eš k'elloš bini^{y}eron a šuš maǧadaš,
i ligaron a Yusuf laš manoš a saga i le bofete'aron, i^{y}-

19-1 Ms. no a mentido en lo ke diššo.
2 Statt Joseph scheint hier jedoch eher Jakob gemeint zu sein.

20-1 Ms. a^{c}wa ohne Vokalisation des ^{c} (أَعْوَ); das Wort scheint verschrieben für agu^{w}a oder awa.
2 Ms. morera ašetado

el ke loš konchuraba kon Allāh. ^{c}aza wa chala, i diẕi^{y}a
a elloš: yā miš ermanoš, tornadme šobre el bi^{y}eğo
Ya^{c}qūb, ke por el dereytağe de laš kanaš de mi agu^{w}elo
Ibrahīm, Ilhhalīl, no lo here a šaber a Ya^{c}qūb kon ninguna koša de lo ke abe'iš fecho kon mi. diši^{y}eron a el:
agora te bi^{y}enen tuš šu^{w}ennoš loš mint^{o}rošoš. diššo
Yusuf: yā miš ermanoš, tornadme šobre el bi^{y}eğo Ya^{c}qūb,
23 i šere para bošot^{o}roš| širbi^{y}ente i rrogare por boš-
ot^{o}roš dešpu^{w}eš de kada aṣala, mi^{y}(en)t^{e}re[1] biba. yā
miš ermanoš, no me mate'iš a mi, ke yo e mi^{y}edo šobre
bošot^{o}roš, ši me matas a mi, en ke me pare mannana delande -llāh, ta^{c}ālā, e digale: yā Šennor, demanda (a)d-
akeštoš[2] porke me mataron. bu^{w}eš temed ad-Allāh, yā miš
ermanoš, i no me mata'iš a mi. yā fiğoš de Ya^{c}qūb, akor-
dadoš del šiti^{y}o de loš linbi^{y}oš i de loš eškoğidoš,
Ibrahīm ye Ismā^{c}īl i^{y}-Isḥāq i Ya^{c}qūb, akeloš ke fu^{w}eron
24 enbi^{y}adoš i no derramaron šang^{e}re, ke| pu^{w}eš no deš-
k^{e}re'a'iš kon mi šang^{e}re, ke šera enššenp^{o}lo a ki^{y}en eš
ante de bošot^{o}roš i šeran enpu^{w}eš de bošot^{o}roš de laš
alūmaš. yā miš ermanoš, no me mate'iš a mi, ke si boš-
ot^{o}roš me matayš, šere'is de loš benedidoš. api^{y}adadme
a mi por mi ğiknez de mi ti^{y}enpo i no me mate'iš. temed
ad-Allāh i tornadme al bi^{y}eğo Ya^{c}qūb.
I no še bolbi^{y}eron a šuš palabraš. diššo Ka^{c}bu Alāhbār:
ke la ora de akelo k'also šu mano Šama^{c}ūn i di^{y}ole una
bofetada i dišo: ? k'ešpera'iš kon-el? diššo: i bolbi^{y}e-
25 ronše| ke le apedre'aban kon laš pi^{y}edraš. i pušoše ke
loš konchuraba kon Allāh, ta^{c}ālā, i no le ap^{o}robeğo na-
da. i bolbi^{y}oše šobr'el Yahūdā, i^{y}-el era el mayor delloš. i diššole: yā mi ermano Yahūda, ? i no ereš tu el
mayor de miš ermanoš? ? i tu no ereš fiğo de mi halla,
el maš serkano delloš a mi? yā mi rmano Yahūda, ku^{w}ando
eloš me mataran a mi, šeraš tu ell-akušado i demandado[1]
por mi el di^{y}a del chu'isi^{y}o. diššo Ka^{c}bu Alāhbār: abi^{y}adolo

---

23-1 Ms. miyt^{e}re ميترا

2 Im Ms. fehlt das a-Zeichen von ad.

25-1 Ms. demandador

Yahuda i diššo a elloš: por el dereytağe de laš
kanaš de Ibrahīm, ke ši le mata'iš. ke yo matare de
26 bošo(t^{o})roš onb^{e}reš muchoš i šere enemigo de bošot^{o}roš
mi^{y}ent^{e}re bibre, i yo fare a šaber a Ya^{c}qūb lo ke abe'iš
fecho kon Yusuf. temed ada Allāh i no lo mate'iš, ke ši
bošot^{o}roš lo matare'iš, šera berwensa šobre bošot^{o}roš
fašta el di^{y}a del chu'isi^{y}o, y-a ki^{y}en berna depu^{w}eš de
bošot^{o}roš de laš allūmaš, i diran kon-akelo i diran ke
loš anabīyeš de Banı sra'ila, de loš da Ya^{c}qūb, mataron
šu ermano. pu^{w}eš ši eš ke no ay dubda feridlo fašta ke
no mi^{y}enta šobre šu^{w}eno chamaš, i tornaldo al bi^{y}eğo
Ya^{c}qūb.
Pu^{w}eš la ora ke bi^{y}eron ke š'abi^{y}a enšannado Yahūda
27 šobr'elloš, temi^{y}eronle y-ubi^{y}e|ron mi^{y}edo del. i pu-
ši^{y}eronše ke lo rrode'aban, i dišši^{y}eronle: yā Yahūda,
konšellanoš kon tu konšelo, pu^{w}eš tu ereš el mayor de
todoš nošot^{o}roš. dišo a eloš: yā miš ermanoš, ši lo'a'iš
mi diğo, šera meğor a bošot^{o}ros ke matar a bu^{w}ešo er-
(m)ano, ke mata'iš ell-anima ke ya la ḥarramo Allāh,
ta^{c}ālā. diši^{y}eron elloš: ? pu^{w}eš ke eš lo ke faremoš?
diššo Yahūda: lansaldo en-ell-alğub, ke lo t^{u}ru^{w}eben
partida de loš kaminanteš, y-a bošot^{o}roš še'a šobre mi
ell-omenağe d'Allāh ke no lo fare a šaber a bu^{w}ešo pa-
dre Ya^{c}qūb kon lo ke abe'iš fe̮go kon Yusuf. diši^{y}eronle:|
28 yā Yahūda, danoš a noš al mansebo. diššo: n'oš lo dare,
fašta ke še'ayš todoš konkordeš en-ello todoš. i kon-
kordaronše šobre lansarlo en-ell-alğub, i tomaronlo i
dešnudaronlo en karneš, komo ku^{w}ando lo pari^{y}o šu madre.
i bolbi^{y}oše Yūsūf šobre laš yerbaš de la ti^{y}erra ke ku-
bri^{y}a kon-ellaš šuš berwensaš y-algunaš bezeš kon šu
mano, fašta ke le ligaron šuš manoš a saga kon ku^{w}erdaš.
i ligaronle una en šu garganta, fašta ke kuydo morir.
depu^{w}eš eškolgaronle en-ell-alchub, y-ell-alğub era šobre la k^{u}rusilada del kamino i^{y}-era ašoletado, muy eš-
29 kuro, i šu awa | era šalada i turbi^{y}a. i^{y}-era ell-alğub
ke lo kabo Sām, fiğo de Nūḥ ^{c}alayhi issalām, i^{y}-era ke
še nonb^{a}raba ell-Alchub de la T^{i}rišteza. y-eškolgaronle
en-ell^{1}-alchub, y-el ke š'aferraba kon-elloš uno en-
pu^{w}eš de ot^{o}ro i dizi^{y}a a elloš: no fagayš, yā miš ermanoš, la tal. no me dešše'iš aki. matame a mi, ke la

mu^{w}erte eš a mi meğor ke dešarme en-ešti alchub. i no
l'eškucharon koša de šuš palabraš y-eškolgaronlo. i la
ora ke fu^{w}eron en medi^{y}o, anteš ke legaše all-awa, šol-
taronle la ku^{w}erda, abi^{y}endo fe'uza ke kayri^{y}a šobre
30 una penna k'eštaba en-ell-alğub,| i muri^{y}eše i folga-
ri^{y}an del.
Diššo: šako -llāh, ta^{c}ālā, para el una penna b^{a}lanka,
para el b^{a}landa, šobre la kara dell-awa i mandola ke še
alsaše a šuš pi^{y}edeš de Yūsuf, y-alsoše la penna, faš-
(ta) ke lego a loš bi^{y}edeš de Yusūf. dešpu^{w}eš tornoše
kon-alla a šu llugar kon lisensi^{y}a de Allāh, ta^{c}ālā.

Dešpu^{w}eš bini^{y}eron šuš ermanoš a el, y-eloš ke le apedre'aban kon laš bi^{y}edraš. i defendilo Yahūda i dišo a
elloš: yā'rmanoš, ¿en do eš ell-omenağe i la fe akella
ke me dišteš a mi i me ofresišteš a mi, ke bošot^{o}roš no
31 lo matari^{y}aš? dišši^{y}eron a el:| pu^{w}eš leššanoš hablar
kon-el. dišoleš: fabladle[1] i no le apedre'iš. dišši^{y}e-
ron: p^{a}lazenoš. y-ašomoše al pozo Ššama^{c}ūn i diššo a
el: yā Yūsūf, la lo'or eš ad-Allāh akel ke noš a dado
a'nšennor'ar de tuš šu^{w}enoš loš maloš. yā Yūsūf, ešti
eš el walardon de loš mint^{o}rošoš. dišo Yūsūf dešde lo
baššo dell-alchub: a ku^{w}anto tu dito, yā Ššama^{c}ūn, de
la llo^{w}or ad-Allāh, dizeš berdad, k'ell-Alqur'an eš ad-
Allāh šobre todo eštado. agradezko ad-Allāh i k^{e}resko
en g^{a}rasi^{y}a šobr'el i kon lo'oreš a el i le demando šu-
32 f^{e}rensi^{y}a, pu^{w}eš Allāh,| ta^{c}ālā, a p^{o}rometido a loš su-
f^{i}ri^{y}enteš walardon muy g^{a}rande i bi^{y}en mucho. diššo
Allāh, ta^{c}ālā, en šu Alqur'an ell-onrrado: YA OFR(E)SI[1]
A LOŠ ŠUF^{I}RI^{Y}ENTEŠ WALARDON MUY G^{a}RANDE ŠIN
KU^{W}ENTO[2]. dešpu^{w}eš ešbi^{y}oše Šama^{c}ūn i bino Rraubel i
diššole: yā Yusuf, anši eš af^{o}rontado ki^{y}en eš mintira

31-1 Ms. fabladleš

32-1 Ms. ofrsi أُفْرْسِ

2 Das Zitat scheint sich auf Koran XXXIX, 10 zu beziehen, vgl. ar. innamā yuwaffā -ṣ-ṣābirūna ağrahum biġayri ḥisābin "den Geduldigen wird ihr Lohn zuteil werden ohne (weitere) Abrechnung".

ad Allah, ta^{c}ālā. yā Yusuf, y'aš benido kon infami^{y}a g^{a}rande.
diššo a el Yusuf: ke Allāh, tabāraka wa ta^{c}ālā, ku^{w}ando
ama al ši^{y}erbo, ap^{e}rešurale a el un albālā i dale šu-
f^{e}rensi^{y}a šobre akello i dale pu^{w}ena bentura. i por
33 Allāh, no e mentido ğamaš | en mi šu^{w}enno. dešpu^{w}eš eš-
bi^{y}oše Rraubīl i bino šu ermano Lāwiya i diššo: yā
Yūsuf, ya amabaš en ke fu^{w}eše a ti la meğori^{y}a i^{y}-el
p^{e}res šobre noš, i tu alegabaš k'aš bišto onze ešt^{e}re-
llaš y-el šol i lla luna a tu asağdanteš. ¿ pu^{w}eš ke ke-
ri^{y}aš, yā Yusūf, tu, šino alegar lo k'alegaron loš šo-
berbi^{y}oš i loš fir^{c}auneš akeloš ke fu^{w}eron anteš? i tan
eškušado eš ke še'a dakello ninguna koša. diššo a el
Yūsuf: churo por Allāh ke ši ubi^{y}eše a bošot^{o}roš bi^{y}a-
34 dad, api^{y}adarm'i^{y}adeš. enpero yo šoy | kontento kon šu
ordenasi^{y}on i šu partisoyon i šufrire a šu mandami^{y}ento
šobre lo ke abe ofresido a loš šuf^{i}ri^{y}enteš.
Dešpu^{w}eš ešbi^{y}oše Lāwiya i bino Yahūda y-ašomoše šobre
Yūsuf, i suš lag^{i}rimaš ke še daban de mano en-ell-alğub
šobre Yusuf. i šubo ke Yahūda p^{o}loraba por-el, i k^{i}rido-
le i diššole: yā ermano, no t'ent^{i}rišteskaš [1] ni t'ešpanteš, ke yo e mi^{y}edo ke oš aka'eska almusiba enpu^{w}eš
kon fanb^{e}re i mi^{y}edo fu^{w}erte. yā mi'rmano, yā Yahūda,
35 no fagaš a šaberlo al bi^{y}eğo Ya^{c}qūb kon | lo k'an heğo
kon mi miš ermanoš, ke rru^{w}egare ad-Allāh šobre elloš i
še perderan. yā ermano, yā (Ya)hūda [1], demandote por
Allāh ke no beraš algaribo enf^{a}lakesido ke no te rre-
ku^{w}erdeš de mi i lloreš por mi. yā'rmano Yahuda, (no
beraš) ermanoš achuntadoš ke no te rreku^{w}erdeš i p^{o}lo-
reš por mi. yā'rmano, yā Yahūda, no beraš demandar šokoro ke le šokoran, ke no te aku^{w}erdeš de mi i p^{o}loreš
por mi. yā ermano Yahūda, no beraš demandador ke demande de komer i no le den de komer, ke no te aku^{w}erdeš de
mi i p^{o}loreš por mi. yā'rmano, yā Yahūda, no beraš aše-
36 tado | ke demande de be(be)r i no le še'a dado, ke no te
rreku^{w}erdeš de mi i p^{o}loreš por mi. yā ermano Yahūda,
ši pašaraš la fu^{w}eša de mi madre Rrāḥīl, pu^{w}eš dale

34-1 Ms. t'ent^{i}rišteskas
35-1 Ms. yāhūd

l'asālām de mi. yā'rmano, yā Yahūda, lega a mi padre, el bi^{y}ešo Ya^{c}qūb, de mi el-asalām i šobre mi ermano Yāmin i bešale ent^{e}re šuš oğoš i dek^{a}larale kon ell-algaribo, ašoletado. yā'rmano Yahūda, li^{y}eba šobre mi'rmana[1] Dunyā de mi l'asalām. yā'rmano Yahūda, yo e mi^{y}edo en ke m'akošiga la mu^{w}erte en-ešti alğub i no aya[2] alkafan para ke mu^{w}era en-ella. morire ašoletado, alga-
37 ribo. a ku^{w}anto mi padre Ya^{c}qūb, au|enkont^{a}rara dešpu^{w}eš de mi t^{i}rišteza larga.
Diššo: i p^{o}loro la ora de akello Yahūda fašta ke kuydo ka'er en-ell-alğub. la ora ke oyeron šuš ermanoš de Yusuf akello, bini^{y}eron a el i diši^{y}eronle: yā Yahūda, lebantate de la qabesa dell-alchub i dešša a'šti moso, ke ku^{w}ando no le fablara nenguno, y-eš k^{i}ri^{y}atura ğika, el še kallara i še rrepošara. i kiši^{y}eronle apedre'arlo kon laš pi^{y}edraš. diššo a elloš Yahūda: ¿ en do eš ell-omenağe ke me p^{o}rometi^{y}ešte a mi? dešpu^{w}eš fu^{w}eronše i deššaronlo en-ell-alğub šolo, no konšolador
38 kon-el | šino Allāh, ^{c}aza w(a) chalā[1].
Depu^{w}eš fu^{w}aronše i tomaron una rreš del ganado i degollaronla i untaron la kamiša de Yūsuf de la šang^{e}re i^{y}-ašaron šu karne i komi^{y}eronla[2]. depu^{w}eš fu^{w}eronše a Ya^{c}qūb, y-el ašentado en la k^{u}rusillada del kamino ešperando al benimi^{y}ento de Yusuf. la ora ke bi^{y}eron a ššu padre i š'aserkaron a el, g^{i}ritaron todoš chuntoš komo ke fu^{w}eše un g^{i}rito de un onb^{e}re. i oyo Ya^{c}qūb šuš
39 g^{i}ritoš y-ell-alsami^{y}ento de šuš bozeš. | i abi^{y}a ent^{e}r' elloš i Ya^{c}qūb še'iš[1] almilaš. i šupo Ya^{c}qūb ke a elloš leš-abi^{y}a aka'esido almusiba y-ent^{i}rištesi^{y}oše de akello t^{i}rišteza muy fu^{w}erte. i legaronše a el šuš ermanoš[2],

---

36-1 Ms. mi rmano
2 Ms. aya a alkafan
38-1 Im Ms. ist dieser Satz versehentlich wiederholt: depu^{w}eš fu^{w}eronše i deššaronlo en-ell-alchub šolo, algaribo, no konšolador kon-el šino Allāh, ^{c}aza wa chala.
2 Ms. i^{y}-ašaron su karne y-ašaronla i komi^{y}eronla
39-1 Ms še'iš še'iš
2 Statt ermanoš müßte hier sinngemäß eher fiğoš stehen.

y-abi^{y}an rronpido šuš alchubas, i^{y}-elloš ke še firi^{y}an unoš a ot^{o}roš en šuš pechoš, i diššī^{y}eron aši komo d̲ize Allāh, ^{c}aza w(a) chalā, en šu Alqur'an ell-onrrado, ke dize ke dišši^{y}eron loš figoš de Ya^{c}qūb: YĀ NU^{w}EŠO PADRE, NOŠOT^{o}ROŠ NOŠ ABANSEMOŠ I DEŠŠAMOŠ YUSŪF ENTA NNU^{w}EŠO GANADO, Y-AŠELO KOMIDO
40 EL LOBO. | I NO EŠ EŠTO KE NOŠ K^{e}RE'AŠ[1] A NOŠ, KE NOŠOT^{o}ROŠ ŠE'AMOŠ BERDADEROŠ[2]. i diššo Ka^{c}bu Alāḥbār: i k^{i}rido Ya^{c}qūb la ora de akello un g^{i}rito muy eškibo, ke kayo amortesido en la ti^{y}erra. i kedo en šu amortesimi^{y}ento t^{e}reš oraš ke no rrekordo, y-elloš penšando k'el š'abi^{y}a partido dešti mundo all-ot^{o}ro.
Dešpu^{w}eš ke Ya^{c}qūb rrekordo de šu amortesimi^{y}ento, p^{o}loro p^{o}lo(ro) muy eškibo i fu^{w}erte. i^{y}-era Ya^{c}qūb ke dizi^{y}a en šu p^{o}loro: mi amado Yūsuf, no etaǧe Allāh,
41 ta^{c}ālā, mi^{y}-ešperansa de tu. mi amado Yūsuf, | eran tuš šu^{w}ennoš berdaderoš. i pušoše ke kontornaba la kamiša de Yūsuf, y-el ke d̲izi^{y}a: mi[1] amado Yūsuf, ya fu^{w}eron tuš šu^{w}ennoš berdaderoš i fu^{w}eš tu arrebatado d'ent^{e}re miš manoš. yā mi amado Yūsuf, ya era yo ke me akonšolaba kon tu šobre todoš miš almuṣibaš i no m'abe a mi ap^{o}robechado el gu^{w}ardarte. diššo Ka^{c}bu Alāḥbār: dešpu^{w}eš lansaron a el la kamiša, i pušoše ke goli^{y}a šu golor, i lloraba i b^{a}ramaba anši komo b^{a}rama la baka šobre su figo dešpu^{w}eš ke Ya^{c}qūb leš leššo i šali^{y}o
42 fuyendo al monte de Kin^{c}ān | i k^{i}rido kon lo alto de šu boz: yā fi^{y}eraš i abeš y-animaleš, ke Ya^{c}qūb a perdido a šu figo Yūsuf. ya eš ḥarramado[1] šobre mi el p^{a}lazer

---

40-1 Ms. k^{e}ra'aš

2 Vgl. Koran XII, 17 (Übers. von R. Paret, Der Koran S. 191): "Sie sagten: Vater! Wir gingen weg, um einen Wettlauf zu machen (d̲ahabnā nastabiqu), und ließen Joseph bei unseren Sachen (matā^{c}inā) zurück. Da fraß ihn ein Wolf. Aber du glaubst uns (ja doch) nicht, auch wenn wir die Wahrheit sagen (wa mā anta bimu'minin lanā wa lau kunnā ṣādiqīna)".

41-1 Ms. mi^{y}a amado

42-1 Ms. ḥḥarramado

y-ell-alegⁱri^ya, fašta ke šepa lo k'eš de mi amado
Yūsuf. diššo Ka^cbu Alāhbār: no lo oyo en-akel di^ya abe
ni fi^yera ke no lo akonpanno en-el p^oloro šobre Yūsūf.
dešpu^weš bolbi^yoše Ya^cqūb [2] i fu^weše a šu kaša i tomo
la kamiša i diššo: subhana Allāhi il^caḍimi, ya era ešti
lobo pi^yadošo šobre mi amado Yusūf, pu^weš ke no rron-
pi^yo a el rroba ninguna. dešpu^weš diššo a šuš fiǧoš:
43 pu^weš ši bošot^oroš abez berdad, | kasadme el lobo ke ko-
mi^yo a mi fiǧo Yusūf.
Qala - diššo: i fu^weronše a kasar el lobo i kasaronle,
y-era un lobo algaribo, i bini^yeron kon-el a Ya^cqūb i
lansaronšelo delante. be'oš [1] ke še bolbi^yo el lobo i
še kerelaba i lloraba, i la ku^werda en šu pešku^weso, i
dizi^ya a Ya^cqūb: dešame ir mi kamino, ke yo šo enchuri^ya-
do. i diššo a el Ya^cqūb: di tu, yā lobo, ši komiš a mi
amado Yūsūf. pu^weš ya me diš a eredar tⁱrišteza larga.
diššo: i fablo el lobo kon la potensi^ya de Allāh, ^caza
w(a) chala, i lo pⁱrrimero ke diššo, fu^we: lā illaha ilā
44 -llāh.| i ke sufⁱri^yente eš Allāh šobre ki^yen lo dešobade-
se! yā Ya^cqūb, por la onrra de mi Šennor i šu nobleza,
no e yo komido a tu fiǧo ǧamaš, i yo soy enchuri^yado i^y-
enfamado a šinrrazon, y-algaribo de llaš billaš de
Misra. i por tu dereytaǧe, yā annabī d'Allāh, ke no m'e
yo ap^elegado a bila ke imi^yentan en-ella loš anabiyeš
šobre el Šennor de loš halāqadoš. la ora ke oyo Ya^cqūb
akello, šoltolo, i fu^weše fuyendo. i fu^we Ya^cqūb, y-el
p^olorando, i bino a šuš fiǧoš i diššo a elloš anši komo
dize Allāh, ^caza wa chala, en šu Alqur'an onrrado, ke
dize: MAŠ ANTEŠ ŠE IWALO A BOŠOT^oROŠ EN
45 PU^wEŠT^aRAŠ | P^eREŠONAŠ ALGUN KAŠO. PU^wEŠ
SUF^eRENSI^yA HERMOŠA, I·LLĀH EŠ EL-AYUDADOR

42-2 Ms. Yusūf
43-1 Ms. ba'oš

ŠOBRE LO KE FEGURA'IŠ [1]. dešpu^{w}eš bolbi^{y}oše
llorando i dizi^{y}a: ¡ o, ta mala para mi! ¿en ku^{w}al montanna t'an ent^{a}rado y-en ku^{w}al chošrriba te an pu^{w}ešto?
mi amado Yūsuf, ši tu ereš bibo, pu^{w}eš enkomi^{y}endote
ad-Allāh, ta^{c}ālā, pu^{w}eš ši^{y}-ereš mu^{w}erto, yo demando ad-
Allāh, ta^{c}ālā, en ke apešge kon tu mi pešo el di^{y}a del
chu'isi^{y}o.
Qāla: la ora ke š'eškuresi^{y}o šobre Yusuf la noche en-
ell-alğub, p^{o}loro p^{o}loro muy fu^{w}erte, fašta ke lloraron
46 por šu lloro loš almalakeš | en[1] loš si^{y}eloš i dišši^{y}e-
ron: yā nnu^{w}ešt^{o}ro Šennor i nu^{w}ešo kabdillo, a ku^{w}anto
el p^{o}loro, pu^{w}eš p^{o}loro de mosu^{w}ello. a ku^{w}anto lla rro-
gari^{y}a, rrogari^{y}a d'anabī. la ora de akello enbi^{y}o
Allāh, ta^{c}ālā, en-alwaḥi^{y}a a Ğibrīl, ^{c}alayhi -ssalām [2]:
desi^{y}endi a mi ši^{y}erbo, yā Ğibrīl, a mi ši^{y}erbo Yūsuf
šuf^{e}rensi^{y}a i konšu^{w}elo en la šoledad dell-alchub. diššo: i desendi^{y}o Ğibrīl, ^{c}alayhi -ssalām [2], i diššole:
yā Yūsuf, ke Allāh, ta^{c}ālā, te lega el-asalām i ḏize a
tu ke no p^{o}loreš ni tomeš bešar: ke, por mi onrra i mi
nobleza, au te šakare dell-alchub y-au te faboresere šobre loš figoš de Ya^{c}qūb i te dare a nšennore'ar laš
47 ti^{y}erraš de Misra | y-abiltare para tu šu rrey i torna-
re [1] para tu šuš rre'inoš. dešpu^{w}eš demošt^{o}role rroga-
ri^{y}aš para ke damandaše i rrogaše kon-ellaš a šu Šennor
Allāh, tabāraka wa ta^{c}ālā, i diššole: yā Yusūf, di! diššo: ¿ i ke dire? diššo: di: yā fazedor de toda koša fe-
cha, yā rremedi^{y}ador de todo k^{e}rebantado, yā rrešpondedor de toda rrogari^{y}a. yā g^{a}rande šobre todo g^{a}rande,
yā ki^{y}en no abe aparsero a el en šu rre'išmo ni alwazir,
yā ḫalāqador del šol i de la luna rrelunb^{a}ran, yā p^{o}ro-

---

45-1 Vgl. Koran XII, 18. Še iwalo, das in diesem Zusammenhang unverständlich ist, scheint auf einer Verwechslung von ar. سول (II) sawwala "einreden, eingeben" mit سوى sawiya "gleich sein" oder (II) sawwā "gleich machen" zu beruhen. Vgl. die Koranstelle: bal sawwalat lakum anfusukum amran "nein, eure Seelen haben euch etwas vorgespiegelt".

46-1 Ms. še loš si^{y}eloš

2 Ms. ^{c}alayhi -ssalām unvokalisiert.

47-1 Ms. tornara

be'edor de laš abeš en šu arrizke y-a laš k^{i}ri^{y}aturaš
chikaš, yā šokoredor de todo k^{e}rebantado, yā gu^{w}ardador
de toda korte, yā konšolador de todo šolo, yā konpayero|
48 de todo algaribo, yā bensedor de todo bensido, yā serkano, arredrado, yā bibo, mantenible, no a Šennor šino tu,
demandate en ke rremedi^{y}eš lo ke abe ašentado kon mi, i
ke pongaš de mi fecho pu^{w}ena dešdeššida i bu^{w}ena šallida i ke enp^{e}renteš tu amori^{y}o en mi qorason fašta ke no
ame šino a tu. yā arḥama·rrāḥimīn, wa lā ḥaula wa lā
quw(a)ta ilā bi Illāhi -l^{c}aliyi iladīmi.
Diššo Ka^{c}bu: la ora ke rrogo Yūsūf a šu Šennor kon-ešta
rrogari^{y}a enšanchoše a el l'alchub i fizoše dulse šu
awa i torrno para el k^{a}lara komo la lluna la noche k'eš
lenna, i torrno ll'alǧub para el komo un p^{a}rado de loš
49 p^{a}radoš dell-alchana.| i binole Chibrīl kon p^{o}robiši^{y}on
i komi^{y}ola, i bišti^{y}ole la kamiša de Ibrahīm, ^{c}alayhi
issalām, la ke še bišti^{y}o el di^{y}a ke fu^{w}e lansado en-el
fu^{w}ego i fu^{w}e el fu^{w}ego šobr'el f^{i}ri^{y}o i šalbo. i^{y}-en-
bi^{y}o -llāh, ta^{c}ālā, a Yūsuf šetenta almalakeš ke lo kon-
šolašen en-ell-alchub. i Yahūda ke le konšolaba i le
bišti^{y}a de šek^{e}reto de šuš ermanoš i le fablaba i še
konšolaba kon el. y-aturo Yūsuf en-ell-alchub t^{e}reš di^{y}aš.

Diššo Ka^{c}bu: eštando Yusuf anši ašentado en-el poso, bino a pošar una rreku^{w}a de Miṣra y-ašentaron serka del
50 poso. i^{y}-era el šennor de la | rraku^{w}a Mālīk Ibnu Duġzi
Alhuzā^{c}īmu. i miro al pati^{y}o del pozo muy alb^{i}risante
ke rrellunb^{a}raba k^{e}leredad, i miro a la k^{e}leredad ke
šali^{y}a del pozo, i paro mi^{y}ent^{e}reš a laš abeš i fi^{y}eraš
y-animaleš alrrededor del pozo i dizi^{y}an: yā Yūsuf, ya·n
bu^{w}en'ora nunka fu^{w}era kabado ell-alchub, para ke fu^{w}eše
karsel para tu. la ora ke paro mi^{y}ent^{e}reš Mālik ad-akello, diššo a šuš ši^{y}erboš: tomad la ferrada i idboš a
ešti pozo, ke yo be'o šu awa ke š'a heǧo dulse i š'a heǧo muy pu^{w}ena. i fu^{w}eronše y-eškolgaron la ferrada. la
ora ke lego a Yūsuf, aferroše della. i tiro el moso de
la ku^{w}erda i no pudo puyarla. y-ašomoše el moso al pozo
51 i bi^{y}o a Yūsuf šentado en la ferrada komo|k'el era la
lluna la noche k'eš lenna. i^{y}-ešpantoše del i diššole:
¿ki^{y}en ereš tu, yā akešti ke šubeš? ¿ereš p^{e}rešona o
ereš alchīni? diššo: maš anteš šoy p^{e}rešona i yo te fare

a šaber kon mi rrekontami^{y}ento, diššo: la ora ke oyo el mose akello de Yūsūf. g^{i}rito: yā loš de lla rreku^{w}a, benidme ad-ayudar a šakar akešti moso. i oyeron la ğente šuš bozeš i bini^{y}eron al pozo i miraron al mansebo i bi^{y}eron šu fermošura i beldad i tiraron de la ku^{w}erda i šakaronlo i g^{i}ritaron ku^{w}ando šu šakar todoš.

I oyeronlo loš fiğoš de Ya^{c}qub šuš bozeš dešde la montanna[1] i desendi^{y}eron a elloš i diši^{y}eronleš: ¿ke eš pu^{w}ešo rrekontami^{y}ento? diši^{y}eron: emoš t^{o}robado ešti mansebo en-ešti alğub. - yā konpanna, ešti moso eš un
52 ešk^{a}labo | nu^{w}ešo ke še noš-a fu'ido, ti^{y}enpo abe de t^{e}reš di^{y}aš, i l'emoš puškado i no l'emoš fallado. i no ay dubda šino, komo el fuyo, še lanso el mešmo en-el pozo. pu^{w}eš tornaldo a nošot^{o}roš. diššo: la ora ke oyo el merkader šu diğo delloš, diššo a elloš: defi^{y}endome kon Allāh, ta^{c}ālā, en ke še'a ešti mansebo ešk^{a}labo dešta ğente, i no pi^{y}enšo yo šino k'eš fiğo de loš rreyeš. i bolbi^{y}oše Šama^{c}un a Yusūf i fablole en-abrayko i diššole: ši no atorgaš a noš šer nu^{w}ešo ešk^{a}labo, matart'emoš. diššo Yūsuf: yā konpanna de merkadereš, k'eštoš šon miš šennoreš i yo šoy šu ešk^{a}labo. la ora diššo el merkader: yā fiğoš de Ya^{c}ūb, ¿por ku^{w}anto p^{e}resi^{y}o me lo dare'iš? dišši^{y}eron eloš: tomadlo por lo ke kerre'iš dar,
53 k'en-el ay kondisi^{y}oneš. diššo | el merkader: ¿i ke šon šuš kondisi^{y}oneš akelaš ke ti^{y}ene? diši^{y}eron: eš lad^{o}ron i mint^{o}rošo. diši^{y}eron loš merkadereš: anši lo keremoš kon-eštaš tachaš. ¿ku^{w}anto a de šer šu p^{e}resi^{y}o? ke llu^{w}ego le benderemoš en nu^{w}eša ti^{y}erra i no morara kon nošot^{o}roš šino muy pokoš di^{y}aš. dišši^{y}eron loš fiğoš de Ya^{c}qūb: dad por-el lo ke kerre'iš. diššo Ka^{c}bu Alāhbār: pušo el merkeder šu mano en šu manga i šako a elloš beyte adarhameš kontadoš, kon šu peso delloš eran dizиši^{y}ete adarhameš. y-akello[1] eš šu dicho d'Allāh, ġaza wa ğala: MERKARONLO POR P^{e}RESI^{Y}O MENGU^{W}ADO DE ADARHAMEŠ KONTADOŠ I FU^{W}ERON EN-EL DE LOŠ

51-1 Ms. monttanna
53-1 Ms. y-akelloš

54 DEŠEŠTIMADOŠ [2]. dišo Ka^{c}bu: | p^{e}lego(no)š ke nu^{w}ešo anabī Muḥamad, ṣala Allāhu ^{c}alayhi wa ssalam, era ke dizi^{y}a: i ke parato fu^{w}e bendido ll'anabī d'Allāh Yusūf, ku^{w}ando llo bendi^{y}eron por ešti p^{e}resi^{y}o!
Diššo: la ora ke tomaron loš adarhameš, parti^{y}eronšeloš ent^{e}r'elloš, i Yusūf ke loš miraba. i tomo kadaguno deloš doš adarhameš ke šu pešo era un adarham i doš g^{a}ranoš. la ora k'eštaba, di^{y}o šu mano Yahūḏa por tomar lo ke le kayi'a. diššole Yūsūf: demandote por Allāh, el g^{a}rande, yā ˙rmano, yā Yahūda, ke no tomeš de mi p^{e}resi^{y}o ninguna koša, ke yo e mi^{y}edo ke te demande Allāh por mi el di^{y}a del chu'isi^{y}o. i debedoše Yahūda de tomar dello i no tomo dello ninguna koša. ḏišo a elloš el merkader: yā figoš de Ya^{c}qūb, ešk^{e}rebidme karta de bendida i fe
55 y-omenaǧe [1] de bošot^{o}roš en ke | no boš tornez ni noš tornaremoš de la bendida chamaš nunka. diššo la ora Ššama^{c}ūn: benidme kon tinta i papel. y-ešk^{i}ribi^{y}o, y-el šentado šobre la kabesa del poso:
Bismi Illāhi irraḥmāni -rraḥīmi. ešto eš lo ke benden loš fiǧoš de Ya^{c}qūb Isrā'ilu [1] Allāh fiǧo de Isḥāq fiǧo de Ibrahīm, amigo d'Allāh. benden un ešk^{a}labo šuyo delloš a Mālik Ibnu Duǧzi Alḫuzā^{c}īmu, šennor de la rreku^{w}a de Miṣra, por beyte aḍarhameš kontadoš, no pešadoš. ya lo an ent^{e}regado en šu poder i rresebido šu p^{e}resi^{y}o, por donde no še pu^{w}eden tornar de la bendida por boko p^{e}resi^{y}o. i š'an partido šu p^{e}resi^{y}o ent^{e}r'elloš.

Dešpu^{w}eš tomaron la karta i serraronla i šillaronla |
56 kon el šilo de Ya^{c}qūb. dešpu^{w}eš di^{y}eronla al merkader. diššo Ka^{c}bu: no seso de šer la karta en poder de Yūsuf fašta ke š'achuntaron šuš ermanoš kon-el en Miṣra, i Yusūf šeyendo rrey, anši komo dize la eštori^{y}a adelante. i fu^{w}e Mālik ke no še fi^{y}o de dar la karta a nenguno ši-

---

53-2 Vgl. Koran XII, 20: wa šarauhu biṯamanin baḫsin darāhima ma^{c}dūdatin wa kānū fīhi mina -z-zāhidīna, in der Übersetzung von R. Paret (Der Koran S. 191) "und sie verkauften ihn um einen schäbigen Preis, eine Anzahl von Drachmen, und verzichteten (ihrerseits)auf ihn (d.h. sie wollten ihn nicht für sich behalten)".

54-1 Ms. bomenaǧe (y ي versehentlich als b ب geschrieben)

55-1 Ms. Isra'a'ilu

no a Yūsuf i di^{y}ola a el, i gu^{w}ardola Yusūf, fašta ke la
šako a šuš ermanoš en Miṣra.
Diššo: la ora ke kišo mudarše el merkader, diši^{y}eron a
el loš ermanoš de Yūsūf: yā merkader, ya t'abišamoš de
šuš tachaš. diššoleš: ¿ i^{y}-el ti^{y}ene tağaš? diši^{y}eron:
ši. nošot^{o}roš t'abišamoš ke te damoš un ešk^{a}labo fu'i-
dor i lad^{o}ron i mint^{o}rošo pu^{w}eš ašegurate del i no lo
li^{y}ebeš šino eng^{i}rillonado y-enkadenado, ke ya te deš-
enganamoš a tu. dešpu^{w}eš fu^{w}eronše del. i la ora ke loš
57 bi^{y}o | Yusuf, dešfe'uzoše de šuš ermanoš, la ora ke
bi^{y}o ke še t^{a}rašponi^{y}en del, i k^{i}ridoleš i no le rreš-
pondi^{y}eron. i p^{o}loro Yusūf p^{o}lloro fu^{w}erte. diššole
Mālik: yā mansebo, ¿ ke abe a tu? diššo Yūsuf: la kongoša ke me a tomado. ¿ ke te p^{a}laze a tu? diššo: aserkate
de mi i pošate delante de mi. y-aserkoše Yusuf al merkader i šentoše delante del. i t^{a}rayole una alchuba[1] de
lana i bišti^{y}ošela, i^{y}-eran rronpidaš šuš ešpaldaš, i
dešpu^{w}eš t^{a}rayo g^{i}rilloš y-eng^{i}rilonolo.
La ora ke kišo partirše, diššo Yūsuf: yā merkader, dame
lisensi^{y}a ke baya a dešpedirme de mi konpanna i de miš
58 ermanoš i de -ssalām | šobr'elloš i leš kaštige kon un
ermano ke abe a mi bekenno de padre i madre ke le llaman Yāmin, e una ermana ke le dizen Dunyā. diššo el merkader: bete i daleš assalām. i fu^{w}eše Yūsuf enta elloš,
y-el eng^{i}rillonado, abi^{y}endo ešperansa ke le abri^{y}an
pi^{y}adad ku^{w}ando le bi^{y}ešen eng^{i}rillonado, i k^{i}ridabaleš.
ku^{w}ando leš k^{i}ridaba, fuyi'an y-apartabanše del. la ora
ke loš bi^{y}o ke no še paraban, g^{i}ritabaleš i dabaše
p^{i}ri^{y}eša en-andar sag'elloš, abi^{y}endo ešperansa en-al-
kansarloš, i kayi'a šobre šu kara y-eškalab^{a}rabaše šuš
seğaš i šu ka(ra)[1] i kori^{y}a del šang^{e}re, y-el ke k^{i}ri-
do: yā miš ermanoš, paradoš šobre mi un poko, fašta ke
59 m'ešg^{a}rasi^{y}e de bošot^{o}roš i tome p^{o}robiši^{y}on | de boš-
ot^{o}roš šiki^{y}ere una palabra ke me še'a a mi konšu^{w}elo
mi^{y}ent^{e}re bibire. diššo a elloš Yahūda ke le abi^{y}a pi^{y}a-
dad: yā fiğoš de Ya^{c}qūb, konchurōboš kon Allāh, el

57-1 Ms. alachuba

58-1 Wortende am Manuskriptrand nicht ersichtlich.

g^{a}rande i noble, en ke ešpere'iš un poko a bu^{w}ešo ermano Yusuf, fašta ke de assalām šobre bošot^{o}roš. i pararonše. i llego a elloš i pušoše ke še alsaba šobre kadaguno delloš i bešaba šuš kabesaš i šuš manoš i šuš pi^{y}e-
deš i ḏizi^{y}a: yā miš ermanoš, api^{y}edeboš Allāh, auke no
me abe'iš api^{y}adado a mi. yo boš amo. no boš šekute
Allāh, auke bošot^{o}roš m'abe'iy(š) šekutado a mi, no boš
60 tormente Allāh, auke m'abe'iš tormentado a mi. | demando
perdon ad-Allāh por bošot^{o}roš, por mi i por bošot^{o}roš,
wa˙ssalāmu ^{c}alaykūm. i legad de mi a mi ermano Yāmin i
šobre mi ermana Dunyā (ell-assalām). dešpu^{w}eš bino el
merkader i tomolo i lebolo šobre šu anāka i fu^{w}eše enta
Miṣra.
I^{y}-era šu kamino delloš por la fu^{w}eša de šu madre Raḥīl.
pu^{w}eš la ora ke š'aserko de la fu^{w}eša de šu madre, no
š'enšennore'o de lansarše kon ši mišmo dell-anāqa, i pušoše ke iba chure'ando šobre šuš chinolloš i šobre šuš
pi^{y}edeš fašta ke lego a la fu^{w}eša de šu madre Rraḥīl. i
pušoše ke š'ešf^{e}regaba šobre la fu^{w}eša de šu madre |
61 Rraḥīl, y-el dizi^{y}endo: yā madre, yā Rraḥīl, ešliga de
tu el nudo dell-arridā i^{y}-alsa tu kabesa de la fu^{w}eša.
yā mi madre, yā Rraḥīl, ši tu bi^{y}ešeš la ǧiknez de mi
ti^{y}enpo i lo ke me abe aka'esido enpu^{w}eš de tu del per-
dimi^{y}ento, p^{o}lorari^{y}aš šobre mi i^{y}-api^{y}adart'i^{y}aš de mi.
yā mi madre, yā Rraḥīl, ši bi^{y}ešeš a mi, ke no abe šo-
bre la kara de l(a) ti^{y}erra ninguno maš abiltado ke yo,
p^{o}lorari^{y}aš šobre mi y-api^{y}adart'i^{y}aš de mi. yā mi madre, ȳa Raḥīl, ši beyešeš a tu fiǧo Yūsuf, ya l'an eš-
partido ent^{e}r'el i šu padre Ya^{c}qub, p^{o}lorari^{y}aš šobre
62 mi y-api^{y}adart'i^{y}aš de mi. | yā mi madre, yā Rrahīl, i ši
me bi^{y}ešeš a mi! ya me an dešnudado mi kamiša de šobre
mi i de miš ešpaldaš i dešnudo me an deššado, en ell-
alchub me an lansado i kon laš pi^{y}edraš m'an echado i
no an ubido pi^{y}adad de mi. yā mi madre Rraḥīl, šobre la
maššila de mi kara me an pofete'ado. yā mi madre, yā
Rraḥīl, i ši me ubi^{y}ešeš bišto! ya me deššaron šolo, algaribo, i no kataron ad-Allāh, ta^{c}ālā, en mi. yā mi madre,
yā Rraḥīl, i ši šubi^{y}ešeš lo k'a še'ido hecho kon tu fiǧo
63 Yusuf, ke ya a še'ido bendido bendida d'ešk^{a}labo | deš-
pu^{w}eš de šer ḥuro, eng^{i}rillonado y-enkadenado šinše pe-

kado! yā mi madre, yā Rraḥīl, i ši me bi^{y}ešeš komo šoy lebado komo[1] šon lebadoš loš esk^{a}laboš i katiboš de billa en pilla! yā mi madre, yā Rraḥīl, anme bendido i
kon el fi^{y}erro me an eng^{i}rillonado i llaš g^{o}rošeraš de
laš rropaš m'an beštido, fašta ke an rronpido miš espal-
daš. diššo Ka^{c}bu: i oyo Yusuf un g^{i}ritante ke dezi^{y}a:
sufri, ke no eš tu suf^{e}rensi^{y}a šino kon Allāh, ta^{c}ālā.

64 Dešpu^{w}eš rrekuroššidolo el merkader | i no lo t^{o}robo. i
g^{i}rito en la rreku^{w}a kon šu konpanna i diššo: ¿ i donde
eš el mansebo ^{c}ibraqī? ¿ ya š'abe tornado a šu chente?
la ora tornaronše la chente en šu demanda. be'oš elloš
anši, bi^{y}olo a el un onb^{e}re de loš de lla reku^{w}a i bino
a el i diššole: yā mansebo, ya noš fizi^{y}eron a šaber
tuš šennoreš, la ora ke te bendi^{y}eron ke tu eraš la-
d^{o}ron i fu'idor, i no lo aberdadeššimoš, fašta ke lo
emoš bišto en tu. diššo: por Allāh, no e fu'ido, enpero
e pašado por la fu^{w}eša de mi madre i no e ubido poder
65 de suf^{i}rir šino de | lansarme šobre ella. diššo: no lo
eškucho ni persibi^{y}o šu diǧo y-also šu mano i di^{y}ole
una bofetada en šu mašilla de šu kara, i kayo Yusuf
amortesido šobr'el. dešpu^{w}eš also šu kabesa i kayo asaǧ-
dado i diššo en šu asaǧda: yā mi Šennor, api^{y}ada la
chiknez de mi alḥāla i la pokedad de mi fu^{w}ersa, api^{y}a-
da mi šoledad y-el abiltado de mi llugar. yā mi Šennor,
rrešponde mi rrogari^{y}a. yā mi Šennor, tu beyeš lo ke
(a) ašentado kon mi del perdimi^{y}ento, tu ereš el maš
pi^{y}adošo de loš pi^{y}adošoš. yā mi Šennor, ši eš ke miš
pekadoš me an ašentado en-ešta g^{a}rada, pu^{w}eš yo m'e
aserkado a tu kon miš padreš loš onrradoš Ibrahīm i
66 Isḥaq | i Ya^{c}qūb, akelloš ke aš fecho g^{a}rasi^{y}a šobr'
elloš i loš abantaǧeš šobre loš ḥalāqadoš.
Di(ššo) Ka^{c}bu: i^{y}-api^{y}ado Allāh, ta^{c}ālā, šu e^{š}t^{a}ranneza
i šoledad. i^{y}-enbi^{y}o Allāh, tabāraka wa ta^{c}ālā, šobre
akella rreku^{w}a una negra, eškura, i ayre fu^{w}erte i
rresi^{y}o i t^{u}ru^{w}enoš fu^{w}erteš i rrelanpagoš muchoš. i
konp^{e}rendi^{y}eron kon-eloš loš almalakeš, i t^{e}remolo kon-
elloš la ti^{y}erra. y-aka'esi^{y}oleš eškuredad muy g^{a}rande

---

63-1 Ms. komo komo

i fu^{w}erte, fašta ke no še podi^{y}an delloš partida[1] a
partida baler ninguna koša. i pararonše laš genteš kon
67 laš bešti^{y}aš. i abi^{y}a en | la nube un kulu^{w}ebro muy
g^{a}rande ke abi^{y}a a el bozeš muy eškiboš komo bozeš de
le'on. la ora ke bi^{y}o la konpanna akello, turbaronše. i
diššı^{y}eron loš merkadereš: yā chenteš, ki^{y}en aya pekado
de bošot^{o}roš bekado, rrebi^{y}entaše ad-Allāh, ta^{c}ālā, anteš ke še'amoš perdidoš. diššo el merkader akel ke le
di^{y}o la bofetada: yo šoy akel ke di una pofetada en la
kara dešti mansebo ^{c}ibraqī. dišši^{y}eron: ¿i komo aš fecho akello, ke, por Allāh, no kešiš šino nu^{w}ešt^{o}ro per-
dimi^{y}ento? pu^{w}eš rrepi^{y}entite ad-Allāh, ta^{c}ālā, i bete
68 al mansebo, o bi^{y}en | parsa i te perdone o tomo alqiṣaṣ
de tu. qala-diššo: la ora de akello bino el merkader a
Yusuf i bešo šu kabesa i šuš manoš i diššo a el: yo šoy
akel ke e hego šinrrazon a tu. pu^{w}eš parsi de mi i per-
doname. la ora ke oyo Yusuf šu dicho, diššo a el: ta
mala para tu, yā merkader, yo šoy de kaša ke no kon-
bi^{y}ene akešto. enpero yo parso šobre tu, parsa Allāh,
ta^{c}ālā, šobre tu. dešpu^{w}eš also Yusuf šu kabesa enta
ll'asamā i diššo: Šennor, no šekuteš a ešta konpanna
69 por lo k'an hecho kon mi. i llu^{w}ego še fu^{w}e | el tormen
y-ell-albālā delloš. i miraronše loš unoš a loš ot^{o}roš
i kaminaron kon-el. la ora ke bi^{y}eron šu alfaḍila i šu
onrra en poder de šu Šennor, šoltaronlo de šuš ligarsaš
i pešebraron en šerbirle i onrraronle kon toda koša. i
i bendi^{y}eronlo šuš parteš de loš merkadereš i merkolo
Mālik Ibnu Duġzi Alhuzā^{c}īmu por p^{e}resi^{y}o de mil doblaš
i ku^{w}at^{o}rosi^{y}entoš adarhameš. diššo: yā konpanna, šabed
ke yo e o'ido loš almalakeš ke da(ban)[1] assalām šobre
el mannana i tarde, i yo mirando a una nube b^{a}lanka en-
70 sima de šu kabesa | ke le feba šonb^{a}ra i kaminaba kon-
el, i parabaše la nnube ku^{w}ando še paraba Yusuf. i no
m'e mudado mudada ni ašentado ašentada ke no še me aya
ašentado i dek^{a}larado ell-albaraka de Yusuf. i^{y}-era ke

66-1 Ms. paratida
69-1 Ms. ke dad

ku^{w}ando a Ya^{c}qūb fortefikaba šu p^{o}loro, diše yo en mi
mešmo: no ay dubda ke še'a šobr'ešti moso afer muy
g^{a}rande.
Diššo: la ora ke lego el merkader a Miṣra, ašentaron en-
un rri^{y}o de šuš rri^{y}oš ke le dizen Alhaliǧ. i k^{a}lamo el
merkader a Yūsuf[1] i diššole: yā Yusuf, ešta eš Miṣra,
71 ke ya ent^{a}ramoš en-ella. pu^{w}eš | lebantate i dešnudate[1]
eša alchuba de lana i bannate en-ešti rri^{y}o, fašta ke
še'a linpi^{y}ada de tu ku^{w}erpo toda rrudeza i še'a kitado
de ti el kanšami^{y}ento i t^{a}rabaǧo del kamino. diššo:
y-ešnudoše Yusuf šu rropa i bannoše en-akel rri^{y}o. i
puši^{y}eronše loš peseš ke le pašaban por šuš ešpaldaš i
chugaban delante del i še alegraban kon el. la ora ke
še kunp^{i}li^{y}o de šu bannar, še ešk^{a}leresi^{y}o la ti^{y}erra
kon šu hermošura i beldad i obri^{y}eronše las pu^{w}ertaš
dell-asāmā i desendi^{y}eron šobr'el loš almalakeš dell-
arraḥma i fu^{w}e enbeštido en šu kara la k^{a}laredad, i ya
era šu kara komo la luna la noǧe k'eš lena. i desendi^{y}o
šobr'el el-enkolorado kon la k^{a}laredad, Chibrīl, ^{c}alayhi
72 issalām, y-alb^{i}risole | i di^{y}ole šuf^{e}rensi^{y}a i bišti^{y}ole
la kamiša de Ibrahīm, ^{c}alayhi wa salam. i marabilloše
el merkader de šu hecho i turboše[1] de šu hermošura i
beldad i alegroše de akello alegri^{y}a muy fu^{w}erte.
Dišo Ka^{c}bu 'lāhbār: i lebolo el merkader šobre un kame-
llo kolorado i pušolo en Miṣra, la maš mala bila de laš
billaš d'Allāh i la menor en bi^{y}eneš. y-ent^{o}ro en Miṣra
el di^{y}a de ^{c}Āššūrā. i^{y}-era ke š'abi^{y}an šekado loš arboleš i^{y}-enššugado šuš rri^{y}oš y-enkaresido šuš merkadoš.
la ora k'ent^{o}ro Yūsuf en-ella, amo -llāh, ta^{c}ālā, en
dar a ber a loš de Miṣra la onrra de Yusuf i šu ibanta-
73 ǧa en poder d'Allāh, ta^{c}ālā.| i^{y}-ešk^{a}leresi^{y}o Allāh,
ta^{c}ālā, las pillaš kon šu k^{a}laredad i fizo[1] korer loš
rri^{y}oš, i chustifikaronše loš reyeš, y-abundaronše laš
billaš kon šuš k^{a}laredadeš. i fizo korer loš rri^{y}oš, i^{y}-
abundaron šuš awaš, i p^{o}robeyeronše šuš billaš, i fu^{w}e-

---

70-1 Ms. Yū Yusuf

71-1 Ms. dešnuda de te; te scheint aus tu verbessert zu sein.

72-1 Ms. turuboše

73-1 Ms. fuzo

ron barato šuš merkadoš, i rreberdesi^{y}eron šuš arboleš,
y-amuchesi^{y}eronše šuš albarakaš. qāla-diššo: i marabi-
llaronše laš ğenteš de akello i dišši^{y}eron: ¿ i no mira'iš llaš billaš ke šon rellunb^{a}ranteš kon la k^{a}lare-
74 dad i š'an amuchesido loš bi^{y}eneš della[2] | kon la ent^{a}ra-
da dešti moso i dešti merkader? ki^{y}ere dezir Mālik Ibnu
Duġzi Ilhūzā^{c}īmu. diššo: y-achuntaronše la chente en ir
a Mālik i mirar lo ke t^{a}rayi^{y}a de šu merkaderi^{y}a, i
fu^{w}eronše a el i t^{o}robaronlo, i^{y}-el šentado en-el perche de šu kaša šobre una šila de oro i šobre šu kabesa
una korona warnesida kon perlaš i^{y}-ali^{y}aqutaš. i di^{y}e-
ron assālām šobr'el ğuntamente, i torno šobr'eloš
ll'asalām i šaludološ i šaludoše kon-elloš. y-ešbandi^{y}o
75 para elloš ll'alḥarīl | y-ell-adibāğ i paro para elloš
mešaš de oro bermeğo i pušo en-ellaš tasaš de muchaš eš-
pesi^{y}aš d'alchohar b^{a}lanko i di^{y}oleš a komer de lo meğor de la bi^{y}anda i di^{y}oleš a beber f^{i}ri^{y}o del bebrağe.
i diššoleš: yā loš de Miṣra, ¿ eya ši abe alguna nešeši-
dad šobre bošot^{o}roš? i rremedi^{y}arlo e a bošot^{o}roš. di-
šši^{y}eronle: ši. i šepaš, yā merkader, ke tu aš benido a
nu^{w}eša bila a šazon y-a ora de g^{a}ran kareš ti^{y}a i de
g^{a}ran albālā, y-era la maš mala de llaš bilaš de -llāh
76 i la menor dellaš en bi^{y}eneš | i la [1] maš kara en merka-
doš. i ya abe amanesido oy la meğor de laš bilaš de
Allāh todaš i la maš barato i la maš abundoša i la maš
rrellunb^{a}rante. ya amamoš ke noš [2] hagaš šaber ke eš
ešta merkaderi^{y}a ke t^{a}ra'eš kon tu de ti^{y}eraš d'Ašām.
diššo: i^{y}-abaššo Mālik šu kabesa enta la ti^{y}erra una eš-
tanši^{y}a. dešpu^{w}eš also šu kabesa i diššo: ke akešti
abundami^{y}ento y-albaraka akella ke beyedeš, eš por la
77 bendisi^{y}on dešti mansebo akel | ke yo e merkado en laš
billaš d'Aššām en loš monteš d'Elārdūn en-el balle de

---

2 Della bezieht sich auf billaš, der Singular kann auf Übernahme der Kongruenzverhältnisse im Arabischen beruhen.

76-1 Ms. laš

2 Ms. ke noš ke noš

Kin^{c}an de loš fiğoš de Ya^{c}qūb. diššiʸeron[1]: yā merkader, danoš a ber eši mansebo, fašta ke miremoš šu fermošura i beldad, i ši kerraš benderlo, merkarlo emoš de
tu kon-ell-algo kobpiʸošo i la gananşiʸa mucha, i ši no
lo bendeš, danošlo a ber. diššo a elloš Mālik: yā loš
de Miṣra, a ku^{w}anto lo ke nonb^{a}ra'iš de benderlo, pu^{w}eš
no ay dubda de benderlo, in šā'a Allāh, dišiʸeron a el:
78 pu^{w}es ašinanoš | en ku^{w}al diʸa le abemoš de bender. di-
ššo a elloš: en la mannana del diʸa dell-alğumu^{c}a, in
ššiya Allāh.
Era la tiʸerra de Miṣra, eš muy llana, no abiʸa en-ella
kabesoš ni puyada, no koša alsada. i ubo bolluntad el
merkader a un llugar muy llano i f^{a}rago en-el un šitiʸo
kon-alchez i rrechola i lebanto en-el pilareš de marmol
i kolgo en-el asitraš de adibāğ i pušo en lo alto de
laš almenaš pelotaš de oro i de p^{a}lata. i fu^{w}e ašentado
šobr'ell-alqūba una šilla de oro ešmaltado i šobre ella
79 kopaš de oro y-ešpadaš de oro eš|maltadaš kon berdugoš
d'ešmerakte berde, šobre kada kanton de šuš kantoneš de
la katreda un pilar de oro bermeğo i šobre kada pilar
un pago de oro amarillo, ešpandidaš šuš alaš šobre loš
pilareš[1], i šobre la katreda t^{a}rabešeroš d'adibāğ lenoš d'almiske i d'al^{c}inbar, bara ke še ašiʸente šobr'
ella Yusuf, ^{c}alayhi issalām. diššo Ka^{c}bu Alāḥbār: maš
fizo Mālik akello por ke šobrepuyaše šu afer de Yusuf
80 i š'enššalsaše | šu llugar i š'eng^{a}randesiʸeše šu eštima,
fašta ke lo beyešen loš g^{a}randeš i loš chikoš i todaš
laš chenteš. diššo: y-ešk^{i}ribiʸeron loš de Miṣra a laš
sibdadeš i llugareš y-alde'aš ke biniʸešen a l'ašigna-
siʸon del diʸa dell-alğumu^{c}a para ber a Yusuf, ^{c}alayhi
issalām. i beniʸan las chenteš de la tiʸerra i de la
mar a ber šu hermošura i beldad. i la ora k'amanesiʸo
Allāh el diʸa dell-alchumu^{c}a, no kedo ninguno de laš
81 al|de'aš i sibdadeš ke no še p^{e}rešentaše an-akel llugar
ke fu^{w}e obrado para Yusuf, ^{c}alayhi issalām. no kedo ḥuro
ni ešk^{a}labo ni onb^{e}re ni muğer en Miṣra y-en šu komarka

---

77-1 Ms. ddiššiʸeron
79-1 Ms. pilarereš

ke no fu^{w}eše p^{e}rešentado an-akel šiti^{y}o por mirar la
hermošura de Yusuf, ^{c}alayhi issalām, i šu beldad. i ša-
li^{y}eron laš rret^{a}ra'idaš de šuš rret^{a}ra'imi^{y}entoš [1].

I lego akello al rre'i Al^{c}azīz y-a šu muğer Zaliẖiyā.
i^{y}-ela demando lisensi^{y}a al rrey Al^{c}azīz para šalir, i
di^{y}ole lisensi^{y}a. i konrre'oše Saliẖiya kon šuš donze-
82 laš. | i šali^{y}o ella i šali^{y}o el rre'i kon toda šu wešte,
i pararonše loš onb^{e}reš i laš muğereš, i^{y}-anšimešmo de
todo llugar, i mando Zaliẖiyā ke abri^{y}ešen laš pu^{w}ertaš,
i fu^{w}eron alsadaš laš kubi^{y}ertaš, i g^{i}ritoš en laš chenteš: no ay enpara oy ke la muğer del rrey šalle y-el
rrey ot^{o}roši en šu arre'ami^{y}ento i šuš kaballeroš por
mirar a Yūsuf, ^{c}alayhi issalām. y-enbi^{y}o el rey a Mālik
Ibnu Duġzi Alẖuzā^{c}īmu en ke [1] šakaše al mansebo, borke
le keri^{y}a be'erle.
83 Diššo: i bolbi^{y}oše Mālik a Yūsuf | i maṣho šu kabesa i
bešo ent^{e}re šuš oğoš i dišo: mi amado Yūsuf, šepaš ke
laš ğenteš š'an chuntado, keri^{y}endo mirarte. pu^{w}eš mira
ke dizeš a la chente, porke yo ya t'e merkado kon mi algo i t'e t^{a}ra'ido de laš billaš d'Ašām de loš fiğoš de
Ya^{c}qūb. diššo: ši. berdad dizeš, yā merkader. feš lo ke
keraš kon mi, ke no ay koša [1] ke no še'a [2] abansado kon
mi en-ell-Alkitāb d'Allāh, ta^{c}ālā, ante ke yo fu^{w}eše
ẖalāqado. diššo: i marabilloše el merkader de šuš do-
t^{i}rinaš i de šuš palabraš. diššole: no t'ešpanteš ni
84 tengaš | t^{i}rišteza, ke yo a'un te konre'are i te onrra-
re i te tornare a la onra maš alta. dešpu^{w}eš fizolo
ašentar delant'el y-atabi^{y}olo kon-atabi^{y}oš muy rrikoš,
kon loš meğoreš ke podi^{y}an šer. diššo Ka^{c}bu Alāḥbār: i
bištile una kamiša de lino muy delgado i^{y}-unoš saraweleš de chamellot berde i^{y}-un albornos de b^{o}rokado amarillo [1] y-un kollar kon doš koloreš de oro, en medi^{y}o

---

81-1 Ms. rret^{a}ri'imi^{y}entoš

82-1 Ms. en ke en ke

83-1 Ms.: koša am Rand ohne Vokalisierung und diakritische Punkte hinzugefügt.

2 Ms. ša'a

84-1 Ms. amirillo

de kada kollar una perla b^{a}lanka ke rrelunb^{a}raba della
šu kara komo la lluna la noche katorzena, i pušole
di^{y}ez anilloš kon šuš yemaš y-ali^{y}akūtaš koloradaš. i^{y}-
85 era | akel ti^{y}enpo ke še atabi^{y}aban loš onb^{e}reš komo laš
muǧereš. i pušole manillaš de rreyeš i pušole una toka
de oro warnesida kon perlaš d'alchohar i di^{y}ole un berdugo de loš berdugoš de loš rreyeš i hizo enšilar para
el una kabalgadura kon la šilla de oro, i šuš ešt^{i}riboš
i f^{e}reno de p^{a}lata. i bino el merkader a šuš konpanneroš, loš šetenta onb^{e}reš, i tomaron kon šuš ešt^{i}riboš,
fašta ke kabalgo. la ora ke fu^{w}e iwalado šobre el kaballo, also šu kabesa enta'l si^{y}elo, i šonrri^{y}endoše
86 d'alegri^{y}a | y-el dizi^{y}endo: dize berdad Allāh, ta^{c}ālā,
i šu mešaǧero. dišši^{y}eronle: ¿i ke eš akelo, yā Yusuf?
¿e'a ši t'abe benido menšachero? diššo: ši. i fu^{w}ele dito: ¿i ku^{w}ando fu^{w}e akelo? diššo: la ora ke me lansaron
loš fiǧoš de Ya^{c}qūb en-ell-alchub. i kon-elo me hizo a
šaber Ya^{c}qūb, mi badre, i kon-ešto todo, porke yo bi un
šu^{w}enno ke lo rrekonte a mi padre, i me fizo a šaber
kon todo lo ke abe korido šobre mi de laš fortalezaš i
lo ke šera depu^{w}eš de mi la onrra. i ku^{w}ando oyeron miš
ermanoš akelo de mi, ubi^{y}eronme enbidi^{y}a i šakaronme de
87 poder de mi padre i kiši^{y}eronme matar. dešpu^{w}eš | lansa-
ronme en-ell-alchub y-ešpoǧaronme mi kamiša de miš ešpaldaš, i^{y}-ali me bino el menšaǧero de mi Šennor,
Ǧibrīl, ^{c}alayhi wa ssalām, i dišome a mi: dize tu Šennor
ke te šufraš, ke au te šakara dell-alchub i te faborese-
ra šobre loš fiǧoš de Ya^{c}qūb i te dara a'nšennore'ar la
ti^{y}erra de Miṣra toda i šera la konpanna de Miṣra deba-
eššo de tuš ešt^{i}riboš. la ora ke oyeron šu dicho, marabi-
llaronše del. i diššo el merkader: yā alegri^{y}a de miš
oǧoš, šepaš k'ello eš ke ku^{w}ando o'iran laš che(n)teš
88 tuš palabraš, debedarše an de merkarte. diššo | Yusuf:
feš lo ke keraš, yā merkader, y-ello eš šu dicho de mi
Šennor šobre mi.
Dišo Ka^{c}bu Alāḥbār: la ora dakello mando Mālik Ibnu
Duġzi ke obri^{y}eše(n)[1] laš pu^{w}ertaš, i fu^{w}eron obi^{y}ertaš

88-1 Ms. obri^{y}eše, das aus obri^{y}eš verbessert wurde.

laš pu^{w}ertaš dell-alqaṣar. dišo: yā loš de Miṣra, ešti
eš Yūsūf ke šale a bošot^{o}roš i še ašoma šobre bošot^{o}roš.
diššo: y-eštendi^{y}eron laš chenteš šuš pešku^{w}esoš i le-
bantaronše šobre šuš pi^{y}edeš y-enfištillaron šuš bištaš,
fašta ke šali^{y}o Yusūf šobr'elloš, y-a šu man derecha šetenta širbi^{y}enteš y-a šu man ezkerra anšimešmo. i tomo
el merkader kon šu f^{e}reno, i^{y}-el portero del rrey deš-
bi^{y}ando la chente del kamino. la ora ke lo beyeron la
89 chente, | turbaronše šuš bištaš i no še pudi^{y}eron enše-
nnore'ar šino fazerle obedensi^{y}a, y-eloš dizi^{y}endo: no
emos bišto maš šemeğante mansebo. dešpu^{w}eš bino el merkader all-alkūba i desendi^{y}o Yusuf de šu kaballo y-ašentolo šobre su katr(e)da [1]. dešpu^{w}eš torno kon-el el merkader, fašta ke lo ent^{o}ro en-ell-alqūba. i bini^{y}eron
las chenteš de todo llugar, y-also el merkader laš [2]
asiṭraš dell-alqūba, i rrellunb^{a}raron laš karaš de laš
chenteš kon la rrešp^{a}landor de Yusūf i la fortaleza de
šu k^{a}laredad. y-ešpandi^{y}eron šuš pagoš šuš alaš šobr'el.

I fizo lebantar el merkader la mano derecha de Yusūf,
90 i^{y}-un p^{e}regonero ke k^{i}ridaba: ¡ yā loš | de Miṣra, ki^{y}en
ki^{y}ere de bošot^{o}roš merkar ešti mansebo, pu^{w}eš fable! i
turbaronše laš chenteš i ḏizi^{y}an: ¿ i ki^{y}en abra poder
para merkarlo, ešti mansebo i lo k'ešta šobr'el de loš
atabi^{y}oš? i bino una alchāriya ke le dizi^{y}an a ella
Annāziġa filla de Ṭalūt Ibnu Q(ạ)ysi [1], fiğa de ^{c}Ād, ficha de Šādād el Mayor, i dišo: yā Mālik, yo merko de tu
ešti moso por di^{y}ez bezeš šu bešo de oro i de p^{a}lata.
diššo Mālik: no lo bendo, fašta ke lo haga a šaber al
rrey Al^{c}azīz. i diššole: yā rrey, merka ešti moso, por
91 bentura šera para | bošot^{o}roš [1] fiğo. i bino el rrey al
merkader i dišo: yā Mālik, yo lo merko de tu, ešti moso,
por šu pešo si^{y}en begadaš de oro. diššo Mālik: yo lo
bendo a tu por ešši p^{e}resi^{y}o. diššo: i fizo t^{a}ra'er el
merkader el pešo i ḏiššo a Yusuf: ¿ amaš en ke šepa tu

89-1 Ms. katrda كَتْرْدَ
2 Ms. las
90-1 Ms. Qysi قَيْسِ
91-1 Ms. nošot^{o}roš

pešo, yā alegri^{y}a de miš oğoš? diššo Yusuf: feš lo ke keraš. y-ašentolo en-el pešo i hallo ke pešaba ku^{w}at^{o}ro kintaleš. i^{y}-era la ora Yusuf de katorze annoš, maš era šu pešo dell-annūbu'a. i merkolo el rrey por šu pešo de oro i de la p^{a}lata si^{y}en bezeš kon b^{o}rokado i šeda i perlaš y-almizke y-al^{c}inbar, i tubolo por boko el merka-
92 der | por lo ke bedi^{y}a del de beldad i fermošura. y-eštaba šobre la kabesa del rrey una korona de oro bermeğo, warnesido kon perlaš i^{y}-alyaqūtaš y-alğohar, i kitošela i pušola šobre la kabesa de Yūsūf, i rrešp^{a}landesi^{y}o šu k^{a}laredad. la ora ke bi^{y}o el merkader la rrikeza de la korona i šu beldad, diššo: yā rrey, maš keri^{y}a de tu la korona ke laš si^{y}en bezeš de pešo k'aš pešado. diššo el rrey: ke še'a para tu la korona ḥalāl. y-eštendi^{y}o el merkader šu mano para tomar la korona de la kabesa de
93 Yūsūf, i šekošele šu mano i no pudo meserla. | i turbošе de akello i diššo: yā Yusuf, mi mano š'a šekado, pu^{w}eš rru^{w}ega tu ad-Allāh, ta^{c}ālā, en ke šu^{w}elte mi mano i la torne a mi komo era anteš. i rrogo Yusuf ad-Allāh, i tornole Allāh en šu eštado[1]. i turbaronše laš chenteš de akello i dizi^{y}an: ¡ o, ke bendicho eš ešti mansebo! no ay duda šino ke ay a el afer muy g^{a}rande. i turbože dello el rrey. diššo: i mando el rrey una kabalgadura enšillada, la šilla de o(ro), warnesida kon perlaš y-alğohar, y-el f^{e}reno de p^{a}lata b^{a}lanka. i torne'aron[2] alrrededor del loš pendoneš i laš šennaš šo-
94 bre šu kabesa, | i loš kabaleroš i laš wešteš en torno de Yūsuf, fašta ke lego adonde eštaba Zahlihyā, la rre'ina . i diššole el rrey anši komo lo rreku^{w}enta

---

93-1 I rrogo Yusuf ad-Allāh, i tornole Allāh en šu eštado ist im Ms. am Rand eingefügt. Daneben steht durchgestrichen i rrogo Yusuf ad-Allāh rrogari^{y}a šek^{e}reta.

2 Ms.: i torne'aron i tornaron, wobei torne'aron, das dem Sinn nach besser paßt, aus tornaron verbessert wurde.

Allāh, ^{c}aza w(a) chala, en šu Alqur'an ell-onrrado: ON-
RRA, YĀ SALIHIYA, ŠU G^{a}RADA, POR BENTURA EN
KE NOŠ AP^{o}ROBECHARA O LO TOMAREMOŠ POR FIĞO[1]
diššo: i bini^{y}an laš fiğaš de loš rreyeš akelaš k'eran kon
Salihiyā, i dizi^{y}an al rrey: perpetu^{w}e Allāh, ta^{c}ālā,
por tu alegri^{y}a i kunp^{a}la Allāh el gozo kon tu, ke ya
eš bi^{y}en abenturado kon-ešti mansebo.
Diššo Ka^{c}bu Alāhbār: era Yusuf ke kabalgaba en la manna-
95 na y-en la tarde de todoš | di^{y}aš, fašta ke no kedo en-
el rre'išmo del rrey nenguno ke no lo bi^{y}eše, šino ši^{y}e-
te fiğaš de rreyeš de loš rreyeš de Misra, akellaš no
l'abi^{y}an bišto a Yusuf, ^{c}alayhi issalām, akellaš ke laš
imento Allāh, ta^{c}ālā, en šu Alkitāb ell-onrrado, i^{y}-eš
ke dize ke DIŠŠI^{y}ERON UNAŠ MUĞEREŠ EN LA
SIBDAD...[1]. i šon eštaš fiğaš de rreyeš ke no abi^{y}an
bišto a Yūsūf ni šu hermošura ni beldad. i rribtaron a la
rreyna Zalihiyā, porke abi^{y}a rrekerido a Yusuf, šegun
dize la eštori^{y}a, ku^{w}ando legaremoš a ello, in šiya Allāh,
96 ta^{c}ālā. diššo Ka^{c}bu: la ora | ke t^{a}rayo el rrey a Yusūf
a šu alkasar, onrrolo kon onrraš muy g^{a}randeš i fizole
muchoš bi^{y}eneš, i fu^{w}e delante del en-onrra muy g^{a}rande
ti^{y}enpo de sinko annoš.
I un di^{y}a kobdisi^{y}o Yūsuf šalir enta 1 kamino de Ašām,
ši por bentura abri^{y}a de šu padre algunaš nu^{w}ebaš. i demando lisensi(^{y}a) al rrey, i di^{y}ošella el rrey: yā fiğo,
feš lo ke amaš. i fizo enšillar Yūsūf una kabalgadura i
kabalgo Yusūf, i^{y}-el rrey kon-el en la šuma de šuš eš-
k^{a}laboš i de šu ğente. i šali^{y}eron enta el kamino de
97 Ašām y-ašentaron en-una k^{u}rru|sillada del kamino. i
Yusuf eštando šentado, bino a pašar un al^{c}arab kaminan-
do šobre šu anaqa. i la ora ke bi^{y}o el-anāqa la k^{a}lare-
dad de Yusūf i šu beldad i hermošura la g^{a}rande ke le
abi^{y}a dado Allāh, ta^{c}ālā, de la ibantala, bino enta el
i fizole obidensi^{y}a delante i pušoše ke š'ešf^{e}regaba i

94-1 Vgl. Koran XII, 21. Yā Salihiya ist in unserem
Text eingeschoben. Der Anfang des Zitats lautet ar.
akrimī maṯwāhu "ehre seinen Aufenthalt" (s. auch 115).
95-1 Vgl. den Anfang von Koran XII, 30.

lanbi^{y}a šuš pi^{y}edeš i bramama b^{a}ramidoš g^{a}randeš y-ase-
nnaba enta Yūsuf. la ora ke bi^{y}o el rrey akello, dišo a
Yusuf: ¿ke eš la kauša dešta anāqa ke haze ešto delante
98 de tu? | diššo a el: yā rey, no ay duda šino k'el(la)
m'a bišto [1] algun di^{y}a šentado anta mi padre Ya^{c}qūb. a
ku^{w}anto diššo ell-al^{c}arab: ešto eš koša g^{a}randē. i fe-
ri^{y}a a šu anā(qa) [2] kon šu berdugo ke teni^{y}a en šu mano,
porke še lebantaše, y-ella rrefušabaše. i marabilloše
ell--al^{c}arab de akello i bolbi^{y}oše a Yusuf, ^{c}alayhi
-ssalām, i diššole: ¿ki^{y}en ereš tu, yā mansebo, akel ke
por tu kauša še para i š'umilla mi anāqa a tu? i p^{o}loro
Yusuf, i diššo ell-al^{c}arab: ¡o, marabilla sobre todaš
laš marabillaš! i tu p^{o}loraš [3], eštando en-ešta onrra
99 y-en-eštaš g^{a}rasi^{y}aš, | enkoranado kon korona de onrra, i
no ay dubda šino ke tu ereš fiğo de rrey. diššo el rrey:
por si^{y}erto el no eš mi fiğo, maš eš mi ešk^{a}labo enšennore'ado, i yo lo e atabi^{y}ado i konrre'ado kon-eštoš
atabi^{y}oš. la ora ke oyo ell-al^{c}arab akello, diššo (a)
Yusuf: ¿i šemeğante de tu eš ešk^{a}labo? dime, ¿de donde
eres tu o de donde aš še'ido t^{a}ra'ido? diššo Yusuf: de
ti^{y}erraš d'Ašām de loš monteš d'Elārdun i del bale de
Kin^{c}an. diššo: ¿i de ki^{y}en ereš del balle de Kin^{c}ān,
porke yo konozko šuš chenteš? diššo a el: yā ^{c}arabi,
100 ¿e'a ši konoseš | en-el bale de Kin^{c}ān un-arbol muy
g^{a}rande el ku^{w}al yo lo fegurare a tu? diššo ell-al^{c}arab:
feguramelo, fašta ke yo oyga tu dicho. diššo a el: ¿e'a
ši konoseš en-el bal de Kin^{c}ān un-arbol ke šu rra'iz eš
firme en-el asamā ke rrešp^{a}landese, i loš si^{y}eloš a (el)
obi^{y}ertoš, i la ti^{y}erra rrešp^{a}landesi^{y}ente, y-el šol a(el)
ašomante, i šuš rri^{y}oš dulseš i ell-awa korreyen, šuš
fogaš rramaš i loš almalakeš šuš beštidoreš, el ku^{w}al
arbol ti^{y}ene doze berdugoš, loš onze saradoš i la una

98-1 Ms. k'el a ma bišto, es scheint, daß zuerst k'el a bišto geschrieben und ma hinterher eingefügt wurde.

2 Wortende am Manuskriptrand nicht ersichtlich.

3 Ms. p^{o}laraš

obi^{y}erta[1]? diššo: ¿e'a ši konoseš ešti arbol, yā ^{c}arabī?
¿e'a ši konoseš la rrama del? diššo: i p^{o}loro ell-
al^{c}arab p^{o}loro muy fu^{w}erte. diššo: yā mansebo, ya heziš
101 muy bi^{y}en de šenb^{a}lan|sarme ešti arbol. i šegun lo ke tu
feguraš en-ešti arbol, pu^{w}eš el eš Ya^{c}qūb, ^{c}alayhi
issalām. a ku^{w}anto lo ke feguraš de loš berdugoš, elloš
šon šuš figoš de Ya^{c}qūb. a ku^{w}anto lla rama abi^{y}erta,
pu^{w}eš eš Yūsūf, ^{c}alayhi issalām, akel ke še lo komi^{y}o el
lobo. diššo Yusuf: pu^{w}eš šepaš ke yo šoy Yūsuf, figo de
Ya^{c}qūb, ^{c}alayhi issalām. la ora ke oyo ll'al^{c}arab šu dicho, lansoše šobre la kabesa de Yūsuf, y-el ke lo bešaba
i dizi^{y}a: defi^{y}endome kon Allāh en ke šobrepuye mi boz a
la tuya. yā Yusuf, ¿i komo eš tornadoešk^{a}labo enšennore'ado? diššo Yūsuf: a mi abe šobr'ešo eštori^{y}a muy
g^{a}rande ke šu rrekontami^{y}ento eš muy largo. maš ¿e'a, yā
102 ^{c}arabi, ši šabeš el llugar dond'ešta mi padre | Ya^{c}qūb?
diššo: ši, yā amado d'Allāh, elo deššado šobre una montanna, ke ya š'abe akorbado šu peršona de t^{i}rišteza i de
p^{o}lorar šobre tu. i^{y}-a f^{a}rawado para ši t^{e}reš kašaš, la
p^{i}rimera le dize kaša de t^{i}rišteza, la šegunda le dize
kaša de p^{o}loro, la tersera le dize kaša de šoledad. qala:
la ora ke oyo Yusuf akello, p^{o}loro fašta ke še amorte-
si^{y}o. la ora ke rredordo de šu amortesimi^{y}ento, diššole:
yā ^{c}arabī, p^{e}lega de mi mi menšacheri^{y}a al bi^{y}eğo de mi
padre Ya^{c}qūb. diššole: mi amado Yusuf, ? i ke ki^{y}ereš ke
le diga ku^{w}ando l'enkont^{a}(ra)re? diššo: yā mi'rmano, yā
^{c}arabi, ku^{w}ando te iraš, in ša'a Allāh, i legaraš al bal
de Kin^{c}ān, no bayaš adond'ešta Ya^{c}qūb šino en la sage-
ri^{y}a del di^{y}a, en la ora akella ke š'abren en ella laš
103 pu^{w}ertaš dell-asamā i desi^{y}enden | loš almalakeš kon-ell-
arraḥma i la onrra. i ku^{w}ando p^{e}legaraš a el, li'ile
l'assalām i dile: yā Ya^{c}qūb, un mansebo e bišto en ti^{y}e-

---

100-1 Im Ms. läßt sich zwischen den Lesungen saradoš und saradaš nicht entscheiden, da über dem d die Zeichen für a und o stehen. Der versehentliche Genuswechsel im ganzen Syntagma kann darauf beruhen, daß das korrespondierende Substantiv in der arabischen Vorlage feminin war.

rraš de Miṣra, i^{y}-el eš el maš fu^{w}erte de laš chenteš en p^{o}loro šobre tu i^{y}-el maš deše'ado a tu bišta. i ši te demandara por mi eštado, pu^{w}eš fegurale mi^{y}-eštado i dile: tu hiğo Yūsuf dize a tu: ši eš ke tuš ešpaldaš š'an akorbado i tu bišta š'abe ensegesido de p^{o}lorar, pu^{w}eš šepaš ke la šennal berde akella ke era en šu mašilla, ke ya še le abe dešfecho del mucho p^{o}lorrar i t^{i}rišteza šobre tu, yā anabī'u d'Allāh. diššo ell-al^{c}arab: p^{a}lazeme, yā Yūsuf. i fu^{w}eše. i diššole Yusuf: yā˙rmano, yā
104 al^{c}arab, lega mi menšağeri^{y}a | akella k'eš fi^{y}aldağe a tu.

Diššo Ka^{c}bu Alāḥbār: i kabalgo ell-al^{c}arab en šu annāqa i pušoše ke dezi^{y}a: ¡ yā mi anāqa, kamina, kamina i no te du^{w}ermeš, fašta ke p^{e}lege la menšacheri^{y}a de Yūsuf a šu padre Ya^{c}qūb, ll'anabī de Allāh! i kamino ll'al^{c}arab i no pašaba por koša ke no le hablaše, ni fi^{y}era ni abe keä no le k^{i}ridaše. i lego ell-al^{c}arab a Miṣra, i la ora k'atemo de šuš fechoš i ubo negosi^{y}ado, tornoše al bal de Kin^{c}an al llugar akel k'eštaba la ti^{y}enda de Ya^{c}qūb, i paroše šobre la pu^{w}erta de la ti^{y}enda, i^{y}-era enta˙l ponimi^{y}ento del šol, i k^{i}rido kon lo alto de šu boz i diššo: ¡ assalāmu ^{c}alaykum, yā loš de Ya^{c}qūb![1] i diššo:
105 un mansebo e bišto | en Miṣra, el maš paresi^{y}en de laš ğenteš kon tu, i^{y}-el šobre tu li'e el-asalām. diššo Ka^{c}bu Alaḥbār: i oyo šu boz Dunyā i šali^{y}o a la pu^{w}erta de la ti^{y}enda, i^{y}-ella ya permutada šu kolor i enf^{a}lakesido šu ku^{w}erpo i ensegesida šu bišta de llorar, i^{y}-era ermana de Yusuf de padre i de madre. la ora ke la bi^{y}o ell-al^{c}arab en-akel eštado, p^{o}loro por šu lloro della i por lo ke bi^{y}o de šu t^{i}rišteza, i diššole: yā alchāriya, ¿por bentura ereš tu ermana de Yusuf? diššo ella: ši. ¿i tu por bentura ašlo bišto a el? diššo a ella: yo e bišto un mansebo i t^{a}raygo yo una menšacheri^{y}a šuya y-una alwaṣiya. diššo ella: ¿de ki^{y}en, yā al^{c}arab? diššo:

104-1 Das Ms. wiederholt i paroše šobre loš de lla pu^{w}erta de la ti^{y}enda, i^{y}-era enta el ponimi^{y}ento del šol; es scheint, daß loš de versehentlich eingefügt ist, vielleicht beeinflußt durch loš de Ya^{c}qūb, es sei denn, hinter loš fehlt ein Substantiv.

106 de tu ermano Yusuf. la ora ke lo oyo, amortesi^{y}oše | amortesida, i^{y}-ela k^{i}ridando: ¡ o mi kabdillo y-alegri^{y}a de miš oğoš! demandote kon Allāh, el g^{a}rande, yā ^{c}arabī: ¿ i tu lo aš bišto? diššo: ši, lo e bisto. diššo a el: ¿ y-en donde lo aš bišto, yā ^{c}arabī? diššo: elo bišto en Misra, k'el a še'ido bendido benta d'ešk^{a}labo, i^{y}-el eš tornado ešk^{a}labo enšennore'ado, i^{y}-el boš li'e ell-esalām muchaš bezeš. i ya llo a merkado el rrey Al^{c}azīz. diššo ll'alğariya: yā ^{c}arab, dete walardon Allāh, ta^{c}ālā, por mi en bi^{y}en. no še kon ke te šatišfaga dešto, sebto ke rrogare ad-Allāh ke alibyaneska šobre tu
107 laš enb^{i}ri'ageškaš | de la mu^{w}erte. diššo a ela: yā ši^{y}erba de Allāh, ¿ i k'eš dell-anabī d'Allāh Ya^{c}qūb? diššo ella: yā˙rmano, yā al^{c}arab, k'ell-anabī Ya^{c}qūb ya abe churado šobre ši mešmo de no ent^{a}rar debaššo de techado nunka chamaš, dende ke še aparto de šu amado Yūsuf. diššo a ella: ¿ y-en donde ešta, fašta ke le lege la menšacheri^{y}a de šu amado Yūsuf? diššo ella: ¿ beyeš akela alqūba berde k'ešta šobre la kabesa dešti monte? diššo: ši. diššo ll'achāriya: pu^{w}eš Ya^{c}qūb ešta en-ella abitante, ya š'a dešhecho šu ku^{w}erpo i permutado šu kolor y-akorbado šuš ku^{w}eštaš i perdido šu bišta de la
108 fortaleza | de šu t^{i}rišteza šobre Yūsuf. pu^{w}eš kamina a el, i berlo aš komo el mu^{w}erto, i no eš šino mu^{w}erto en bida.

Diššo Ka^{c}bu Alāḥbār: i fu^{w}eše ll'al^{c}arab, fašta ke lego a la ti^{y}enda. i miro a Ya^{c}qūb, y-el lansado šobre su kara, asağdado, p^{o}lorando, i laš abeš (i) fi^{y}eraš ke lloraban por šu lloro, i^{y}-el ke dizi^{y}a: todo algaribo, por larga ke še'a šu abšensi^{y}a, ši^{y}endo bibo, pu^{w}eš no ay duda de šu tornada a šu abitasi^{y}on, pork'ell-algaribo en ti^{y}erra ke no abe parentella a el, aku^{w}erdaše enpu^{w}eš de šu abšensi^{y}a de šu abitasi^{y}on. dešpu^{w}eš dizi^{y}a: ¡ o ta mala, o algaribo, o ke almuṣība, o ke amargo eš, o ke kebranto i ke fu^{w}erte eš! diššo: i k^{i}rido ll'al^{c}arab kon
109 ¡ alasalāmu ^{c}alaykum, yā Ya^{c}qūb, wa rraḥmatu Allāh | wa barakātuhu! i no lebanto šu kabesa a el. i k^{i}ridole šegunda begada: ¡ assalāmu ^{c}alaykum, yā annabīyu Allāh! i no also šu kabesa a el. i k^{i}ridole tersera begada i diššo: ¡ assalāmu ^{c}alayka, ayuhā alḫazīn! y-also šu kabesa

a el i diššo: dizeš berdad. yo, por Allāh, šoy el t^{i}rište. dešpu^{w}eš torno šobr'el ell-asalām i diššo a el: ¿ abe a tu algun meneŝter? diššo a el: yā annabī de Allāh, enta mi abe una menšacheri^{y}a. i p^{o}loro Ya^{c}qub p^{o}loro muy fu^{w}erte. depu^{w}eš diššo: yā ^{c}arabi, ¿ i komo pu^{w}ede aber menšacheri^{y}a para mi? ? i burlaŝte kon mī? diššo: no, por Allāh, ni por la[1] dereytaǧe de laš kanaš de Ibrahīm, ke no me[2] purlo kon tu, anteš yo e biŝto a Yūsuf. diššo: i
110 no š'enšennore'o i kayo amortesido | šobr'el i bramama komo b^{a}rama el toro, pu^{w}eš la ora ke rrekordo de šu amortesimi^{y}ento, diššo: yā ^{c}arabi, ¿i tu aš bišto a mi amado Yusūf? diššo: ši, yā annabī de Allāh, yo lo e bišto. diššo: ¿i donde l'aš bišto? diššo: en ti^{y}erraš de Miṣra, i^{y}-el te li^{y}e essalām. diššo Ya^{c}qūb: alegate a mi. i aserkoše del y-ap^{e}legolo a šuš pechoš i bešo ent^{e}re šuš oǧoš i diššo: eŝtoš šon loš oǧoš ke an bišto a mi amado Yūsuf. dešpu^{w}eš diššo: demandote por Allāh, yā ^{c}arabī: ¿ toko tu mano kon šu mano? diššo: ši, yā annabīyu Allāh, yo lo tome de šu mano kon mi mano akešta. i tomo Ya^{c}qūb la mano dell-al^{c}arab i pušola šobre šu
111 kara i goli^{y}ola.| dešpu^{w}eš diššo: berdad dizeš, yā ^{c}arabi, ke šu olor ešta en tu mano, enpero fegurame a mi šu figura komo ke yo miraše a el. diššo: p^{a}lazeme, yā anabi'u Allāh. yo e bišto en Miṣra un mansebo de hermoša kara, de muy hermošoš oǧoš, afilada nariz, de muy hermošoš di^{y}enteš, dešbarbado, d'anǧa f^{e}rente, a el abe b^{a}l(a)nkura[1] kon bermechura komo ke šu agarganta eš una perla obrada, muy enbaŝtido de b^{a}rasoš, muy šutil de palmaš, largo el palmo, rredonda la kara komo el rrolde de tu kara, yā anabi'u Allāh, šobre šuš b^{a}rasoš i šobre šuš kamaš šale k^{a}laredad rrellunb^{a}rante, i komo
112 ke g^{a}ranoš de alchohar | gote'an de loš kaboš de šuš kabelloš, i komo ke šu kara eš la lluna, i šuš kamaš komo ke šon kannaš de p^{a}lata b^{a}lanka. i^{y}-el dize a tu ke la šennal akella ke era en šu mašilla, ya š'abe dešhecho

---

109-1 Ms. laš

2 Im Ms. ist no me nicht klar erkenntlich.

111-1 Ms. balnkura بَلْنْكُور

dell-amuchesimi^{y}ento del p^{o}loro šobre tu, yā anabī'u
-llāh. qāla: la ora de akello p^{o}loro Ya^{c}qūb p^{o}loro muy
fu^{w}erte i dišole: ya'rmano, yā al^{c}arab, dete walardon
Allāh por mi, de y'aš kunb^{i}lido la šenp^{a}lansa i ya
š'adebdese a mi ell-agradesimi^{y}ento i šatišfazi^{y}on a ti.
pu^{w}eš mira ši abe a tu alguna nešešidad kon tu Šennor.
dišo ell-al^{c}arab: i ke deše'ošo šoy ad-akello, yā
annabī d'Allāh, porke yo šoy uno de loš onrradoš de mi
113 konpanna i de (lo)š [1] | eštimadoš i šoy muy rriko i obde-
sido en-arrizke. i yo tengo doze muğereš i no m'a dado
en-arrizke nengun fiğo. pu^{w}eš rru^{w}ega ad-Allah, ta^{c}ālā,
por mi en ke me de arrizke de fiğoš pu^{w}enos. dišo
Ka^{c}bu: i (a)lso [1] Ya^{c}qūb šuš manoš all-assamā i rrogo
kon rrogari^{y}aš šek^{e}retaš i mašo kon šu mano šobre el
lonbo dell-al^{c}ar(ab) [2]. dišo ll'al^{c}arab [3]: yā annabī
d'Allāh, a mi abe meneŝter šegundo. dišo: ¿i ke eš? dišo: rru^{w}ega ad-Allāh, ta^{c}ālā, en ke me de a mi un-alka-
sar en ll'alğanna ent^{e}re tu alqaṣar y-el alqaṣar de tu
padre Ibrrahīm, ell-amigo d'Allāh. i rrogo Ya^{c}qūb kon-
ello ad-Allāh i dišo: Šennor, dale en-arrizke un-alqa-
114 sar en ll'alchana. dišo ll'al^{c}arab: | kedame meneŝter
tersero. dišo: ¿i ke eš? - mi anāqa akešta, pu^{w}eš eš
ella eš ke me abe achuntado ent^{e}re mi i tu fiğo Yūsuf,
por bentura ke rru^{w}egeš kon alguna rrogari^{y}a. i rrogo
Ya^{c}qūb a šu Šennor i pušo šu mano šobr'ella i dišo a
ella: kamina, por bentura šeraš de laš anāqaš de Yūsuf
en-ell-alchana.
La ora de akello ešg^{a}rasi^{y}oše ell-al^{c}arabi de Ya^{c}qūb en
šu anāqa. i pušoše ell-anāqa ke no pašaba por koša de
laš bešti^{y}aš ke no še wabaše šobr'ellaš kon la rroga-
ri^{y}a de Ya^{c}qūb. dišo: i bino ell-al^{c}arabī a šu kaša i
konbeni^{y}o kon laš doze muğereš en-una noche. la ora ke
115 še kunp^{i}li^{y}o nu^{w}ebe mešeš, nasi^{y}eronle da kada|guna doš

112-1 Ms. i deš | eštimadoš
113-1 Ms. dišo Ka^{c}bu: ilso
2 Ms. dell-al^{c}ar دَالْعَرْ
3 Ms. ll'al^{cc}arab

fiğoš, i šon binti i ku^{w}at^{o}ro fiğoš mašk^{o}loš, por lla
rrogari^{y}a de Ya^{c}qūb. i p^{e}legonoš, wa -llāh a^{c}lam, k'ell-
al^{c}arab kabalgo kon mil de kaballo, todoš[1] šuš fiğoš i
fiğoš de šuš fiğoš fašta ši^{y}ete g^{a}radoš de bišfiğoš.

Dišo Ka^{c}bu: la ora ke še torrno el rrey Al^{c}azīz kon
Yusūf a šu alqaṣar, diššo el rrey a Zaliẖā, la rreyna:
onrra šu eštado, por bentura ke noš ap^{o}robecharemoš o
lo tomaremoš por fiğo[2], ke še'a el el rrey dešpu^{w}eš de
mi. y-akello eš k'el rrey Al^{c}azīz era onb^{e}re inpotente
ke no še aserkaba a laš muğereš, i por rrazon dakello
116 tomo a Yūsuf por fiğo.| qala: depu^{w}eš šali^{y}o el rrey de
donde eštaba Zalīẖā. i k^{a}lamo Zalīẖā a Yūsuf i fizolo ašentar
delante della i dešpoğole lo ke teni^{y}a beštido de laš
rropaš, i bišti^{y}ole una kamiša de lino muy delgada
i unoš saraweleš de chamellod berde i pušole anilloš de
oro i manilaš de oro i manilaš de p^{a}lata i sinnole una
sinta en-ella ešpesi^{y}aš de alchohar i^{y}-alyaqutaš. i^{y}-
ašento para el la meša del rrey i di^{y}ole a beber kon loš
bašilloš del rrey y-enk(o)ronolo kon la korona del rrey
i pušole kollareš loš kollareš del rrey. i diššole: yā
117 Yūsuf,| ¿ i no aš o'ido al rrey ku^{w}ando me diššo: onrrale
ššu eštado? ke, por el dereytağe del rrey, a('u)n te onrrare kon la onrra del rey i kon onrra maš onrrada de lo
ke a še'ido onrrado kon šu(š) šemeğanteš el rrey, i^{y}-a'un
te šerbire yo mešma kon miš manoš. dišo Ka^{c}bu: la ora
dakello p^{o}loro Yūsuf p^{o}loro muy fu^{w}erte. depu^{w}eš diššo a
ella: yā Zalīẖā, no me ameš a mi amori^{y}o ke še'a šobre
mi mala bentura. diššo ella: ¿ i porke akello? diššo
Yūsuf: porke mi padre me amo e miš ermanoš me bendi^{y}eron,
118 i yo e mi^{y}edo ke me ameš amori^{y}o ke še'a a mi | perdi-
mi^{y}ento. diššole: yā Yūsuf, ke yo no t'e kobrado kon mi
algo para šerbisi^{y}o ke širba(š)[1] - pu^{w}eš mandame ke te

---

115-1 Ms. todoš todoš

2 Die Worte des Königs entsprechen bis zu dieser Stelle denen von Josephs Herrn in Koran XII, 21. Der Vers ist auf Ms.-Seite 94 bereits einmal zitiert.

118-1 Im Ms. ist das -š von širbaš durchgestrichen.

si^{y}erba en obra ke t^{a}rabağe en-ella mi ku^{w}erpo i ššude
en-ella mi p^{e}rešona, i emi^{y}ente en-ella a mi Ššennor, ke
akello eš maš amado a mi ke lo ke yo ešto[2] de la onrra.
diššo[3] Zalīhā: yā Yūsuf, ke loš rreyeš ku^{w}ando aman un
ši^{y}erbo, onrranle i no še ši^{y}erben del šerbisi^{y}o de barrosero. i yo, yā Yūsuf, šoy muy konpašante de tu šerbi-
si^{y}o. diššo Yūsuf: yā Zalīhā, pu^{w}eš la obra i^{y}-el t^{a}ra-
119 bağo eš maš amado a mi. diššo Zalīhā: pu^{w}eš | a mi abe un
berchel ke abe en-el rri^{y}oš korri^{y}enteš i^{y}-arboleš f^{u}ru-
tibleš kon ešpesi^{y}aš de f^{u}rutaš. pu^{w}eš šey tu en-el i
koğiraš de šu f^{u}ruta kon tu mano.
Diššo Ka^{c}bu: i abi^{y}a en Zalīhā un berğel ke lo p^{a}lanta-
ron loš p^{i}rimeroš, en-el abi^{y}a de todaš laš f^{u}rutaš i
murteraš i rrošalleš i chešemineš i de todaš laš ešpe-
si^{y}aš de laš f^{o}loreš i oloreš pu^{w}enaš ke šon šobre la
kara de la ti^{y}erra, de maneraš de f^{u}rutaš i por ent^{e}r'el-
aṣāf de loš arboleš un rri^{y}o i šobre la orilla del rri^{y}o
de todaš laš pu^{w}enaš oloreš, i^{y}-en-el de todaš laš abeš
120 ke hallāqo Allāh, | ta^{c}ālā, i^{y}-en meytad del berğel doš
pilaš g^{a}randeš, la una bila[1] lenna de mi^{y}el i la ot^{a}ra
pila lena de leche, šobre kada pila un dešt^{a}rado i^{y}-al
rrolde dakello todo un muro. la ora ke kišo Zalīhā en-
bi^{y}ar a Yūsuf al berchel, llamo si^{y}en širbi^{y}entaš birche-
neš y-atabi^{y}olaš kon lo meğor de loš atabi^{y}oš i^{y}-enchoyo-
laš kon ešpesi^{y}aš de ğoyaš i bišti^{y}olaš de p^{e}resi^{y}ošaš
rropaš i fizolaš perfumar kon laš ešpesi^{y}aš de loš perfumeš. i mandolaš ke fu^{w}ešen kon Yūsuf i bulrrašen kon-el.
121 depu^{w}eš diššo a ellaš: ku^{w}ando porfi^{y}ara | Yūsuf en mirar
a bošot^{o}raš, fazermelo e'iš a šaber a mi. la ora ke fu^{w}e-
ron laš donzellaš kon-el al berğel, ennoblesi^{y}anle i dabanle[1] i keri^{y}an pulrrar kon-el. i rrefušaba el de
rre'ir kon-ellaš, i dizi^{y}a a ellaš: yā konpanna d'alchāri-

---

118-2 Die Bedeutung von ke lo ke yo ešto de la onrra ist unklar, Ešto könnte die 1. Pers. Sg. des Präsens von span. estar sein.

3 Ms. diššo diššo

120-1 Ms. billa

121-1 Ms. i dabanle i dabanle

yaš, ke Allāh, ta^{c}ālā, me ẖalāqo a mi i^{y}-a bošot^{a}raš de
ti^{y}erra i^{y}-a el eš la tornada. pu^{w}eš temed ad-Allāh, el
g^{a}rande. i^{y}-era Yūsuf ke ku^{w}ando atasbiḥaba ada Allāh,
^{c}azza wa chala, no kedaba en-el berchel abeš ni fi^{y}eraš
ni arboleš ke no a(ta)sbiḥašen kon-el, i ku^{w}ando fazi^{y}a
aṣṣala, feban aṣṣala las alchāriyaš kon-el i asağdaban |
122 kon šu asağdami^{y}ento. i era Zalīẖā ke enbi^{y}aba a el kon
bašilloš de oro i mandileš de šeda. i ku^{w}ando teni^{y}a
Zalīẖā deše'o de ber a Yūsuf, abri^{y}an laš pu^{w}ertaš de
loš ešt^{a}radoš para ir a el, i kolgaba las asitraš i kabalgaba kon[1] šuš širbi^{y}entaš, fašta ke miraba a Yūsuf.
i ku^{w}ando le miraba, alegrabaše alegri^{y}a muy g^{a}rande.

Diššo Ka^{c}bu: abi^{y}a al rrey sinko rret^{e}retaš, la una rre-
t^{e}reta de oro, la otra de p^{a}lata, la[2] otra de marmol
b^{a}lanko i la otra de marfil y-ebunon i^{y}-otra de marmol.
i^{y}-eran eštaš rret^{e}retaš sinko eštansi^{y}aš ke leš non-
123 b^{a}raban | laš eštansi^{y}aš dell-ašoletami^{y}ento, k'el rrey
era ke la ora ke še keri^{y}a ašoletar, še ašoletaba en-
ellaš šolo. a ku^{w}anto la˙štansi^{y}a de oro, pu^{w}eš šu bašo
della i šu alto i šuš pu^{w}ertaš i šuš paredeš todo de
oro, en-ella abi^{y}a una katreda (de) oro, warnesida kon
perlaš i alyaqūtas. anšimišmo la štansi^{y}a de p^{a}lata, eš
šu bašo i šu alto i pu^{w}ertaš i paredeš i todo lo ke eš
en-ella de p^{a}lata, warnesidaš kon alchohar b^{a}lanko. de-
pu^{w}eš anšimišmo todaš laš ištansi^{y}aš. y-abi^{y}a eštendido
124 en-ellaš ll'alḥarīl i l'adibāğ, i šobre šuš | pu^{w}ertaš to-
daš asitraš d'adibāğ warnesidaš kon oro fu^{w}erte, i fu^{w}e-
ron kolgadaš šobre todaš laš pu^{w}ertaš, y-en todaš laš
eštansi^{y}aš sinko kandelaš d'alchohar, šuš kadenaš de oro
bermeğo.
I fizo lebantar šobre kada pu^{w}erta doš širbi^{y}entaš. i
fizo fegurar en kada rret^{e}reta de laš sinko rret^{e}retaš
šu figura della i la fegura de Yūsuf. dešpu^{w}eš enbi^{y}o
por Yūsuf, i la ora ke fu^{w}e benido, fizolo šentar delante della i diššo: yā Yūsuf, yo ya t'e llamado oy para

---

122-1 Ms. kon kon
2 Ms. a otra

125 onrrarte kon la onrra mayor. eštoš šon loš | eštadoš i dešt^{a}radoš dall-ašoletami^{y}ento donde še ašoleta el rrey. pu^{w}eš por el dereytağe del rrey, a'un enššalsare [1] a tu en-eštima. depu^{w}eš tomo kon la mano de Yūsuf i pušolo en la rret^{e}reta dell-oro i fizolo šentar šobre la šilla dell-oro i^{y}-alchohar y-enchoyolo i perfumolo i pušole korona i pušole manillaš. i pušoše ella k'enfeštillaba i porfi^{y}aba en mirar a Yūsuf, i Yūsuf akorbada šu kabesa y-el dizi^{y}a: yā Zalīẖā, temi ad-Allāh, k'elo eš ke no eš ḥalāl a tu ašoletarte kon mi en la kaša del rrey. i rrekiri^{y}ole kon šu p^{e}rešona, i rrefušo el. i fizolo ent^{a}rar|
126 en la eštansi^{y}a de la p^{a}lata i fizolo šentar šobre la katreda i diššole: yā Yusuf, k'el rrey te abe merkado, para ke me še'aš obidi^{y}ente. diššo Yūsuf: yā Zalīẖā, k'el rrey no šabe para ke me k^{a}lamaš, pu^{w}eš temi ad-Allāh, ta^{c}ālā, i šakame dešta kaša. diššo ella: no a dubda de akello, yā Yūsuf. diššo Yūsuf: ¡subḥana Allāh ilᶜaḍīm ilḥakīmi! ši kiši^{y}eše Allāh, ta^{c}ālā, echart'i^{y}a a perder, pu^{w}eš me k^{a}lamaš a lo ḥarrām. temi ada Allāh, yā Zalīẖā, i šakame dešta kaša, ke yo e mi^{y}edo en šer fundido en la mar de loš yerranteš.
127 Diššo Ka^{c}bu Alā|ḥbār: no seso de bonerlo de rret^{e}reta en rret^{e}reta, i dizi^{y}ale: yā Yūsuf, šigi mi mandami^{y}ento i no šalgaš [1] de mi obedensi^{y}a, ke yo šoy [2] a tu dešengannante. pu^{w}eš rrekaba tu mi menešter i^{y}-api^{y}ada mi p^{o}loro, ke tu, yā Yūsuf, ereš oy en loš apoši^{y}entoš de la onrra, en laš eštansi^{y}aš dell-ašoletami^{y}ento. ¿ porke no t'aserkaš a mi? ¿ porke no pagaš mi menešter? diššo: ya akorbo Yūsuf šu kabesa i diššo: yā Zalīẖā, konšerbate kon Allāh, ta^{c}ālā, šobre ki^{y}en le dešobedese, k'ello eš maš pertanesi^{y}ente a tu, i konğurote kon Allāh, yā
128 Zalīẖā, ke me šakeš dešta kaša, | ke ya še abe ido la bergu^{w}ensa de tu, i yo e mi^{y}edo ke ši lega ešto al rrey, kaštigarte a el kaštigo de loš pekadoreš. i ši ki^{y}ereš ke še baya de ti ešši deše'o, pu^{w}eš šakame dešta eštan-

---

125-1 Ms. enššalsara
127-1 Ms. ša šalgaš
2 Ms. ke yo šoy ke yo šoy

si^{y}a, ke tu ku^{w}ando no me beraš, irš'a lo ke abe de tu
del deše'o de mi. diššo ella: yā Yūsuf, ben a mi kon
tentasi^{y}on, ke ya šabeš k'el ši^{y}erbo ku^{w}ando no akonten-
ta a šu šennor, kaštigalo kon lo maš fu^{w}erte del tormente. dišo Yūsūf: el wardado eš ki^{y}en warda[1] Allāh, y-el
perdido eš ki^{y}en šu korazon eš nigliği^{y}ente de imentar-
129 lo. depu^{w}eš[2] | abağo šu kabesa Yūsuf a la ti^{y}erra, i^{y}-
era la ti^{y}erra dakela rret^{e}reta marmol b^{a}lanko, i beyi'a
la hermošura da Zalīhā i šu beldad en-el marmol, komo ši
fu^{w}eše ešpeğo. i lebantaba loš oğoš a laš paredeš de la
eštansi^{y}a, i llu^{w}ego alsaba ella šu kabesa, i beyela en
laš paredeš i beyela doki^{y}ere ke še bolbi^{y}a. i no pudo
sufrir de llorar, ṣala Allāhu ^{c}alayh(i) wa ssalām, i
k^{i}rido: ¡o mi Šennor, šokorime a mi, ke yo šoy en-el
perdimi^{y}ento mayor! ¡yā Šennor, konšerbame a mi kon tu
konšerbasi^{y}on la g^{a}ran i no me perturbeš nunka chamaš,
130 k'el laz^{a}rado eš | ki^{y}en tu amaš ke še'a bi^{y}en abenturado!
diššo Zalīhā: yā Yusuf, alsa la kabesa i abri tuš oğoš i
mirame a mi. diššo: yā Zalihā, dešame a mi. no me k^{a}la-
meš a lo ḥaram, ke yo e mi^{y}edo en ke še'a ešta kaša akella ke la tomo el rrey por kaša d'alegri^{y}a i de goyo, ke
še'a un šolar del fu^{w}ego d'alchahannam. yā Zalihā, yo e
mi^{y}edo del rrey akel ke abe onrrado mi^{y}-eštado. diššo la
ora ella: yā Yusuf, ši tu ti^{y}eneš mi^{y}edo al rrey akel ke
onrro tu eštado, pu^{w}eš darl'e a beber una bebida ke
mu^{w}era della. diššo Yusuf: yā Zalihā, ¿ ki^{y}ereš matar al
131 rrey por mi? ¡ ma^{c}ā|da -llāh ! dešpu^{w}eš ke Yusuf paro
mi^{y}ent^{e}reš a una parte de la eštansi^{y}a i bi^{y}o asitraš
kolgadaš i diššo: yā Zalīhā, ¿ ke ay debaššo dešta asitra?
diššo: yā Yusuf, ešta eš una idola ke la e pu^{w}ešta yo
porke m'ayude šobre tu. qāla: i p^{o}loro Yūsuf i diššo: yā
Zalīhā, ke yo e bergu^{w}ensa dakel ke me halāqo i fizo
pu^{w}ena i hermoša mi figura i no me di^{y}o a ber a mi della
ninguna koša, i me beye el a mi dondeki^{y}ere ke še'a, auke še'a debaššo d'enpara o en kaša enserrada, ši le deš-

---

128-1 Ms. warada
2 Ms. depu^{w}eš depu^{w}eš

132 obadezko, i šabe lo k'eš en mi magi(na)si^{y}on | i^{y}-eš ša-
bidor de loš šekretoš. diššo: yā Yusuf, ¿ i kaštigart'a a
tu tu Šennor, ši lo dešobedeseš? diššo: ši, ke el ya a
ap^{o}rometido a loš dešobidi^{y}enteš el fu^{w}ego. pu^{w}eš temi
ad-Allāh, yā Zalīẖā, y-akatale, ke el eš muy noble,
g^{a}rande. diššo ella: yā Yusuf, enta mi abe del oro i
p^{a}lata i d'ešpesi^{y}aš de alğohar i almiske y-alkanfor
y-al^{c}inbar i^{y}-adibāğ i^{y}-alḥarīr i kabaloš[1] encha'ezadoš
i ganadoš lo ku^{w}al hare aṣadaqa kon-ello. diššo: yā
Zalīẖā, mi Šennor no rresibe dell-aṣadaqa šino lo k'eš
pu^{w}eno.
133 Diššo Ka^{c}bu Alāhbār: i^{y}-era Saliẖiyā | ke lo rrekiri^{y}a i
le demandaba šu p^{e}rešona i dizi^{y}ale: ¡ yā Yūsuf, ke hermoša eš tu kara! diššo el: yā Zalīẖā: en la mad^{i}riz la
feguro mi Šennor. diššo a el: ¡ ke beloš šon tuš kabeloš!
diššo Yusuf: eloš šeran loš p^{i}rimeroš ke še derrokaran
e mi fu^{w}eša de mi p^{e}rešona. diššo Saliẖā: ¡ ke bu^{w}ena eš
tu olor! diššo Yusuf: yā Zaliẖā, ši te ašomašeš šobre mi
en mi fu^{w}eša dešpu^{w}eš de t^{e}reš di^{y}aš, bolbert'i^{y}aš de mi
fuyendo. diššo ella: ¡ ke hermošoš šon tuš oğoš! diššo
134 Yusuf: yā Zalīẖā, eloš šeran | la p^{i}rimera koša ke korre-
ran šobre miš maššillaš. diššo Zalīẖā: ¡ o, ke dulseš šon
tuš palabraš! diššo Yusuf: temi ad-Allāh y-aku^{w}erdate de
la mu^{w}erte. diššo ella: yā Yusuf, mi lenwa ya še abe
ašetado. lebantate, yā Yusuf, k'el fu^{w}ego ya ešta ensen-
dido en mi korazon. pu^{w}eš lebantate, fašta ke lo amateš,
yā Yūsuf, alsa tu kabesa i mirame a mi. diššo el: yā
Zalīẖā, e mi^{y}edo a la segedad de mi en-ell-ot^{o}ro mundo.
diššo ella: yā Yusuf, para mi^{y}ent^{e}reš a mi hermošura y-a
mi beldad. i era Zalīẖā b^{a}lanka i muy hermoša, alkuḥula-
135 doš loš oğoš, | a ella abe ochenta feletaš, i še abi^{y}a
atabi^{y}ado ella akel di^{y}a kon muy rrikoš atabi^{y}oš. la ora
ke š'ešfe'uzo ella del, diššole: yā Yusuf, ši^{y}-eš ke no
pu^{w}ede šeyer, pu^{w}eš purlate[1] kon mi.

132-1 Ms. kalaboš
135-1 Ms. purlata

Ya fu^{w}e dicho, Allāh eš el ^{c}alīm, ke Yūsuf pušo šuš manoš debaššo šuš faldaš, y-el k'annudaba loš nnudoš de
šuš saraweleš y-afirmoše en-elloš. y-echo ši^{y}ete nnudoš,
y-el nnudo p^{i}rimero šobre el nonb^{e}re de Ibrahīm y-el
nnudo šegundo šobr'el nonb^{e}re de Ismā^{c}īl y-el nnudo tersero šobre el nonb^{e}re de Ya^{c}qūb [2] i^{y}-el nnudo kinto šo-
136 bre | el nobre de Mūsā y-el nudo šeyšeno šobr'el nobre de
^{c}Īsā i^{y}-el nudo šeteno šobr'el nonb^{e}re de Muḥamad, ṣallā
Allāhu ^{c}alayhīm wa ssalam ağma^{c}īna. depu^{w}eš bolbi^{y}oše
Yusuf b^{o}lorando, umillandoše ad-Allāh, ta^{c}ālā, i diššo:
yā rabi, yā Šennor, konšerbame a mi i no me perturbeš ni
pongaš aššeyṭānes šobre mi kamino, ke tu ereš šobre toda
koša poderošo. depu^{w}eš diššo: yā Zalīhā, temi ad-Allāh i
konšerbate kon-el, ke yo e mi^{y}edo, ši aka'esi^{y}eše yo en
la yi^{y}erra, ke šeri^{y}a yo amaḥado del libro de loš pu^{w}e-
137 noš i šeri^{y}a rrefirmado en-el libro | de loš pekadoreš.
i^{y}-e mi^{y}edo tanbi^{y}en en šer ešk^{i}rito šobre laš pu^{w}ertaš
dell-alchana ḥarāmado. diššo Zalīhā: yā Yusuf, yo e'šten-
dodo para tu la kama del rrey i^{y}-e ašentado para tu la
katreda del rrey i t'e konrre'ado kon loš atabi^{y}oš del
rrey, i ši no fazeš lo ke yo te llamo a ello, ferire mi
p^{e}rešona kon-ešti punnal, fašta ke mu^{w}era. i ku^{w}ando yo
šere mu^{w}erta, matart'a a ti el rrey dešpu^{w}eš de mi. diššo Yusuf: yā Zalīhā, k'ell-aššeyṭān eš a la p^{e}resona
enemigo dek^{a}larado. pu^{w}eš temi ad-Allāh i no me pongaš a
138 mi de loš perdidoš. i pušoše ke la konšolaba | i le daba
pasensi^{y}a, porke no še matašе ela kon el kuchillo.

Diššo Ibnu Al^{c}abās, raḍiya Allāhu ^{c}anhu: dek^{a}larado eš
el dicho d'Allāh, ^{c}aza wa chalā, ke diššo: YA ŠE ANŠI^{Y}O
ELLA KON-EL Y-EL KON-ELLA, I ŠI NO KE BI^{Y}O LA
DEK^{a}LARASI^{Y}ON DE ŠU ŠENNOR [1]. i^{y}-eš la dek^{a}larasi^{y}on
ke la ora ke ubo bolluntad Yusuf de dešligar el nnudo de
loš saraweleš, k^{i}rido el nnudo: yā Yusuf, aku^{w}erdate šobre
ke nonb^{e}re m'afirmeš a mi. la ora k'ešligo el nnudo šegundo, demošt^{o}roše a el una [2] palma ke dizi^{y}a: no te aser-

---

135-2 Der vierte Knoten ist im Ms. nicht erwähnt.
138-1 Vgl. Koran XII, 24.
2 Ms. unna palma أُنَّ بَّلْمَ (ein Tašdīd zuviel gesetzt)

keš all-azinā, ke eš fe'eza i mal kamino. la ora k'ešli-
go el nudo tersero, aparesi^{y}ošele una palma, ešk^{i}rito |
139 en-ella: a la[1] ke haze azzinā y-el ke haze azzinā, pu^{w}eš
asotad a kada uno delloš kada si^{y}en asoteš. la ora k'ešligo el nudo ku^{w}arto, aparesi^{y}ošele una palma, ešk^{i}rito
enn-ella: el[2] ke haze azinā, no še kaše šino kon ki^{y}en
haze azinā o kon dešk^{e}reyenta. la ora k'ešligo el nnudo
sinkeno, k^{i}ridole: yā Yusuf, ya aka'eseš en la yerra y-
amaḥado šeraš del libro de loš annabiyeš.
Diššo Ka^{c}bu Alaḥbār: i k^{i}ridaron loš almalakeš en-ell-
asamā, rrogando ad-Allāh, ta^{c}ālā. i^{y}-enbi^{y}o Allāh a
elloš: ya še abe abansado en mi šaber k'el eš konšerbado, i yo no lo ešpartire ent^{e}re el i šuš agu^{w}eloš i pa-
140 dreš | Ibrahīm i Esmā^{c}īl i Is^{c}aq. diši^{y}eron loš almalakeš:
o Šennor, pu^{w}eš dale a ber la dek^{a}larasi^{y}on akella ke
diš a ber a tuš eškochidoš i tuš puroš i loš de tu obi-
densi^{y}a. i llu^{w}ago enbi^{y}o Allāh, ta^{c}ālā, a Chibrīl,
^{c}alayhi issalām, i diššo: desi^{y}endi, yā Ǧibrīl, šobre mi
ši^{y}erbo Yūsuf i dale a ber la dek^{a}larasi^{y}on, porke še
šalbe dell-albālā del perdimi^{y}e(n)to.
Diššo: Yusuf, eštando anši, akorbada šu kabesa, ke no
šabi^{y}a ke fazerše, bolbi^{y}oše[1] i bi^{y}o a Ǧibrīl, ^{c}alayhi
-ssalām, ke še le abi^{y}a aparesido en figura de šu padre
141 Ya^{c}qūb delante del, i^{y}-el ke le | pušo la mano šobre šu
pulgar i le dizi^{y}a: yā Yūsuf, ya ki^{y}ereš aka'eser en la
yerra, ya eš dešhecho tu nonb^{e}re del libro de loš pu^{w}e-
noš i dell-annūbbu'a. i no pudo maš suf^{i}rir Yusuf, i^{y}-
era ke ya abi^{y}a dešligado sinko nnudoš i kedaban doš
nnudoš, i bolbi^{y}oše enta la pu^{w}erta de la rret^{e}reta fuyendo. i^{y}-era Zalīhā ke l'abi^{y}a serrado kon serraduraš
muy fu^{w}erteš. i di^{y}ole Allāh, ta^{c}ālā, fu^{w}ersa a Yusuf, i
k^{e}rebo la pu^{w}erta i šali^{y}o fuyendo. i šali^{y}o ella en šu
demanda ap^{e}rešurada i alkansolo de šu kamiša i rronpi^{y}o-
la de saga.

139-1 Ms. al ke
2 Ms. al, vielleicht durch das vorhergehende al ke haze azzinā (139 n. 1) beeinflußt.
140-1 Ms. bolbi^{y}oša

142 Y-enkont^{a}raron a šu šennor, | el rrey, a la šalida de la
pu^{w}erta. y-enkont^{o}ro el rrey a Yusuf ke šali^{y}a de la
pu^{w}erta, i bi^{y}olo permutado šu kolor i rronbida šu kamiša i fuyendo. la ora ke lo bi^{y}o el rrey, diššole a el:
yā mansebo, ¿ke eš lo ke t'abe aka'esido? diššo Yusuf:
yā rrey, yo e bišto de tu muǧer koša eškiba i fe'a. i
ubo berwensa Yusuf i era muy onrrado, <u>ṣala Allāhu ^{c}alayhi
wa ssalam</u>. diššole el rrey: tornate, no ayaš kura. i to-
mole de šu mano i tornolo a la kaša. la ora ke bi^{y}o
Zalīh̲ā al rrey ke bini^{y}a, i kon-el Yusuf, dišole ela: yā
rrey, ? ke eš el walardon de ki^{y}en bi^{y}ene ku^{w}ant^{a}ra šu
143 šennor? i bolbi^{y}oše | šobre el rrey, y-ella ke le bešaba
šuš pi^{y}edeš y-ent^{e}re šuš oǧoš y-ela dizi^{y}endo komo rre-
ku^{w}enta Allāh, <u>ta^{c}ālā</u>, donde d̲ize: ¿KE EŠ EL WALARDON
DE KI^{y}EN KI^{y}ERE KON TU MUǦER LA MALDAD, ŠINO
KE ŠE'A ENP^{e}REŠI^{y}ONADO O TORMENTADO MUY
FU^{w}ERTE?[1] diššo el rrey: ¿i ki^{y}en kišo kon tu maldad?
diššo ella: eši mansebo me rrekiri^{y}o de mi p^{e}rešona.
i bolbi^{y}oše el rrey a Yusuf i diššole: yā mansebo, ešti
eš el walardon ke me daš, i yo t'e merkado kon mi algo
i t'e pu^{w}ešto en-eštado de onrra, i rreki^{y}ereš a Zalīh̲ā,
tu šennora, de šu p^{e}rešona.
144 diššo Yusuf: | yā rrey, ella me rrekiri^{y}o a mi de mi
p^{e}rešona. diššo el rrey: ¿i komo eš ešo? diššo: k'ella
me pušo en-ešta kaša i me k^{a}lamo a šu p^{e}rešona. i rrefu-
še yo. i^{y}-ela eš la ke me kišo forsar a mi. diššo Ka^{c}bu:
la ora Zalīh̲ā bešo loš pi^{y}edeš al rey i laš manoš i d̲i-
zi^{y}a: por tu dereytaǧe, yā rrey, el eš el ke me rreki-
ri^{y}o a mi. la ora ke churo ella, aberdadesi^{y}o el rrey i
bolbi^{y}oše a Yusuf i diššole: a'un te tormentare kon lo
maš fu^{w}erte del tormente en šatišfasi^{y}on de lo k'aš fecho.
Dešpu^{w}eš mando llamar a šu tormentador. la ora ke bino,
145 diššole: toma ešti mansebo | i tormentalo tormente fu^{w}er-
te. i tomolo de la mano a Yusuf i diššole: ya aš hecho
muy mal para tu mešmo en rrekerir a tu šennora de šu
p^{e}rešona. i lloro Yusuf lloro muy fu^{w}erte. depu^{w}eš di-

---

143-1 Vgl. Koran XII, 25.

ššole Yusuf: deššame fašta ke faga aṣala doš arrak^{c}aš i rru^{w}ege a mi Šennor, k'el eš serkano, rrešpondedor. diššo a el el tormentador: feš lo ke kerraš. i^{y}-also šuš manoš all-asamā i diššo: o mi Šennor, api^{y}ada la ǧikenez de mi ti^{y}enpo i^{y}-el poko de mi^{y}-enchenno. yā mi Šennor, šokorime, yā'l maš pi^{y}adošo de loš pi^{y}adoš(oš), por el
146 dereytaǧe de laš kanaš de Ibrahīm i de Is^{c}aq | i Ya^{c}qūb, ke tu ereš šobre toda koša poderošo. diššo Ka^{c}bbu: i p^{o}loraron loš almalakeš en-el asamā por pi^{y}adad de Yusuf.

Qāla: abi^{y}a a Zalīhā una ermana ke abi^{y}a parido un ninno ti^{y}enpo abi^{y}a de ši^{y}ete di^{y}aš, y-eštaba en la[2] kuna en poder de Zalihā. i^{y}-enbi^{y}o Allāh, ta^{c}ālā, a Ǧibrīl, ^{c}alayhi issalām: desi^{y}endi, yā Ǧibrīl, ad-akešta k^{i}ri^{y}atura i mandale ke hable, pu^{w}eš el hara teštigo a Yūsuf kon la berdad. qāla: i desendi^{y}o Ǧibrīl šobre la k^{i}ri^{y}atura i diššole: yā k^{i}ri^{y}atura, tu Šennor dize a tu ke fagaš teštigo a Yusuf kon la berdad, por kon tu rrela-
147 si^{y}on | šera chudikado ešti kašo. diššo: i lebantoše el nninno en pi^{y}edeš i pušoše ke andaba, fašta ke še paro delande el rrey i diššo: yā rrey, ¿ por ke mandaš tormentar a ešti mansebo Yusuf? diššo el rrey: pork'el rrekiri^{y}o a šu šennora de šu p^{e}rešona. diššo el ninno: yā rrey, no eš chušto ke deš k^{e}redito y-aberdadezkaš a Zalīhā y-ešmi^{y}entaš i no deš k^{e}redito a Yūsuf, ke por bentura dize berdad i no dize berdad Zalīhā. diššo el rrey: pu^{w}eš dime komo še konosera i ku^{w}al delloš dize
148 berdad. diššo el ninno: |[1] para mi^{y}ent^{e}reš, yā rrey, ši^{y}-eš la kamiša de Yusuf rronbida delante, pu^{w}eš ella dize berdad y-el eš de loš mint^{o}rošoš, i ši eš šu kamiša rronpida de saga, pu^{w}eš ella mi^{y}ente y-el eš de loš berdaderoš. pu^{w}eš la ora ke bi^{y}o šu kamiša rronpida de saga, diššo ke ello eš de laš arteš de laš muǧereš, ke šuš arteš šon g^{a}randeš. diššo a Yusuf: ešbi^{y}ate della.- i demanda perdon tu, yā Zalīhā, ke tu ereš de laš cherran-

2 Ms. en-ella kuna

148-1 Das Ms. wiederholt diššo el nninno

149 teš. [2] dešpu^{w}eš | churo el rrey de no hablarle por ku^{w}arenta di^{y}aš en šatišfasi^{y}on de lo k'abi^{y}a hecho.

I šali^{y}o el rrey de šu alqaṣar i^{y}-enfazende'oše kon loš de šu rre'išmo i šako a Yusuf de donde ella eštaba, i lebolo kon-el. i kedo Zalīhā ke no be'i^{y}a a Yusuf, i^{y}-ella ke mori^{y}a de deše'o del. i sarro ella laš pu^{w}ertaš de laš eštansi^{y}aš de la onrra kon la mucha t^{i}rišteza ke teni^{y}a i por šu amor della en Yusuf. i no sesaba de llo-
150 rar de deše'o de Yusuf. | i dizi^{y}anle šuš donzellaš i širbi^{y}entaš: yā nnu^{w}eša šennora, ¿ ke t'abe aka'esido ke tanto lloraš? diššo Zalīhā: era yo ke bedi^{y}a a Yusuf kada di^{y}a y-agora no lo beyo, ya eš pu^{w}ešta enpara ent^{e}re mi y-el. dišši^{y}eron e ella: yā šennora, nošotraš faremoš de šu^{w}erte ke še benga donde lo pu^{w}edaš ber. i bini^{y}eron a Yusuf i dišši^{y}eronle: yā Yusuf, ke tu y'aš hecho enfermar a tu šennora i l'aš deškonšolado i š'abe enf^{a}lakesido šu ku^{w}erpo. pu^{w}eš feš lo ke te manda ella a tu.
151 diššo: | ¿ i no abeyš bišto lo ke a demošt^{a}rado Allāh, ta^{c}ālā, de loš miragloš sobr'elloš? pu^{w}eš temed ada Allāh, ta^{c}ālā, i torneše Zalīhā entad-Allāh, ġaza wa ğalla.

Qāla: no pudo Zalīhā enk^{u}rubir šu amor, fašta ke fu^{w}e muy publiko en la sibdad. i^{y}-eš komo diššo Allāh, ġaza wa chala, en šu Alqur'an ell-onrrado donde dize anši: DIŠŠI^{Y}ERON UNAŠ MUĞEREŠ EN LA SIBDAD: LA MUĞER DEL RREY A RREKERIDO A ŠŠU K^{I}RI^{Y}ADO DE ŠU P^{e}REŠONA I^{Y}-ELLA EŠTA BENSIDA DE AMOR I YA LA BEMOŠ EN DEŠYERROR G^{a}RANDE, DE K^{a}LARADA. [1]

---

2 Die Stelle ši^{y}-eš la kamiša de Yusuf rronbida delante... de laš cherranteš entspricht Koran XII, 26-29 (die Episode mit dem Kind ist jedoch nicht im Koran enthalten). Bei ešbi^{y}ate della heißt es im ar. Text a^{c}riḍ ^{c}an hāḏā "wende dich davon ab". Im Koran wird Zalīhā nicht mit Namen erwähnt.

151-1 Vgl. Koran XII, 30. Der Koran spricht jedoch nicht von der Frau des Königs sondern von der eines anderen Ägypters (al-^{c}Azīz), der Joseph gekauft hatte(vgl. im Glossar unter Eigennamen s.v. Al^{c}azīz). Zu dek^{a}larada

152 diššo Ka^{c}bu : i abi^{y}a en la sibdad nnu^{w}ebe t^{i}ribuš de
fiǧaš de rreyeš i nunka abi^{y}an bišto a Yusuf, i^y-eštaš
rribtaban a la rreyna Zalīhā mucho i fablaban en-ella.
i lego la nu^{w}eba a Zalīhā de šuš nnu^{w}ebaš y-en-
bi^{y}o por ellaš y-apareǧo para ellaš para kadaguna un deš-
t^{a}rado i pušo a Yusuf de saga de una enpara. la ora ke
ent^{a}raron donde eštaba Zalīhā, fizolaš šentar a kada una
delaš en šu šilla i para kada una dellaš fizo poner un
kuǧillo i^y-una toronǧa. dešpu^{w}eš fizo alsar la enpara
donde eštaba Yusuf, i dīššo a Yusuf, aši komo lo rre-

153 ku^{w}enta Allāh, ^{c}aza wa chala, en šu Alqur'an| ell-onrrado.
ke diššo Zalīhā a Yūsuf: ŠAL ŠOBR'ELLAŠ.[1] i šali^{y}o.
pu^{w}eš la ora ke lo pi^{y}eron, eng^{a}randesi^{y}eronle mucho i
kortabanše šuš manoš i dizi^{y}an: no eš ešti p^{e}rešona šino
almalak onrrado. diššo ell-ordenador: i kayeron turba-
daš, la ora ke lo bi^{y}eron, i komo rrekordaron, tomabenše
a kortar en šuš toronǧaš i taǧabanše šuš manoš i no lo
šinti^{y}an, tanto era la turbasi^{y}on ke teni^{y}an en ber la
hermoššura de Yusuf i šu beldad. dešpu^{w}eš dišši^{y}eron a

154 Zalīhā: y^a Zalīhā, no emoš bišto en laš chenteš| šu še-
meǧante dešti mansebo. pu^{w}eš tan bendicho eš šu halāqa-
dor. diššo a ellaš Zalīhā, komo lo rreku^{w}enta Allāh,
^{c}aza wa chala: PU^{w}EŠ AKEŠTI EŠ AKEL KE ME ABEY̌
RRIBTADO EN-EL. I YO LO E RREKERIDO DE ŠU
P^{e}REŠONA I Š'ABE KONŠERBADO I^y-ABE RREFUŠADO.
I ŠI NO HAZE LO KE YO LE MANDO, A'UN ŠERA
ENP^{e}REŠI^{y}ONADO I ŠERA DE LOŠ ENCHIKESIDOŠ.[1]
Diššo ell-ordenador: la ora ke oyo Yusuf šu diǧo, diššo
anši komo lo rreku^{w}enta Allāh en šu Alqur'an ke diššo

---

vgl. den ar. Text: fī dalālin mubīnin "in einem
offenbaren Irrtum"; dek^{a}larada kann Attribut zu
dešyerror sein, einige Substantive auf -or in diesem
Text sind nämlich feminin, vgl. oloreš 119[2], koloreš
193, eror 313 u. a.

153-1 Vgl. Koran XII, 31. Der folgende Passus pu^{w}eš la
ora... almalak onrrado entspricht dem Ende des Koranverses.

154-1 Vgl. Koran XII, 32.

Yusuf: ŠENNOR, LA KARSEL EŠ MAŠ AMADA A MI KE LO
155 KE ME K^{a}LAMA A ELLO. I ŠI NO EŠBI^{y}AŠ | DE MI
ŠUŠ ARTEŠ DE LAŠ MUĞEREŠ, ŠERE BENSIDO DELLAŠ
I ŠERE DE LOŠ TORPEŠ.[1] diššo: i p^{o}loraron loš
almalakeš en-ell-asamā de pi^{y}adad de Yusuf.
La ora ke demando la karsel, i desendi^{y}o Ğiblīl, ^{c}alayhi
issalām, i diššole: yā Yusuf, k'ell-Alto, Šobarano te
li^{y}e ll'asalām i te d̲ize ke la karsel eš maš amada a tu,
porke tu demandabaš la konšerbasi^{y}on, i d̲ize a tu el
Šennor de la onrra: por mi onrra i mi nobleza, a'un te
rrep^{o}robare kon la karsel, aši komo l'aš eškoğido para
tu p^{e}rešona. pu^{w}eš apareğate para ella. y-eš komo dize
156 Allāh, ^{c}aza wa chala: | I RREŠPONDI^{y}O A EL ŠU ŠENNOR
Y-EŠBI^{y}O DEL ŠUŠ ARTEŠ DE LAŠ MUĞEREŠ, K'EL
EŠ ELL-O'IDOR ŠABYO.[1]
Diššo ell-ordenador: demando Zalihā lisensi^{y}a al rrey i
diššole: yā rrey, ya š'a publikado en toda la sibdad el
kaso dešti mansebo, pu^{w}eš dame lisensi^{y}a para ke l'en-
p^{e}reši^{y}one, fašta ke še kiten laš dizi^{y}endaš i šakale la
chente dešti kašo. i di^{y}ole lisensi^{y}a el rrey para en-
p^{e}reši^{y}onarle. i^{y}-abi^{y}a el rrey t^{e}reš karseleš, la una
karsel de tormente i la otra karsel de parsimi^{y}ento i la
157 otra kar|sel de mu^{w}erte. a ku^{w}anto la karsel de tormento,
era kabada debaššo de ti^{y}erra, i^{y}-abi^{y}a en-ella muchaš
kullu^{w}ebraš y-al^{c}akabreš, i muy eškura i fonda, no še
konosi^{y}a en-ella la noche ni el d̲i^{y}a. i la karsel de la
mu^{w}erte, pu^{w}eš era kabada en la ti^{y}erra ku^{w}arenta kobdoš,
i ku^{w}ando š'enšannaba el rrey šobre ninguno de loš de šu
rre'išmo i le keri^{y}a dar la mu^{w}erte, mandabale kon-el
ad-akella karsel i lansabale dešd'alto, i no legaba al
ššu^{w}elo šino mu^{w}erto. a ku^{w}anto la karsel del parsi-
mi^{y}ento, eštaba al koštado de la kaša del rrey, k'en-
158 ella enp^{e}reši^{y}onaba | a loš de loš kašoš sebileš. i la
ora ke kišo Zalih̲ā enp^{e}reši^{y}onar a Yūsuf, enbi^{y}o por el
karselero de la karsel del parsimi^{y}ento i diššole: apa-
reğa para Yusuf un llugar en la karsel muy engošto y-eš-

155-1 Vgl. Koran XII, 33.
156-1 Vgl. Koran XII, 34.

t^{e}recho, ke yo lo ki^{y}ero enp^{e}reši^{y}onar en-ella. qala:
y-apareǧo el karselero un llugar muy ešt^{e}recho, no maš
de ku^{w}anto podi^{y}a eštar šentado un onb^{e}re šolo. i k^{a}lamo
a Yusuf i fizolo ašentar delante della i diššole: yā
159 Yūsuf, por el dereytaǧe de lla | onrra del rrey, a'un te
dare a loš tormentadoreš ke te tormenten, anši komo tu me
aš tormentado a mi, i te šakare de la kaša de la onrra a
la kaša de loš maloš. dešpu^{w}eš mandole ešnudar šuš rropaš i lo ke teni^{y}a beštido de laš choyaš, i mandole beš-
tir una alchuba de llana y-eng^{i}rillonolo kon g^{i}riloš
de fi^{y}erro muy pešadoš. dešpu^{w}eš mando a šuš donzellaš i
diššoleš: idboš i pone'oš por donde a [1] de šer lebado
160 Yusuf a la karsel, | i k^{i}ridad ku^{w}ando paše, i dezid: ¡eš-
ti eš el walardon de ki^{y}en dešobedese a šu šennora!

La ora ke bini^{y}eron kon-el a la karsel, abaššo šu kabesa
i p^{o}loro p^{o}loro muy fu^{w}erte. i diššo ke fu^{w}e pu^{w}ešto en
la karsel i diššo: bismi Illāhi wa bi -llāhi, wa lā
ḥaula wa lā quwata ilā bi Illāhi il^{c}aliyi il^{c}aḍīmi. deš-
pu^{w}eš šentoše i lloraba, i lloraban kon-el loš de la
karsel i marabillabanše del i de šu fermoššura i beldad.
i desendi^{y}o Chibrīl, ^{c}alayhi issalām, i dišole: yā
Yūsuf, ell-Alto, Šobarano te li^{y}e ll'assalām i te ḏize
161 ke porke | lloraš. diššo Yusuf: mi [1] amado Ǧiblil, p^{o}loro
porke no be'o llugar linpi^{y}o donde faga mi aṣala. diššo
Ǧibrīl, ^{c}alayhi issalām: yā Yūsuf, ḏize tu Šennor ke fagaš aṣṣala dondeki^{y}ere ke kerraš, ke -llāh, ta^{c}ālā, ya
abe pu^{w}ešto la ti^{y}erra meskida i linpi^{y}a para tu. i fizo
aṣala Yūsuf donde le paresi^{y}a de la karsel. i beni^{y}a kada alchumu^{c}a i fazi^{y}a aṣṣala enta la pu^{w}erta de la karsel.
I^{y}-eštando Yūsuf un di^{y}a enta la pu^{w}erta de la karsel,
pašo un al^{c}arab kon una annāqa, i^{y}-el dizi^{y}endo: lo'o a
162 mi Šennor, i el eš el lo'ado | fazedor de lo ke ki^{y}ere.
todo el bi^{y}en eš del, i el eš el p^{e}rensipi^{y}ador i rretornador. qāla: i oyolo Yusuf dende la karsel i p^{o}loro

---

159-1 Ms. e de šer
161-1 Ms. mi^{y}a amado

p^{o}loro muy fu^{w}erte i k^{i}ridole i dišole: yā ^{c}arabi, yo te
damando por Allāh, rraḥimakumu Allāh. i torno a dezirlaš,
i diššole Yusuf: ¿ de donde ereš tu, yā ^{c}arabi? diššole:
de laš billaš d'Ašām, del bale de Kin^{c}an. la ora ke oyo
akello Yusuf, kayo amortesido. depu^{w}eš rrekordo i diššole: yā ^{c}arabi, ¿ e'a ši koneseš en-el bal de Kin^{c}an un
bi^{y}eğo ke še llama Ya^{c}qūb? diššo: ši, yo lo konozko k'eš
163 un bi^{y}eğo| muy g^{a}rande ke še lama Ya^{c}qūb. diššo: i p^{o}lo-
ro ll'al^{c}arab p^{o}loro muy fu^{w}erte i diššo: el eš el bi^{y}e-
ğo Ya^{c}qūb i^{y}-abe perdido šu bišta de šu t^{i}rišteza por šu
figo Yūsuf. diššo Yūsuf: yo šoy, por Allāh, Yusuf, šu
figo de Ya^{c}qūb figo de Isḥaq figo d'Ebrahīm, amigo del
Pi^{y}adošo. pu^{w}eš ku^{w}ando te šalbara Allāh, ta^{c}ālā, i
p^{a}legaraš al bal de Kin^{c}an, pu^{w}eš iraš a Ya^{c}qūb i li^{y}ele
de mi el-asalām i dile: yā anabī da Allāh, yo e bišto un
mansebo de poko ti^{y}enpo enp^{e}reši^{y}onado en la karsel de
164 Miṣra, eng^{i}rillonado kon fi^{y}erroš,| i te li^{y}e ell-asalām
i te ḏize: yā padre, yo e tornado dešpu^{w}eš de tu en-el-
eštado de loš maloš.
I^{y}-erra Ya^{c}qūb ke abi^{y}a hecho para ši una ti^{y}enda šobre
la k^{u}rusillada del kamino, i no pašaba ninguno por el
kamino ke no le demandaba de donde bini^{y}eše. i la ora ke
pašo ešti al^{c}arab por la ti^{y}enda de Ya^{c}qūb, k^{i}ridole:
¡yā ^{c}arabī, fablame a mi! i bino ell-al^{c}arab fašta ke še
paro delante del, i diššole: ¡assalāmu ^{c}alaykum, yā
anabīyu Allāh! diššo a el: ¡ wa ^{c}alayka issalām, yā
^{c}arabi! ¿ de donde bi^{y}eneš? diššo: bengo de ti^{y}erraš de
165 Miṣra i yo e bišto en la kar|sel de Miṣra un mansebo de
poko ti^{y}enpo, ešbarbado, de hermoša kara, iwalado d'eštado, b^{a}lanka la kara i rredonda komo el rrolde de la
lluna la noğe k'eš lena. šalle k^{a}laredad de šu kara komo
rrayoš de šol. ku^{w}ando habla, demu^{w}eša sensi^{y}a en šu
lenwa. komo[1] ke šu ku^{w}ello k'eš una perla b^{a}lanka,
ku^{w}ando fabla, šuš balabraš paresen perlaš ke šalen de
šu boka. ¡ši lo beyešeš, yā anabiyu Allāh, en la karsel
de Miṣra eng^{i}rillonado y-enp^{e}reši^{y}onado el ku^{w}al te li^{y}e
ell-asalām! diššo: i kayo Ya^{c}qūb amortesido šobr'el,

165-1 Ms. komo komo

166 p^{o}lorando, i bolbi^{y}oše | kon ell-adu^{c}a dizi^{y}endo: ¡ mi
amado Yusuf! Šennor, wardalo en šu šoledad, ke tu ereš
šobre toda koša poderošo. dišo Ka^{c}bu: a ku^{w}anto Yūsuf,
pu^{w}eš el p^{o}loro en la karsel, fašta ke še dešfiguro šu
ku^{w}erpo.
Diššo: el di^{y}a k'ent^{o}ro Yusuf en la karsel, ayroše el
rrey šobre doš manseboš de loš de šu šerbisi^{y}o y-enp^{e}re-
ši^{y}onološ enn-un di^{y}a kon Yusuf i^{y}-en-una karsel. y-akello eš šu dicho da Allāh, ta^{c}ālā, en šu Alqur'an ell-onrrado donde d̠ize: YA ENT^{a}RARON KON-EL DOŠ MANSEBOŠ..[1]
167 diššo Ka^{c}bu: eran loš de la | karsel ke še achuntaban kon
Yusuf i lloraban por šu lloro del. i ku^{w}ando bedi^{y}a nenguno delloš nengun šu^{w}enno, kontabanlo a Yusuf, i daba-
leš[1] de šu dek^{a}larasi^{y}on. i un di^{y}a bini^{y}eron loš doš
manseposš akeloš ke fu^{w}eron kon-el enp^{e}reši^{y}onadoš kon
Yusuf en-un di^{y}a, i d̠iši^{y}eron: bamoš donde ešta Yūsuf, i
burlemoš kon-el. i fu^{w}eronše donde eštaba Yūsuf, i diššo
ell-uno deloš a Yusuf, i^{y}-era[2] ke širbi^{y}a al rrey de šu
beber: yā Yusuf, yo e bišto un šu^{w}enno komo k'el rrey me
168 šakaba | de la karsel i me tornaba a šu alqaṣar, i yo eš-
tando anši en šu alqaṣar, komo ke beyi'a[1] una binna
p^{a}lantada kon muchaš datileraš i komo ke t^{a}ra'i^{y}an f^{u}ru-
ta de ubaš i datileš i ke še mešk^{a}laban laš ubaš kon loš
datileš berdeš, i ke tomaba yo t^{e}reš ubaš i t^{e}reš datileš berdeš i lo ešp^{i}rimi^{y}a i daba a beber al rrey dakel
bino. diššo Yusuf: ¡o, ke pu^{w}en ššu^{w}enno aš bišto! i^{y}-
169 era ell-ot^{o}ro mansebo el panisero del rrey | i diššo: yā
Yusuf, yo e bišto un ššu^{w}enno komo k'el rrey me šakaba
de la karsel i^{y}-alsaba a mi un aṯabaq, en-el abi^{y}a pan[1].
i lebabalo yo, i šobre mi kabesa abeš negraš ke pikaban
mi kabesa i še komi^{y}an el pan. o berdadero, dek^{a}laranoš
mi ššu^{w}enno, ke yo te be'o k'ereš de loš bu^{w}enoš. diššo

---

166-1 Vgl. Anfang von Koran XII, 36.
167-1 Ms. dabanleš
2 Ms. i yo era
168-1 Im Ms. läßt sich nicht erkennen, ob beyi'a oder be'i'a zu lesen ist.
169-1 Ms. abi^{y}a a pan

Yusuf: i o, ke mal ššu^{w}enno aš bišto! i^{y}-eš anši komo dize Allāh, ^{c}aza wa chala, en ššu Alqur'an ell-onrrado, ke diššo: ENT^{a}RARON KON-EL DOŠ MANSEBOŠ. I DIŠŠO
170 ELL-UNO DELLOŠ: YO E BIŠTO KOMO K'EŠ | P^{i}RIMI^{y}A BINO. I DIŠŠO EL-OT^{o}RO: YO E BIŠTO KE LEBABA EN MI KABESA PAN KE ŠE LO KOMI^{y}AN LAŠ ABEŠ. ABIŠANOŠ KON ŠU DEK^{a}LARASI^{y}ON, KE NOŠ TE BEMOŠ DE LOŠ BU^{w}ONOŠ. DIŠŠO YŪSUF: NO BOŠ T^{a}RA'ERAN PU^{w}EŠO KOMER, ŠINO[1] KE OŠ ABIŠE ŠU DEK^{a}LARASI^{y}ON, ANTEŠ KE OŠ BI^{y}ENGA BU^{w}EŠA P^{o}ROBIŠI^{y}ON. I AKELLO EŠ DE LO KE ME DEMOŠT^{o}RO MI ŠENNOR ALLĀH, TA^{c}ĀLĀ, KE YO E LEŠŠADO LL'ALMILA DE KONPANNA KE NO K^{e}REYEN KON ALLĀH I ŠON KON LA TAURA ADDUNYĀ EŠK^{e}RE'IDOŠ. I ŠIGO ELL-
171 ALMILLA DE MIŠ PADREŠ IBRAHĪM, | ISMĀ^{c}ĪL, ISḤĀQ I YA^{c}QŪB. I NO EŠ A NOŠOT^{o}ROŠ PONER APARSERO KON ALLĀH EN NINGUNA KOŠA. AKELLO EŠ DE LA IBANTAĞA D'ALLĀH ŠOBRE NOŠ I ŠOBRE LAŠ CHENTEŠ. ENPERO LAŠ MAŠ DE LAŠ ĞENTEŠ NO LO AGRADESEN.[1] depu^{w}eš bolbi^{y}oše Yusuf a elloš doš i diššo: yā konpanneroš de la karsel, a ku^{w}anto ell-uno de bošot^{o}roš, pu^{w}eš dara a beber al rrey el bino. a ku^{w}anto ell-ot^{o}ro, pu^{w}eš el šera enforkado, i komeran laš abeš de šu kabesa.[2] diši^{y}e-
172 ron elloš: yā Yusuf, no emoš bišto ninguna koša | de lo ke dezimoš, maš anteš noš bulrramoš kon tu. diššo Yūsuf: idboš de mi, ke chudikado eš el hecho akello k'en-el a še'ido dek^{a}larado. depu^{w}eš bolbi^{y}oše Yūsuf ad-akel ke

---

170-1 Ms. šino šino

171-1 Vgl. Koran XII, 36-38. Die Lesung la taura addunyā 170 "das Gesetz der Welt" scheint durch einen Kopistenfehler entstanden zu sein, im ar. Text steht hier al-āḫira "das Jenseits", als ursprüngliche Lesung unseres Textes ist daher la otra addunyā denkbar. Nach de lo ke me demošt^{o}ro mi Šennor 170 erscheint im Koran weder der Name Gottes noch die Eulogieformel. Ismael (171), Josephs Großonkel, ist im Koran nicht erwähnt.

2 Der dem Koranzitat folgende Passus yā konpanneroš de la karsel... de šu kabesa entspricht Koran XII, 41.

kuydaba ke abi^{y}a d'eškapar, i diššole: imentarme aš a mi delante tu šennor.[1] diššo: p^{a}lazeme, yā Yusuf. la ora ke amanesi^{y}o, mando šakar el rrey a loš doš manseboš ke fu^{w}eron p^{e}rešoš kon Yusuf, de la karsel. a ku^{w}anto el ke
173 šerbi^{y}a al rrey del bino, pu^{w}eš perdonolo el rrey | i tornolo a šu šerbisi^{y}o. a ku^{w}anto ell-ot^{o}ro, pu^{w}eš mandole ešnudar i^{y}-enforkar šobre la pu^{w}erta de la sibdad. y-enbi^{y}o Allāh, ta^{c}ālā, abeš negraš ke le komi^{y}an šu kabesa fašta šu selebro. i fu^{w}e anši komo lo diššo Yusuf.

Diššo Ka^{c}bu Alāḥbār: i^{y}-abi^{y}a en Miṣra un onb^{e}re de loš enemigoš del rrey, ke lo abi^{y}a katibado de laš bilaš de loš al^{c}arabeš. i^{y}-era muy malo para laš chenteš i fazi^{y}a muchoš maleš a loš p^{e}rešoš de la karsel, fašta ke še ke-
174 ššaron al rrey de šu mallura. i mando | el rrey ke lo lebašen a una karsel ke teni^{y}a en ti^{y}erraš de Falasṭīn. i fu^{w}e eng^{i}rillonado, i lebaronlo, i bini^{y}eron a pašar kon-el por el bal de Kin^{c}an donde eštaba Ya^{c}qūb, ^{c}alayhi issalām. la ora ke šinti^{y}a Ya^{c}qūb kon-elloš, diššo a elloš: yā chenteš, ¿ de donde beniz y-adonde iš? dišši^{y}eron: benimoš de ti^{y}erraš de Miṣra e imoš a ti^{y}erraš de Falasṭīn, ke lebamoš un p^{e}reši^{y}onero eng^{i}rillonado ke lo enbi^{y}a el rrey a la karsel de Falasṭīn. i pušoše Ya^{c}qūb
175 ke tentaba i buškaba kon šu mano | al p^{e}reši^{y}onero, i dešpu^{w}eš diššo: yā p^{e}reši^{y}onero, yo tengo un mansebo en la karsel de Miṣra, ke šalle d'ent^{e}re šuš oğoš y-en šuš maššilaš k^{a}laredad komo la k^{a}laredad de la luna, šobre šu mašilla un šennal berde, de muy g^{a}rasi^{y}oša habla, de onrradoš awelloš i padreš. diššo el p^{e}reši^{y}onero: ešta eš la figura de un mansebo k'eštaba kon mi en la karsel, maš ya muri^{y}o. diššo: i k^{e}resi^{y}o Ya^{c}qūb en t^{i}rišteza šobre t^{i}rišteza i demando ad-Allāh, ta^{c}ālā, l'enbi^{y}aše a
176 Malaku•lmauti, ke le fizi^{y}eše a šaber por ello. | i binole

172-1 Zum Passus ke chudikado eš el hecho... delante tu Šennor vgl. Koran XII, 41 (Ende) -42. Von der Koranfassung weicht ab el hecho akello k'en-el a še'ido dek^{a}larado, vgl. ar. al-amru -llaḏī fīhi tastaftiyānī "die Angelegenheit, wegen der ihr mich um Auskunft gebeten habt".

Malakū'lmauti i diššo: ¡assalāmu ^{c}alaykūm, yā Ya^{c}qūb, wa
rraḥmatu Allāhi wa barakātuhu! diššo Ya^{c}qūb: ¡wa ^{c}alayka
assalām wa rraḥmatu Allāhu wa barakātuhu, yā Malaku
Almauti! ya era yo muy deše'ošo a tu. ¿e'a ši eš rresebido ll'arrūḥ de mi amado Yūsuf? dišo: no, yā Ya^{c}qūb, ke
tu amado Yusuf eš bibo, ke l'eš dado arrizke g^{a}rande.
diššo: i ašošegoše ell-anši^{y}a de Ya^{c}qūb ku^{w}ando oyo akello.
Diššo el rrekontador: i eštubo Yūsuf en la karsel lo ke
177 kišo Allāh, ta^{c}ālā. ya fu^{w}e dicho | k'eštubo en la karsel
doze annoš. depu^{w}eš Zaliḥā kobdisi^{y}o ber a Yusuf i^{y}-en-
bi^{y}o i diššo: šakadme a Yusuf donde lo pu^{w}eda ber, ke yo
ki^{y}ero berle. i mando ešpandir l'adibāğ i la šeda dende
la pu^{w}erta de šu alqaṣar fašta la pu^{w}erta de la karsel.
i bino Zalīḥā e konn-ella de šuš donzellaš i širbi^{y}en-
teš, fašta ke še paro a la pu^{w}erta de la karsel. i ša-
li^{y}o a ella Yusuf. la ora ke paro mi^{y}ent^{e}reš a el i all-
alchuba de llana ke abi^{y}a rronpido šuš ešpaldaš, i loš
g^{i}rilloš ke še le abi^{y}an komido šuš pi^{y}errnnaš, no pudo
178 sufir šin [1] | ka era amortesida. i fu^{w}e lebada a ššu al-
qaṣar i no seso de llorar, fašta ke š'enf^{a}lakesi^{y}o šu
p^{e}rešona.
Eštubo Yusuf en la karsel poko maš o menoš doze annoš.
diššo ell-ordanador: la ora ke kišo Allāh, ta^{c}ālā, šakar
a Yūsuf de la karsel, di^{y}o a ber Allāh, ta^{c}ālā, al rrey
el ššu^{w}enno akel ke lo imento Allāh, subḥanahu, en šu
Alkitāb. i dešpertoše muy temorizado, ešpantado de lo ke
bi^{y}o en-akel šu^{w}enno. i diši^{y}eronle: yā rrey, ¿ke eš lo
ke anši^{y}a tu p^{e}rešona i t'ent^{i}rištese? diššo el rrey: e
179 bišto en mi dormir, yā miš ğenteš, | marabillaš muy
g^{a}randeš. dešpu^{w}eš mando llamar loš dell-al^{c}ilme i del
šaber y-ap^{e}retoše kon-elloš i diššoleš: yā miš šabi^{y}oš,
yo e bišto la noche dell-alchumu^{c}a komo k'el rri^{y}o del-
Anīl š'abi^{y}a šekado šu awa, fašta ke no kedaba en-el una
gota. i marabileme dakello. i yo eštando aši mirando

177-1 Ms. šin šin

178-1 Ms. gu^{w}erešaš

2 Die Stelle nach fašta ist im Ms. nicht lesbar.

l'Anīl, marabillado de šu enššugami^{y}ento, bi šallir ši^{y}ete baqaš g^{u}ru^{w}ešaš [1] komo ši fu^{w}ešen untadaš kon olyo, i kada una dellaš ubre muy g^{a}rande, leno de leche, i bini^{y}eron fašta (ke) [2] še pararon delante de mi i yo eš-
180 tando anši mirando a ellaš, šalli^{y}eron en| pu^{w}eš dellaš debaššo del rri^{y}o ši^{y}ete bakaš muy f^{e}lakaš, enšutaš, f^{a}lakaš, komo ke šali^{y}ešen d'ent^{e}re šuš oğoš purnaš komo purnaš de fu^{w}ego, i^{y}-a kada una dellaš un ku^{w}erno en la delantera de šu kabesa komo lansa larga. la ora ke laš bi, ap^{e}retoše mi mi^{y}edo. i bini^{y}eron akellaš ši^{y}ete bakaš, fašta ke še pararon delante de mi al koštado de laš g^{u}rru^{w}ešaš. i barabileme de akello i de komo še parti^{y}eron de mi. i yo eštando anši, be'oš kon un p^{a}rado berde
181 muy hermošo, i bi en-el ši^{y}ete |ešpigaš šekaš. i tome una dellaš y-ešf^{e}regela kon mi palma i šake lo ke abi^{y}a en-ellaš, i no t^{o}robe g^{a}rano ninguno. dešpu^{w}eš bolbi a mi man derecha i bi ši^{y}ete ešpigaš berdeš muy hermošaš y-ešf^{e}regelaš kon mi palma i šake dellaš mi palma lena de [1] t^{i}rigo. y-akello eš šu dicho da Allāh, ^{c}aza wa ğalla, donde dize aši: DIŠŠO EL RREY: YO E BIŠTO ŠI^{y}ETE BAQAŠ G^{u}RU^{w}EŠAŠ KE ŠE LAŠ KOMI^{y}AN ŠI^{y}ETE F^{a}LAKAŠ, I ŠI^{y}ETE EŠBIGAŠ BERDEŠ Y-OT^{a}RAŠ TANTAŠ ŠEKAŠ. YĀ LOŠ DE MI KORTE, DEK^{a}LARADME MI
182 ŠŠU^{w}ENNO, ŠI BOŠOT^{o}ROŠ | A LOŠ ŠU^{w}ENNOŠ ŠO'IŠ DEK^{a}LARADOREŠ. DIŠŠI^{y}ERON: FANTAŠI^{y}AŠ ŠON DE ŠŠU^{w}ENNOŠ, I NO ŠOMOŠ NOŠOT^{o}ROŠ A DEK^{a}LARAR ŠU^{w}ENNOŠ ŠABIDOREŠ. [1]
Diššo akel k'eškapo de loš doš p^{e}reši^{y}oneroš, ke še le rrekordo depu^{w}eš de ti^{y}enpo: yo boš abišare kon šu dek^{a}larasi^{y}on. [2] pu^{w}eš dešadme penšar a mi. i bino fašta k'ent^{o}ro en la karsel donde eštaba Yusuf, i^{y}-era el ke le abi^{y}a dicho Yusuf: imentarm'aš enta tu šennor. la ora ke oyo el ššu^{w}enno del rrey, ent^{o}ro a Yusuf donde eštaba
183 en la karsel,| i diššolle: i assalāmu ^{c}alaykum, ayuhā

181-1 Ms. de de

182-1 Vgl. Koran XII, 43-44.

2 Zum Passus diššo akel... dek^{a}larasi^{y}on vgl. Koran XII, 45.

aṣiḏiq, wa raḥmatu Allāhi wa barakātuhu! y-ašentoše a šu
koštado i dišole: yā Yūsuf, yo e bišto en mi dormir komo
ke ši^{y}ete baqaš g^{u}ru^{w}ešaš še laš komi^{y}an ši^{y}ete baqaš
magraš, i ši^{y}ete ešbigaš berdeš i^{y}-otraš ši^{y}ete šekaš anšimešmo. dek^{a}larame ešti ššu^{w}enno, i por bentura lo de-
k^{a}larare a laš chenteš, i lo šabran.[1] diššo Yūsuf:
mi^{y}enteš, ke no aš bišto tu eši šu^{w}enno ši no'n la noche
dell-alǧumu^{c}a. fešme a šaber kon la berdad, ki^{y}en l'a
bišto, yā manse(bo)[2], i ši me hazeš a šaber ki^{y}en l'a
184 bi(što)[2] | ešti ššu^{w}enno, fazert'e a šaber šu dek^{a}lara-
si^{y}on, in šā'a Allāh. diššo el: yo te dešengannare i te
dire la berdad. šepaš, yā ṣidīq, k'ešti šu^{w}enno lo a
bišto el rrey en la noche dell-alchumu^{c}a. diššo Yusuf:
ya šabi^{y}a yo k'eši šu^{w}enno lo abi^{y}a bišto el rrey. pu^{w}eš
bete, yā mansebo, i di a elloš: šenb^{a}rad ši^{y}ete annoš
šigi^{y}enteš i lo ke košire'iš, alsaldo kon šuš ešbigaš
šino lo poko ke komere'iš. i dešpu^{w}eš bernan ši^{y}ete
annoš dešpu^{w}eš de akelo fu^{w}erteš ke še komeran lo k'eš-
185 taba abansado, šino muy poko de lo | k'enkanb^{a}rare'iš.
depu^{w}eš de akello bernan annoš ke lo demandara(n) šokoro
en-eloš laš ǧenteš y-en-eloš šeran en-engušti^{y}a p^{e}remi-
doš.[1] qāla: i šali^{y}o el mansebo de la karsel muy gozo-
šo, alegre, fasta k'ent^{o}ro donde eštaba el rrey, i fizole a šaber kon la dek^{a}larasi^{y}on del šu^{w}enno. diššo el
rrey: ¿ i ki^{y}en dek^{a}laro a ti ešši ššu^{w}enno? diššo: yo lo

---

183-1 I por bentura...šabran entspricht dem Ende von Koran XII, 46. Gegenüber dek^{a}larare vgl. im Korantext ar. arǧi^{c}u "ich werde zurückkehren".

2 Wortende am Manuskriptrand nicht ersichtlich.

185-1 Der Passus šenb^{a}rad ši^{y}ete annoš...p^{e}remidoš entspricht Koran XII, 47-49. Vers 49 wurde jedoch falsch verstanden: zu ke lo demandara(n) šokoro en-elos las ǧenteš vgl. im ar. Korantext fīhi yuġāṯu -n-nāsu, das zwei Deutungen zuläßt, entweder "(ein Jahr), in dem den Menschen Erleichterung gebracht wird" oder "in dem die Menschen Regen haben"; gegenüber šeran en-engušti^{y}a p^{e}remidoš vgl. im Koran ar. ya^{c}ṣirūna (von ^{c}ṣr "ausdrücken")"sie werden keltern".

dek^{a}laro a tu, yā rrey. diššo el rrey: mi^{y}enteš, yā mansebo, k'ešša dek^{a}larasi^{y}on no eš šino de onb^{e}re muy šabi^{y}o i muy si^{y}en i de fiğoš de loš šabi^{y}oš. yo te p^{o}ro-
186 meto, yā mansebo, ke ši no me dizeš la berdad | i me hezeš a šaber ki^{y}en eš el dek^{a}larador, yo mandare ferir tu pešku^{w}eso. la ora diššo el mansebo: šepaš, yā rrey, ke me lo abe dek^{a}larado Yūsuf, akel k'ešta en la karsel. [1] la ora ke lo oyo, lloro el rrey i torno i diššo: ¡ta mala para tu! ¿ i Yusuf ešta en la karsel? diššo: ši, yā rrey. diššo: pu^{w}eš pete a la karsel i no lo šakeš de la karsel šino kon šu bolluntad, pork'el eškoği^{y}o la karsel para ši mešmo.
187 I fu^{w}eše el mansebo fašta | ke lego a la karsel, y-ent^{o}ro a Yusuf i diššole: yā Yusuf, k'el rrey te da a tu a eškoğer el šalir o kedar en la karsel. pu^{w}es mira ši amaš šallir della. diššole Yusuf: tornate al rrey i demandale, ke fu^{w}e la kauša de laš muğereš akellaš ke še tağaban šuš manoš, ke mi Šennor kon šuš arteš dellaš eš [1] muy šabi^{y}o. [2] i ši ellaš m'alinpi^{y}aran i me daran por libre en p^{e}rešensi^{y}a del rray de lo ke me fu^{w}e anotado, yo šalrre de la karsel, i ši no, la karsel eš maš amada a mi, maš ke šalir della. i bino el mansebo fašta ke le-
188 go al rrey, | i fizole a šaber lo ke diššo Yūsuf. dišo el rrey: ešti mansebo Yusuf ki^{y}ere alinpi^{y}arše [1] de lo ke le anotaron. y-enbi^{y}o el rrey a laš nnu^{w}ebe muğereš [2] i fu^{w}e benido kon ellaš i fizoleš ašentar en šuš aši^{y}entoš. depu^{w}eš enbi^{y}o por Zalīhā i fu^{w}e benido kon ella i fizo šentarla ent^{e}re llaš muğereš. dešpu^{w}eš enbi^{y}o por la rmana de la rreyna, k'era madre de la k^{i}ri^{y}atura ke hizo el

---

186-1 Im Ms. folgt hier, wahrscheinlich irrtümlich eingeschoben, ? i Yusuf ešta en la karsel? diššo: ši, yā rrey. Der Passus tritt zwei Zeilen weiter unten noch einmal auf.

187-1 Ms. eš e muy

2 Zum Passus tornate al rrey...muy šabi^{y}o vgl. Koran XII, 50.

188-1 Ms. alinpayarše

2 Ms. nnu^{w}ebe muğereš nu^{w}ebe muğereš

tešt igo a Yusuf, i bino la k^{i}ri^{y}atura kon-ela. la ora ke
fu^{w}eron todaš chuntaš, diššo a ellaš el rrey: ¿ ke fu^{w}e
189 bu^{w}ešt^{o}ro rrazonami^{y}ento, | depu^{w}eš ke rrekiri^{y}ešteš a
Yusuf de šu p^{e}rešona? diši^{y}eron ellaš: defendemonoš kon
Allāh, no le šabemoš negun mal. diššo la muǧer del rrey:
agora še dek^{a}lara la berdad. yo lo rrekeri de šu p^{e}rešo-
na, i^{y}-el eš de loš berdaderoš. [1] i la ora de akello
fu^{w}eše llu^{w}ego el mansebo a Yusuf: ke Zalīḫā ya te abe
alinbi^{y}ado de lo ke te anotaban, y-abe atorgado k'ela
mešma te rrekiri^{y}o de tu p^{e}rešona. y-aleg^{o}roše Yūsuf|
190 ku^{w}ando lo oyo, alegri^{y}a g^{a}rande. dešpu^{w}eš dišo: ake-
(llo) eš porke šepa ke yo no hago falši^{y}a en lo abšente
i ke [1] Allāh no gi^{y}a laš arteš de loš menoškabadoš.

I llu^{w}ego desendi^{y}o Chibrīl, ^{c}alayhi issalām, i diššole:
yā Yusuf, agora keda kita tu p^{e}rešona. pu^{w}eš alinpi^{y}ala,
ke ya ereš fundido en la mar de loš pekadoreš šino porke
Allāh, ta^{c}ālā, te konšerbo i te di^{y}o a ber la dek^{a}lara-
si^{y}on. diššo Yusuf: ¿ i ke pu^{w}edo alinbi^{y}ar mi p^{e}(re)šona,
k'el-anima eš la mandadera kon-el mal, šīno lo ke api^{y}a-
191 da mi | Šennor, ke mi Šennor eš perdonador pi^{y}adošo? [1]

189-1 Der Passus ke fu^{w}e bu^{w}ešt^{o}ro rrazonami^{y}ento... berdaderoš entspricht Koran XII, 51. Bei bu^{w}ešt^{o}ro rrazonami^{y}ento heißt es im ar. Text ḫaṭbukunna "eure Sache, Angelegenheit". - Im Ms. folgt anschließend die Übernahme von Koran XII, 52: akello eš porke šabe ke yo no hago falši^{y}a en lo abšente, ke Allāh, ta^{c}ālā, no gi^{y}a laš arteš de loš menoškabadoš. Dies ist hier jedoch irrtümlich eingeschoben, da, wie aus dem Zusammenhang im Koran hervorgeht, diese Worte von Joseph gesprochen werden (allerdings ist im Koran nicht angegeben, wer spricht); vgl. 190, wo der Vers an der richtigen Stelle wiederholt ist.

190-1 Ms. ke a Allāh

191-1 I ke pu^{w}edo alinbi^{y}ar...pi^{y}adošo entspricht Koran XII, 53. Am Anfang des Verses vgl. im ar. Text wa mā ubarri'u nafsī "und ich erkläre mich nicht für unschuldig"

Dešpu^{w}eš k'el rrey diššo: yo ki^{y}ero onrrar ešti mansebo
kon onrra muy g^{a}rande, aleg^{o}roše Zalīhā alegri^{y}a muy
g^{a}rande i^{y}-enbi^{y}o a las muğereš de šu sibdad. i no kedo
en Misra ninguno de šu komarka ke no bini^{y}eše para el
di^{y}a k'abi^{y}a de šalir de la karsel Yūsuf. anšimešmo en-
bi^{y}o el rrey a loš de ššu rre'išmo ke bini^{y}ešen. i ka-
balgaron ke beni^{y}an de la ti^{y}erra (i) de la mar, fašta
ke no kedo en Misra y-en šu komarka ninguno ke no bi-
192 ni^{y}eše al šalimi^{y}ento de Yusuf | de la karsel. atabi^{y}a-
ronše loš de Misra kon-atabi^{y}oš muy rrikoš, loš onb^{e}reš
i laš muğereš, i^{y}-afeytando šuš p^{e}rešonaš y-afeytando
šuš merkadoš. i diššo el rrey: yo l'onrrare kon onrra ke
nunka fu^{w}e onrrado kon šu šemeğante della ninguno anteš
ni dešpu^{w}eš del, pu^{w}eš eš mansebo muy šabi^{y}o. dešpu^{w}eš
mando atabi^{y}ar loš alqasareš, i fu^{w}eron atabi^{y}adoš kon
loš meğoreš pannoš y-atabi^{y}oš ke pu^{w}eden šer. i mando
193 atabi^{y}ar para el laš meğoreš kabalgaduraš, | i loš ata-
bi^{y}oš de oro i de p^{a}lata i laš koloreš p^{e}resi^{y}adaš de
las choyaš, aši de beštidoš i rropaš rrikaš komo de cho-
yeleš de oro i de p^{a}lata. i diššo: a'un lo atabi^{y}are kon
loš atabi^{y}oš del[1] rrey i le siyire la ešpada del rrey
i le annillare kon los anilloš del rrey i le hare ke kabalge en-el kaballo del rrey i fare eštender šobre šu
kabesa la šenna del rrey i lo škoğire para mi mešmo,
pork'el eš enpodere'ant, muy fi^{y}el i le'al.

Qala: i desendi^{y}o Gibrīl, ^{c}alayhim issalām, a Yusuf i
diššole: yā Yusuf, ab alb^{i}risi^{y}a kon la onrra de Allāh,
194 ta^{c}ālā, para tu, ke ya abe rremedi^{y}ado | de tu a l'anguš-
ti^{y}a i te abe aderesado a la gi^{y}a i konkordi^{y}a i^{y}-ale-
gri^{y}a. i^{y}-aleg^{o}roše Yusuf i^{y}-amuchesi^{y}o de lo'ar i ben-
dezir ad-Allāh, ^{c}aza wa chalā. i^{y}-asağdo i^{y}-ešlargo en
šu asağda kon atahmideš i šantefikasi^{y}oneš a šu Šennor
Allāh, tabāraka wa ta^{c}ālā. qala Ka^{c}bu: no seso de benir-
le f^{o}lotaš enpu^{w}eš f^{o}lotaš d'almalakeš ke le alb^{i}risi^{y}a-
ban i le dizi^{y}an: pu^{w}ena p^{o}ro te haga la o(n)ra de -llāh,
ta^{c}ālā. i dizi^{y}anle: šepaš ke Allāh, ta^{c}ālā, te ki^{y}ere
onrrar i faboreser šobre loš fiğoš de Ya^{c}qūb i darte

193-1 Ms. dell

195 a'nsennore'ar la ti^{y}erra de Miṣra toda i šuğetar | a šuš
rreyeš i šennoreš. diššo Yusuf: o mi Šennor, enf^{u}luyme
ke te lo'e i te agradeska, aši komo pertanese i konbi^{y}ene
a tu kara la onrrada i^{y}-a tu nobleza i^{y}-a la g^{a}randeza
de tu šennori^{y}o.
Dešpu^{w}eš mando el rrey atabi^{y}ar un kadafalšo. i^{y}-era šu
largeza doš millaš, i^{y}-una de ancho, i era obrado de
marmol, i^{y}-abi^{y}a en-el aṣitraš obradaš, i^{y}-eran šuš almenaš de oro, i šobre laš almenaš pendoneš berdeš i še-
nnas koloradaš. i teni^{y}a una pu^{w}erta para el rrey muy
g^{a}rande, i^{y}-abi^{y}a para wardar la pu^{w}erta g^{a}rande ši^{y}ete
196 porteroš. y-abi^{y}a šobre kada pu^{w}erta šetenta | senserraš
de oro. i^{y}-era l'anğeza de la pu^{w}erta sinku^{w}enta kobdoš,
kolgadaš šobre la pu^{w}erta asitraš de b^{o}rokado. eran todaš šuš eštansi^{y}aš la maš hermoša koša ke halāqo -llāhu,
ta^{c}ālā. abi^{y}a šobre un dešt^{a}rado una abe k'ešb^{o}lotere'a-
ba šuš alaš. i^{y}-era akel dešt^{a}rado i^{y}-akella obra la ke
hizo obrar ^{c}Ād fiğo de ^{c}Ād fiğo de Iram Dāti Il^{c}imādi,
ke lo eredaron loš fir^{c}oneš, fašta ke bino a poder del
rrey Al^{c}azīz. i^{y}-era ke no lo abri^{y}a šino ku^{w}ando keri^{y}a
tomarše muy g^{a}ran p^{a}lazer. i mando ke fu^{w}eše obi^{y}erto
197 y-ešpandido šobr'el | l'alḥarīr i l'adibāğ. depu^{w}eš mando
kon laš asitraš, i fu^{w}eron kolgadaš šobr'el, i loš pendoneš i šennaš. i fu^{w}e ašentada la katreda, i^{y}-era de
oro, ensima della una alqubba de g^{a}rana. depu^{w}eš mando
benir loš širbi^{y}enteš i širbi^{y}entaš, i konp^{e}rendi^{y}eron
kon la katreda. depu^{w}eš bini^{y}eron loš alwazireš i pa-
t^{i}ri'arkaš, en šuš manoš laš masaš i laš ešpadaš de oro,
i puši^{y}eronše delante de la katreda. depu^{w}eš mando ke
kabalgašen kini^{y}entoš mil kabaleroš i kini^{y}entoš mil
198 pe'oneš, i serkaron la karsel. i mando | k'ešpandisi^{y}ešen
l'aḏibāğ fašta la pu^{w}erta de la karsel. i mando kon loš
b^{a}rašileš de loš perfumeš ke fu^{w}ešen en la mano derecha
del kamino y-en la mano eskerra. dešpu^{w}eš mando llamar
kini^{y}entaš širbi^{y}entaš i di^{y}o a kadaguna dellaš un pote
lleno d'almiske puro. i mando kon safran i todaš pu^{w}enaš
oloreš, i fu^{w}e pu^{w}ešto por el kamino. i mando ke še pu-
ši^{y}ešen laš širbi^{y}entaš por el kamino a la man derecha
y-a la man ezkerra. i fu^{w}eron tendidoš loš pannoš de
g^{a}rana por-el ššu^{w}elo en todo el kamino i šobr'elloš |

199 ǧešemineš i laš rrošaš i murteraš.
Depu^{w}eš k^{a}lamo a šu alwazir, i^{y}-el lebador de šu šenna,
i d̲i^{y}ole su kadena i šu annillo i ššu ešpada i fizo en-
šil̄lar šu kaballo ke še llamaba Alkifāḥ, i^{y}-era ke no lo
kabalgaba ninguno šino el rrey. depu^{w}eš diššole: toma
todo ešto i bete a la karsel i bištile eštaš choyaš i
ponle mi korona akešta i miš annilloš i sinnile mi·špada,
i kabalge en mi kaballo akešti. i li^{y}eba tu delante del
ešti eštoke y-ešti^{y}endi ešta šenna šobre šu kabesa, ke
200 yo lo ki^{y}ero ešpesi^{y}alar para mi mešmo. | qāla: i bino
ll'alwazir a la karsel i t^{o}robo a Yusuf en-ella llorando. i fu^{w}e la kauša de šu lloro k'el karselero le abi^{y}a
dicho: yā Yusuf, el rrey haze muy g^{a}rande apareǧo para
šakarte de la karsel, i pi^{y}enšo ke te šaka a matarte. i
t^{o}robolo ell-alwazir llorando i d̲iššole: no lloreš, yā
Yusuf, ke ya eš bi^{y}en abenturado, i pu^{w}ena abenturansa, ke
tu eš de loš benturošoš ke nnunka fu^{w}e nenguno kon tu
anteš ni dešpu^{w}eš de tu. ešpocha de tu eššaš rropaš de
t^{i}rišteza. i dešpoǧoše ll'alchuba de lana i bišti^{y}oše
201 loš beštimentoš de la onrra i pušoše | la korona del
rrey. i šakolo ll'alwazir de la karsel, i pušoše en loš
ešt^{i}riboš del rrey. depu^{w}eš eštendi^{y}o la ššenna del rrey
šobre šu kabesa y-abansoše delante ell-alwazir de Yusuf,
i rresibi^{y}eronle laš wešteš del rrey. i^{y}-enkont^{o}rolo
Chibrīl, ^{c}alayhi issalām, i kon-el šetenta mil almalakeš
ke le šalludaban i le dizi^{y}an: abe alb^{i}risi^{y}a, yā Yusuf,
k'ešta eš la p^{o}romeša de tu Šennor, i tu eštando en-ell-
alchub.
Qāla Ka^{c}bu: i konp^{e}rendi^{y}eron kon Yusuf laš wešteš del
202 rrey, i fizi^{y}eronše azeš laš ǧenteš | mirando a el. i ya
era ešk^{a}laresida[1] šu kara de goyo y-alegri^{y}a. i pušoše
ke kaminaba šobre la šeda i šobr'ell-adibāǧ, i rresi-
bi^{y}anlo laš širbi^{y}entaš kon loš perfumeš de al^{c}inbar i
de alkanfor i^{y}-almiske, i rrelunb^{a}raron laš billaš kon
šu ašomada. la ora ke lego Yūsuf a la pu^{w}erta del kadafalšo, ap^{a}rešuraronše a el loš alwazireš i loš patri'ar-
qaš del rrey ke lebaban laš bišarmaš i^{y}-eštokeš delante

202-1 Ms. ešk^{a}lalaresida

del, ṣala Allāhu ^{c}alayhi wa ssalam, i dišši^{y}eronle: yā rrey onrrado, ent^{a}ra ke ya ereš bi^{y}en abenturado kon
203 bi^{y}en abenturansa, ke no šeraš laz^{a}rado | dešpu^{w}eš della chamaš. i fu^{w}eron alsadoš loš pendoneš i laš šennaš šobre šu kabesa. la ora ke p^{e}lego Yusuf all-alqūba, lebantoše el rrey i fizolo šentar en šu aši^{y}ento, i šentoše el rrey delante del, ṣala -llāhu ^{c}alayhi wa salam. i ḋiššole el rrey: yā Yusuf, ke tu ereš oy enpodere'ante, fi^{y}el. diššo Yūsuf: bonme a mi šobre laš alḫazanaš de la ti^{y}erra, ke yo šoy muy gu^{w}ardante i muy šabi^{y}o. i^{y}-eš šu dicho d'Allāh, ta^{c}ālā.[1] ḏiššo el rrey: yā Yusuf, enpero hago ešto todo, porke tu ereš maš pertanesi^{y}ente kon-el
204 rre'išmo ke yo | i tu ereš meresedor dello. ḏize Allāh, ^{c}aza wa chala: AŠIMEŠMO DIMOŠ A ENPODERE'AR A YUSUF EN LA TI^{y}ERṚA...DELLA DONDE KEREMOŠ, I AKA'ESEMOŠ KON NNU^{w}EŠ A PI^{y}ADAD A KI^{y}EN KEREMOŠ, I NO MENOŠ P^{e}RESI^{y}AMOŠ AL WALARDON DE LOŠ PU^{w}ENOŠ.[1]

Qāla: la ora ke š'ašento Yūsuf šobre la šilla del rrey, fu^{w}eronle dadaš laš llabeš de laš alḫazānaš del rre'išmo, i lebantoše el rrey i dišo a Yusuf: yā Yusuf, tu šey šobre lo k'eštaš šobr'ello de oy adelante del rre'išmo, ke tu ereš el maš šabi^{y}o i meresedor kon-ello ke yo. depu^{w}eš
205 fu^{w}eše | el rrey i^{y}-ašentoše en-una kaša ke š'ešpesi^{y}alo bara ši, i leššo el rre'išmo a Yusuf, ^{c}alayhi wa ssalam[1].

Qala: no pašo šino muy pokoš di^{y}aš fašta ke muri^{y}o el

203-1 Der Passus ke tu ereš oy...muy šabi^{y}o entspricht Koran XII, 54-55. Vgl. am Anfang den ar. Text: innaka -l-yauma ladaynā makīnun amīnun" ab heute bist du bei uns in angesehener Stellung und hast unser Vertrauen".

204-1 Vgl. Koran XII, 56. Zwischen ti^{y}erra und della donde keremoš scheint ein Verb der Bedeutung "sich niederlassen, seinen Wohnsitz nehmen" ausgelassen zu sein; gegenüber keremoš steht im ar. Text die 3. Pers. Sg.;vgl. ar. ...fī -l-arḍi yatabawwa'u minhā ḥayṯu yašā'u "...im Lande, so daß er sich darin niederlassen konnte, wo er wollte". Joseph wird im Koran jedoch nicht König von Ägypten.

205-1 Ms.: wa ssalam unvokalisiert

rrey Al^{c}azīz, i kedo el rre'išmo a Yusuf. i fu^{w}e olbidado el rrey kon Yusuf. qala Ka^{c}bu: depu^{w}eš mando Yūsuf a
la chente ke šenb^{a}rašen toda la ti^{y}erra, šu ašpero i šu
llano, loš annoš bondošoš para loš annoš de la šeka,
akelloš ke loš imento Allāh en šu Alqur'an ell-onrrado.
206 i šenb^{a}raron ke no leššaron laš chenteš llanoš | ni ašpe-
roš ke no fu^{w}e šenb^{a}rado fašta laš kunp^{e}reš de loš ko-
lladoš i loš bi^{y}ent^{e}reš de loš balleš. i^{y}-apareğaron
g^{a}raneroš para poner la koğida de loš ši^{y}ete annoš. la
ora ke fu^{w}eron pašadoš loš annoš bondošoš, detuboše ell-
awa ši^{y}ete annoš, ke no desendi^{y}o dell-asamā gota de awa
ni fizo naser Allāh foğa berde, fašta ke š'enššugo el
rri^{y}o del-Anil. i kayo la hanb^{e}re[1] en la chente. i
chuntaronše e bini^{y}eron a Yusuf i ḏišši^{y}eronle: yā rrey,
benḏinoš del g^{a}rano por laš doblaš y-adarhāmeš. i ben-
207 ḏi^{y}oleš por laš doblaš y-adarhāmeš, | i oro i p^{a}lata fu^{w}e
todo en poder de Yusuf. la ora ke fu^{w}e ell-anno šegundo,
bendi^{y}oleš la p^{o}robiši^{y}on por laš choyaš i beštimentoš
i^{y}-atabi^{y}oš, fašta ke todo fu^{w}e en poder de Yusuf. la
ora ke fu^{w}e ell-anno tersero, bini^{y}eron a Yusuf: bendi-
noš p^{o}robiši^{y}on por nnu^{w}ešt^{o}roš ešk^{a}laboš i^{y}-ešk^{a}labaš.
i bendi^{y}oleš fašta ke fu^{w}eron todoš šuyoš. la ora ke
fu^{w}e ell-anno ku^{w}arto, bini^{y}eron a el i ḏiši^{y}eronle:
bendinoš p^{o}robiši^{y}on por loš kamelloš i kabalgaduraš. i
bendi^{y}oleš fašta ke fu^{w}e todo šuyo. la ora ke fu^{w}e ell-
ano kinto, diši^{y}eronle: yā rrey, bendinoš p^{o}robiši^{y}on |
208 por lo ke noš-a kedado de ganadoš i baqaš. i bendi^{y}oleš
fašta ke fu^{w}e todo šuyo. ku^{w}ando fu^{w}e ell-ano še'iše-
no, diši^{y}eronle: yā rrey, bendinoš p^{o}robiši^{y}on por
nnu^{w}ešaš kašaš i^{y}-eredadeš. i bendi^{y}oleš por šuš kašaš
i^{y}-eredadeš. la ora ke fu^{w}e ell-anno šeteno, diši^{y}eron-
le: bendinoš p^{o}robiši^{y}on por nu^{w}ešaš alchohareš i perlaš
i por nu^{w}ešaš p^{e}rešonaš. i bendi^{y}oleš fašta ke fu^{w}e todo
šuyo, algoš i p^{e}rešonaš de ku^{w}antoš eran en Miṣra.

I^{y}-aka'esi^{y}o a Zalīẖā da la falta de la p^{o}robiši^{y}on i
fanb^{e}re i lo ke aka'esi^{y}o a la otra ğente, y-akello de-

---

206-1 Ms. hanb^{e}ra en

209 pu^{w}eš | de la mu^{w}erte del rrey Al^{c}azīz. i bendi^{y}o Salihā
todaš šuš choyaš i^{y}-eredadeš i kabalgaduraš y-eštella-
menteš i todo ku^{w}anto enšennore'aba šobre la kara de la
ti^{y}erra, fašta ke no le kedo koša i merko konn-ella
p^{o}robiši^{y}on. depu^{w}eš bendi^{y}o ššu p^{e}rešona a Yusuf i torno ella en la šuma de loš ešk^{a}laboš i katiboš a Yusuf.
diššo: i era Yusuf ke paše'aba de šu alkasar a la sibdad
i fu^{w}era de la ṣibdad. i era Zalīhā ke še abi^{y}a obrado
una kaša para šu apoši^{y}ento en la k^{u}rusillada del kami-
210 no. depu^{w}eš ke Yusuf š'enfazende'o kon gobernar | el
rregno, y-olbido a Salīhā en la largura de šu ti^{y}e(n)po
i no la nonb^{a}raba Yūsuf. i enbeğesi^{y}oše Zalīhā, i^{y}-akor-
baronšale [1] šuš ešpaldaš, i segoše šu bišta, y-ap^{e}retoše
šu demetimi^{y}ento. i fizoše Zalīhā una kaša de kannaš de
fu^{w}ara de la sibdad.
I^{y}-era Yūsuf ke šali^{y}a kada di^{y}a a peše'ar por la sibdad
i por de fu^{w}era de la sibdad, porke lo beyešen loš de šu
rre'išmo, para o'ir a loš keššanteš i šatišfazer al-en-
churi^{y}ado del-enchuri^{y}ador, y-ašomabaše šobre lo ke le
211 abi^{y}a dado Allāh a'nšennore'ar, i mandar el bi^{y}en|hazer
i debedar el malhazer. i^{y}-era Yūsuf ku^{w}ando keri^{y}a ka-
balgar, kabalgaba en-el kabalo del rrey Al^{c}azīz, i ku^{w}an-
do l'enšillaba el kabalisero, rrelinchaba el kaballo ke
le oyi'an loš de Miṣra šu rrelincho, i kon akelo kono-
si^{y}an laš chenteš šu šallida del rrey. i ku^{w}ando kabalgaba, i kabalgaban laš chenteš para konpannarle, i kabalgaban kon-el kinni^{y}entoš mil kabalo a šu man derecha, y-a šu man ezkerra kini^{y}entoš mil de kaballo, i
212 delante del mil eškuderoš kon ešpadaš | en šuš manoš i
mil kon alabardaš i mil manseboš kon masaš de oro i de
saga del anšimešmo. i^{y}-era ke no pašaba por ninguno ke
no dīzi^{y}an: ya le fu^{w}e dado a ešti ši^{y}erbo rre'išmo
g^{a}rande. y-akello eš šu dicho d'Allāh, ^{c}aza wa chalā, ke
diššo: I NO KUYDABAN LA CHENTE ŠOBRE LO KE LEŠ
A DADO ALLĀH, TA^{C}ĀLĀ, DE ŠU IBANTAĞA, PU^{W}EŠ YA
DIMOŠ A LOŠ DE IBRAHĪM LL'ALKITĀB I LA SENSI^{Y}A

210-1 Ms. i^{y}-okorbaronšale

I LEŠ DIMOŠ RRE'IŠMO MUY G^{a}RANDE.[1] lo k'eng^{a}randese[2] Allāh, ta^{c}ālā, y-akelo eš koša g^{a}rande.
213 I era Zalīhā ke še bešti^{y}a una alchuba de lana i še senni^{y}a una ku^{w}erda en šu sintura i še šentaba en la k^{u}rusilada del kamino para ku^{w}ando pašaše Yusuf. i ku^{w}ando pašaba, k^{i}ridabale Zalīhā. i no la oyo Yūsuf šu(š) kirodoš. i fizo akello Zalīhā muchoš di^{y}aš, i no le ap^{o}robechaba[1] akello koša ninguna. la ora ke bi^{y}o ella ke Yusuf no o'i^{y}a šuš bozeš, bolbi^{y}oše a šu idola k'ella adoraba menoš d'Allāh, ta^{c}ālā, i k^{e}rebola i diššo: pešar še'a para tu, yā idola, ke perdido eš ki^{y}en[2] adora me-
214 noš d'Allāh, el Šennor de loš halāqadoš. adorando en tu, me a še'ido tomado mi rre'išmo, i^{y}-a še'ido dado a mi katibo. pu^{w}eš yo šoy de oy adelante ke dešk^{e}re'o kon tu. qala - diššo Ka^{c}bu: la ora ke Zalihā k^{e}rebo šu idola i š'aparto de serbir la idolla i k^{e}reyo kon Allāh, ^{c}aza wa chala, kabalgo Yusūf un di^{y}a, komo era šu p^{a}ratika, kon šuš wešteš i kon šuš konrre'ami^{y}entoš, i paroše ella šobre la k^{u}rusillada del kamino, ešperando a Yūsuf. la ora ke fu^{w}e serka, k^{i}ridole kon lo maš alto de šu boz: yā rrey, tan bendicho eš ki^{y}en pone loš ešk^{a}laboš kon la[1]
215 obedensi^{y}a rreyeš i pone a loš rreyeš por la dešobedensi^{y}a ešk^{a}laboš. i šon palab^{a}raš ke še hallan i še hablan kon korazon lagado. i bolbi^{y}oše a ella Yusuf i mando a un k^{i}ri'ado šuyo i diššole: yā mansebo, bete kon ešta ^{c}achūza a la kaša dell-algo i mira ke demanda, i rrekabale šu menešter i dale lo ke demanda. qāla: i tomo el

---

212-1 Vgl. Koran IV, 54. Durch falsche Satzverknüpfung ergibt sich am Anfang des Zitats ein vom Korantext abweichender Sinn, vgl. ar. am yaḥsudūna -n-nāsa ^{c}alā mā atāhumu -llāhu min faḍlihī "oder beneiden sie die Menschen wegen dem, was ihnen Gott von seiner Huld gegeben hat?"
2 Ms. k'eng^{a}randase
213-1 Ms. ap^{o}robechapa, ein Tašdīd scheint versehentlich zuviel gesetzt: أَبْرُّبَاجَّبَ
2 Ms. ki^{y}en ki^{y}en
214-1 Ms. lo

mansebo de šu mano de Zalīhā i fu^{w}eše kon ella (all-)alqaṣar de Yusuf i dišole: yā ^{c}ağūzza, ¿ke eš tu meneštar, k'el rrey m'a mandado ke te de lo ke demandaš? diššo |
216 ella: mi meneštar eš ḥarramado ke lo rremedi^{y}a nenguno šino el rrey. i šentoše ella fašta ke še torno el rrey all-alqaṣar. la ora ke Yusuf fu^{w}e en šu alqaṣar, kitoše šuš rropaš rrikaš i bišti^{y}oše una abrigadura de lana y-eštendi seniša debaššo del. i šentoše šobr'ella atasbiḥando ad-Allāh, ta^{c}ālā, y-enšantesi^{y}endole. e'oš eštando anši, ent^{o}ro el mansebo[1], i diššole Yūsuf: ¿aš rrekabado el meneštar de la bi^{y}eğa? diššo: yā rrey, k'ella[2] dize ke no pu^{w}ede ninguno rrekabar šu meneštar šino tu. i
217 mando | k^{a}lamarla Yūsuf. i bino ella, una begada kayi'a i otra begada še lebantaba, fašta ka še paro delante de Yusuf. la ora ke la bi^{y}o Yūsuf, lloro lloro muy fu^{w}erte, k'el era muy pi^{y}adošo, ṣala Allāhu ^{c}alayhi wa salam. i diššole: yā ^{c}agūza, yo o'i de ti palabraš ke kortaron mi korason. diššo ella: yā rrey, yo dišše: tan bendicho eš ki^{y}en pone loš esk^{a}laboš por la obedensi^{y}a rreyeš i pone loš rreyeš por la dešobedensi^{y}a ešk^{a}laboš. diššo Yūsuf: na^{c}am, ya dizeš berdad, yā ^{c}ağūza, ke Allāh, ta^{c}ālā, da
218 el rre'išmo | a ki^{y}en ki^{y}ere, i onrra a ki^{y}en ki^{y}erre, i^{y}-abilta a ki^{y}en ki^{y}e(re). en šu mano eš el bi^{y}en y-en šu mano eš el mal, y-el eš šobre toda koša poderošo. diššo: ¡o, ke pu^{w}eno eš lo k'aš dicho, yā ^{c}ağuza! ¿pu^{w}eš ki^{y}en ereš tu? porke Yūsuf no la konosi^{y}a por šu permutami^{y}ento della depu^{w}eš de šu hermoššura i beldad. diššo ella: ¡yā Yusuf, ke p^{e}rešto aš olbidadome a mi! yo šoy akella k'eštendi para tu la kama del rrey i de la onrra, pareğe para ti la šilla del rrey, yo šoy akella ke te
219 konbide kon mi p^{e}rešona i kon miš | balabraš. yo šoy Zalīhā, akella ke te merko kon-ell-algo kobpi^{y}ošo. ¡o, ke pesar tan g^{a}rande, yā Yusuf!
La ora ke la oyo Yusuf, lloro lloro fu^{w}erte i diššo: lā ḥaula wa lā quwata ilā bi -llāhi il^{c}alī il^{c}aḍīmi. ¡o ku^{w}anto me peša de tu, yā Zalīhā! diššo: no sesaron en-

---

216-1 Ms. manseyo
2 Ms. kk'ella

t^{a}ranboš de llorar, fašta ke še leš kayo lo ke teni^{y}an
en šuš manoš. depu^{w}eš bolbi^{y}ose Yusuf e ella i diššole:
yā Zaliḫā, ¿ ke š'a hecho tu hermoššura i beldad i tu
rre'išmo? diššo ella: yā Yusuf, ya š'a ido de mi. akel
220 ke te la di^{y}o a tu, me la tiro a mi. dišo Yusuf: |[1] yā
Zalīḫā, tu ti^{y}eneš en mi t^{e}reš meneštereš ke loš rrekabare para tu. demanda lo ke kerraš por tu onrra i por
wardar ell-omenaǧe. diššo ella: yā Yusuf, no te demanda-
re koša, fašta ke chureš kon la chura ke chureš ku^{w}ando
te rrekeri^{y}a, ke chureš ke no t'ap^{e}legari^{y}aš a lo ḥaram
nnunka chamaš. diššo Yusuf: yā Zaliḫā, por el dereytaǧe
de laš kanaš de Ibrahīm, mi awelo, de yo rrekabar a tu
221 t^{e}reš meneštereš ku^{w}aleš|ki^{y}ere ke demandeš. demanda lo
ke kerraš. diššo Zalīḫā: a ku^{w}anto el meneštor p^{i}rimero,
pu^{w}eš eš ke rru^{w}egeš ada Allāh, ta^{c}ālā, en ke me torne
mi bišta i mi chubentud. i rrogo Yūsuf a šu Šennor, i
tornole Allāh, subḥānahu, šu bišta i šu chubentud. la
ora ke bi^{y}o a Yusuf y-a šu beldad i hermošura, diššo: el
meneštor šegundo eš ke rru^{w}egeš ad-Allāh ke me torne mi
beldad i mi hermoššura. i tornole Allāh šu beldad i her-
222 moššura, i torno de edad | komo alchāriya de dizi'ocho
annoš. i k^{e}resi^{y}ole Allāh en šu hermoššura i beldad al
rredoble del ke anteš tubo, ši^{y}ete begadaš. i^{y}-abi^{y}a a
ella akel di^{y}a si^{y}ente i beynte annoš. la ora ke la bi^{y}o
Yūsuf i bi^{y}o šu hermoššura i beldad, bolbi^{y}o šu kara a
otra parte por no mirarla, abi^{y}endo mi^{y}edo de torrnar al
kašo komo de p^{i}rimero. diššo ella: yā Yūsuf, el meneštor
tersero[1] keda. diššo Yusuf: demanda, yā Zalīḫā. - yo
demando a tu, maš no eš a tu, enpero eš a ki^{y}en chudika |
223 i no eš chudikado šobr'el, i da šetensi^{y}a i no eš dado
šetensi^{y}a šobr'el. diššo Yūsuf: ¿ i ke eš eši meneštor a
tu, yā Zalīḫā, ke por laš kanaš de mi awwelo Ibrahīm, yo
rrekabare a tu tu meneštor, še'a lo ke še'a? la ora diššo ella: mi meneštor eš ke tu kašeš kon mi, ke largo
ti^{y}enpo me aš tormentado i^{y}-aš dešfecho mi p^{e}rešona,
abi^{y}endo deše'o de tu. pu^{w}eš agora ke Allāh, ta^{c}ālā, me

---

220-1 Im Ms. ist diššo Yūsuf wiederholt.
222-1 Ms. ter tersero

a dado a enpodere'ar de tu, šoy kontenta, in šā Allāh.|
224 qala: i fu^{w}e muy g^{a}rabe akello šobre Yūsuf, i p^{o}loro.
y-enbi^{y}o Allāh, ta^{c}ālā, alwaḥya a Yūsuf i diššo a Yusuf:
eškešeš šobr'ella en rrekabarle šu meneśter. diššo: yā
Yūsuf, por mi onrra i mi nobleza, ya eš abansado en mi
šaber ke ella a de šer tu muğer en-ešta adduni^{y}a y-en la
otra. i kašo kon-ella Yūsuf, ^{c}alayhi -ssalām. i^{y}-enbi^{y}o
Allāh, ta^{c}ālā, a el šetenta mil almalakeš ke le di^{y}e-
š(en) [1]: la bu^{w}ena p^{o}ro te faga el kašar, yā Yūsuf, k'ešto
eš lo ke te p^{o}rometi^{y}o Allā, i tu eštando en-ell-alchub.
225 diššo Yūsuf: i alḥamdu|lillāhi rabi il^{c}alamīna! depu^{w}eš
also šu(š) manoš all-asamā i diššo: Šennor, kunp^{e}leme
šobre mi miš g^{a}rasi^{y}aš i rremedi^{y}a al bi^{y}eğo Ya^{c}qūb i
dale en-arrizke en mirar a mi y-achuntarše kon mi. inna-
ka ^{c}ālā kulli ššayyin[1] qadīrun.
Qala Ka^{c}bu Alāḥbār: depu^{w}eš ke Yūsuf obro para Zaliḫā
una alquba šobre ḏoze kantoneš de oro bermeğo i pušo
šobr'ell-alquba kobertura de p^{a}lata i šobre la kabesa
226 dell-alqūba pilareš|de oro amarillo. y-ašento šobre laš
pu^{w}ertaš ṣāndal i fizo kolgar šobr'ella asitraš de g^{a}ra-
na. i pušo debaššo de kada un kanton de loš kantoneš
del-(al)qūba un buyt^{e}re de oro, eštendido šuš alaš[1].
i^{y}-eran lenoš d'almiske y-al^{c}inbar. depu^{w}eš šolto laš
asitraš dell-alqūba, i^{y}-abi^{y}a kolgadaš en-ella kanḏileš
da alğohar, šuš kadenaš de p^{a}lata i de oro. depu^{w}eš
ašento en medi^{y}o dell-alqūba una kama muy rrika, warnesida i kobertura de b^{o}rokada y-atabi^{y}ola kon todoš loš
227 atabi^{y}oš|hermošoš. i ḏiššo a Zalīḫā: yā Zaliḫā, ešta eš
ell-alqūba de la obedensi^{y}a i no lā de la dešobedensi^{y}a.
y-ašoletoše kon-ella Yūsuf, ^{c}alayhi -ssalām. qāla ṣāḥibū
alḥadīṯ: di^{y}ole Allāh a Yūsuf en-arrizke en Zalīḫā doze

224-1 Diese Stelle ist fehlerhaft. Mit Ms. di^{y}eš kann eine Form von dar gemeint sein, obwohl hier eher decir zu erwarten wäre.

225-1 Die Lesung ššayyin ist nicht ganz sicher, es kann auch ššay'in (mit zwei yā's und Hamza beim zweiten) vorliegen.

226-1 Alaš ist mit zwei l geschrieben, das erste unvokalisiert: ألَّشْ

fiǧoš mašk^{o}loš, ke alababa Allāh, ta^{c}ālā, kon-elloš en
loš almalakeš de loš ši^{y}ete si^{y}eloš.
Qāla Ka^{c}bu Alāḥbār: i era del dicho i^{y}-el ǧu'isi^{y}o da
Allāh, ta^{c}ālā, ke Ašām ubo en-ella fanb^{e}re ke še mo-
ri^{y}an loš ganadoš i laš bešti^{y}aš, i peresi^{y}a la chente |
228 de habre. i^{y}-ubo fanb^{e}re Ya^{c}qūb i šuš fiǧoš fanb^{e}re muy
fu^{w}erte. i bolbi^{y}oše Ya^{c}qūb a šuš fiǧoš i diššoleš a todoš ǧuntoš del(an)te del: yā fiǧoš, ¿ i no. mira'eš a ešta
ešt^{e}rechura de ti^{y}enpo i fanb^{e}re tan g^{a}rande ke abe
aka'esido? diši^{y}eron: ši, yā anabī d'Allāh. ¿ pu^{w}eš (ke)
ki^{y}ereš ke fagamoš? diššo Ya^{c}qūb: ki^{y}ero ke bayayš a
Miṣra i merkeyš para noš t^{i}rigo de šu rrey. dišši^{y}eron:
yā anabiyu Allāh, ¿ i ki^{y}ereš enbi^{y}arnoš a loš šoberyoš
229 de la ti^{y}erra y-a šuš | fir^{c}ōneš del mundo i no sabeš šu
enemiga delloš a noš i^{y}-a nu^{w}ešoš padreš de antes de
agora? dišo Ya^{c}qūb: yā fiǧoš, ke Allāh, tabāraka wa
ta^{c}ālā, ya ordeno del rrey de Miṣra, i muri^{y}o, i ya
rreyna en Miṣra un mansebo, el maš šabi^{y}o i šinle i
ku^{w}erdo de la ǧente. pu^{w}eš idboš a el i dadle essalām i
fazelde a šaber kon nnu^{w}eša almusiba i nešešidad, k'el
a'un boš rremedi^{y}ara por nu^{w}ešo menešter. diššo: depu^{w}eš
apareǧaron para ššu kamino. i^{y}-elloš eran di^{y}ez, i di^{y}o
230 para | kadaguno delloš un persinto de adarhameš i^{y}-una
anāqa de šuš anāqaš. i dešpidi^{y}eronše de Ya^{c}qūb i kaminaron.
I^{y}-era Yūsuf en ke le abi^{y}a mandado Allāh, ta^{c}ālā, en ke
le di^{y}eše a ber a šuš ermanoš. i era Yūsuf ke abi^{y}a mandado poner wardaš en-el kamino ent^{e}re Aššām i Miṣra, i
mando al ke teni^{y}a kargo de la warda del pašo ke no le-
ššašše ninguno de par de Ašām ent^{a}rar enta Miṣra, šin ke
le demandaše i šu rrekontami^{y}ento i šu linaǧe, i ke
231 l'ešk^{i}ribi^{y}eše kon-ello a Yūsuf. | la ora ke bini^{y}eron
loš fiǧoš de Ya^{c}qūb, ^{c}alayhi issalām, i no loš konosi^{y}o
la warda del pašo, diššo a elloš: ¿ de donde šo'iš boš-
ot^{o}roš y-adonde ideš i ke eš lo ke b(u)ška'iš, ke yo boš
tengo por barruntaš i ešpi^{y}aš? dišši^{y}eron eloš: no, por
Allāh, šomoš barruntaš, maš ante šomoš de Kin^{c}an fiǧoš
de Ya^{c}qūb. qāla Ka^{c}bu ke diššo a elloš el šennor del pašo: ¿todoš šo'iš fiǧoš de Ya^{c}qūb? diši^{y}eron: ši. diššo:
232 ya m'a mandado a mi el rrey ke no paše nenguno šino | ke

le demande de šuš nnu^{w}ebaš i por šu afar. ¿pu^{w}eš ke eš lo ke bošot^{o}roš kere'iš? diši^{y}eron: keremoš ent^{a}rar a Maṣra, ke kerremoš demandar al rrey noš benda pan. diššo: pu^{w}eš detene'oš faš(ta) ke yo ešk^{i}riba al rrey, kon lo ke me mando a mi ke no paše[1] nenguno dent-Aššām šin ke p^{i}rimero lo šepa de mi. diššo: i tomo para elloš una eštansi^{y}a de kannaš, para ke eštubi^{y}ešen a la šonb^{a}ra. y-ešk^{i}ribi^{y}o a Yusuf, y-el ke dizi^{y}a:

233 Bismi Illāhi irraḥmāni irraḥīmi. | del šennor del pašo al rrey. a ku^{w}anto depu^{w}eš, yā rrey, ššepeš ke an legado a mi una konpanna dent-Ašām ke no e bišto konpanna de mayor k^{a}laredat ni de maš hermošaš karaš. i dizen ke šon figoš de Ya^{c}qūb, i^{y}-elegan ke leš-abe alkansado šeka i fanb^{e}re muy g^{a}rande, i bi^{y}enen ke leš deš p^{o}robiši^{y}on por šuš dineroš. mira ke rrešpondeš a elloš, yā rrey, ši daš llugar k'ent^{e}ren a Misra o[1] ši loš mandaš bolber.

234 La ora ke lego al rrey la karta, lloro | lloro muy fu^{w}erte i diššo: i konšu^{w}elete Allāh šobre mi, yā anabiyu de -llāh! i depu^{w}eš also šuš manoš i šu kabesa al-assamā i diššo: Šennor, no me šekuteš por lo ke hare. depu^{w}eš ešk^{i}ribi^{y}o al šennor del pašo:
Bismi Illāhi irraḥmāni irraḥīmi. a[1] ku^{w}anto depu^{w}eš ke te legara mi karta akešta, dešša pašar a eša konpanna šu kamino, k'elo eš ke no abe benido nenguno ent-Aššām maš onrradoš k'elloš ni pašara nenguno por tu ke iwale konelloš.

235 La ora ke le lego la karta del rrey, šoltološ ke fu^{w}e|šen šu kamino. depu^{w}eš mando Yūsuf kon la sibdad, i fu^{w}eron obi^{y}ertaš šuš pu^{w}ertaš, i fu^{w}eron afeytadoš šuš merkadoš i p^{o}robe'idoš de p^{o}robiši^{y}on. i mando kolgar šobre laš pu^{w}ertaš de šuš merkadoš asitraš d'adibāǧ y-ordeno en kada pu^{w}erta porteroš. i mando kon una alqūba, i fu^{w}e ašentada. i dent^{o}ro en-ell-alqūba mando ašentar šu katreda de alǧohar[1]. i perkuro un onb^{e}re para k'eštubi^{y}eše

---

232-1 Ms. paše še

233-1 Ms. i ši, die Stelle läßt sich jedoch nicht genau entziffern.

234-1 Im Ms. fehlt das a-Zeichen bei a.

235-1 Im Ms. fehlt das a-Zeichen bei al-.

236 en pi^{y}e a la man | derecha de la katreda, ke hablaše len-
wağe ab^{a}rayko, i fizo k'eštubi^{y}eše ot^{o}ro onb^{e}re en pi^{y}e
a la man ezkerra de la katreda, ke fablaše[1] lenwağe
kibṭi de Miṣre. i mando kon-el t^{i}rigo i la sebada, i
fu^{w}e t^{a}ra'ido delante del. la ora k'ent^{a}raron loš fiğoš
de Ya^{c}qūb en la ṣibdad, marabilaronše della, ke no
abi^{y}an bišto šu šemeğante della, i turbaronše de šuš
rrikezaš della. i kaminaron fašta ke legaron all-alqaṣar
237 del rrey Yūsuf, ^{c}alayhi issalām. la ora ke | kiši^{y}eron
ent^{a}rar šobre Yusuf, šalo a elloš el portero del rrey i
diššo a elloš: ¿ adonde kere'iš ir? dišši^{y}eron: šomoš fiğoš de Ya^{c}qūb, ell-anabī d'Allāh, i kerremoš ent^{a}rar al
rrey para merkarle del t^{i}rigo i sebada. i detubološ el
portero delante del t(^{e}r)eš di^{y}aš. i^{y}-era ke leš šali^{y}a
de la meša del rrey kada di^{y}a šu p^{o}robiši^{y}on de todoš
loš manchareš i potağeš pu^{w}enoš. la ora ke fu^{w}e en-el
di^{y}a tersero, bino a elloš el portero komo de p^{i}rimero.
238 i ku^{w}ando | mandološ ent^{a}rar i dent^{a}raron all-a(l)qaṣar
de Yūsuf, ^{c}alayhi -ssalām, i turbaronše šuš bištaš de lo
ke be'i^{y}an de šuš rrikezaš del rrey i de laš g^{a}rasi^{y}aš
i de la puššansa del rrey, todoš še marabilaban i š'ase-
nnaban loš unoš a loš ot^{o}roš, y-elloš ke ḏizi^{y}an: ya l'a
še'ido dado a ešti mansebo rre'išmo g^{a}rande.

La ora ke legaron delante del rrey, akorbaron šuš kabesaš y-abaššaron šuš bištaš de šu alhaya del rrey. de-
239 pu^{w}eš di^{y}eron assalām | šobre el rrey todoš chuntoš i di-
ši^{y}eron: ¡ assalāmu ^{c}alaykum, ayuhā al^{c}aziz, wa rraḥmatu
Allāhi wa barakātuhu! i miro a elloš el rrey Yusuf,
^{c}alayhi issalām, i konosi^{y}ološ, i^{y}-eloš no konosi^{y}eron a
el. i^{y}-eš aši komo dize Allāh, ^{c}aza wa chalā, en šu
Alqur'an ell-onrrado[1]. la ora ke loš bi^{y}o Yūsuf, no
pudo sufir de llorar lloro muy fu^{w}erte. depu^{w}eš diššo a
elloš: ¿ ki^{y}en šo'eš bošot^{o}roš?, komo k'el no loš kono-
si^{y}a. dišši^{y}eron: yā rrey, šomoš loš fiğoš de Ya^{c}qūb.
240 diššo | a elloš Yūsuf: ¡de'oš bida Allāh, ta^{c}ālā, yā fiğoš

236-1 Ms. fablaša

239-1 I konosi^{y}ološ, i^{y}-eloš no konosi^{y}eron a el entspricht dem Ende von Koran XII, 58.

de Ya^{c}qub! ¿ e'a ši abe a bošot^{o}roš meneŝter nenguno? di-
ššši^{y}eron: ši, yā rrey, ke ya abe aka'esido e'nu^{w}ešt^{a}ra
ti^{y}erra fanb^{e}re i šeke muy g^{a}rande, tanto ke mu^{w}eren laš
ǧenteš de la fortaleza de lla g^{a}ran fanb^{e}re, i loš alimareš todoš še pi^{y}erdẹn de la g^{a}ran[1] šeka. i šepeš
k'ell-anabī Ya^{c}qub noš enbi^{y}a a tu para ke noš šokorraš
i noš bendaš t^{i}rigo por nnu^{w}ešoš dineroš. diššo Yūsuf:
241 p^{a}lazeme, | por onrra de Ya^{c}qūb i de bošot^{o}roš.

Depu^{w}eš mando Yusuf tomar deloš loš persintoš de la moneda. depu^{w}eš k^{a}lamo a un mansebo šerbidor šuyo, i^{y}-era
ke ya le abi^{y}a mandado de anteš i le abi^{y}a dicho: ku^{w}an-
do me beraš ke yo e mešurado la karga, pu^{w}eš toma el
persinto de kuyo eš la karga meššurada, i pon la moneda
dent^{o}ro en-el koštal, rrepu^{w}e(l)ta kon-el t^{i}rigo, i
gu^{w}ardate no te beya ninguno. diššo: depu^{w}eš k^{a}lamo
242 Yusuf kon la meššura, | i fu^{w}e[1] t^{a}ra'ido el t^{i}rigo i^{y}-
echado delante del. depu^{w}eš tomo Yusuf la mešura i tomo-
še a mešurar para elloš. i no dešaba[2] mešurar a ninguno
šino a el, porke no fu^{w}eše menoškabada la mešura en šu
tenporada. i toda ora ke iba Yusuf mešurando, iba eǧando
el mansebo el persinto en-el koštal, fašta ke todoš
fu^{w}eron akabadoš, todoš loš persintoš, i fu^{w}eron en loš
koštaleš. i fizo akello Yusuf porke se fallašen kon šu
243 moneda i še tornašen otra bez a merkar | del t^{i}rigo i
t^{a}rayešen a šu ermano Yāmin.
La ora ke ubo atemado de mešurar i^{y}-elloš teni^{y}an šuš
kargaš, bini^{y}eron todoš chuntoš ad-ag^{a}radeser al rrey i
pararonše delante del i diši^{y}eronle: dete walardon
Allāh, ġaza wa chala, por noš i por el-anabī d'Allāh
Ya^{c}qūb, yā rrey, walardon pu^{w}eno, ke, ši tu lo bi^{y}ešeš,
yā rrey, abri^{y}aš pi^{y}adad del i dolor[1] g^{a}rande. i dišo
Yusuf: ¿ i ke abe porke yo del abri^{y}a dolor[1] i manzilla?
diši^{y}eron: yā rrey, teni^{y}a un fiǧo ke šu (no)nb^{e}re erra |

240-1 Ms. gg^{a}ran
242-1 Ms. i fu^{w}e i fu^{w}e
2 Ms. dešapa
243-1 Ms. dolr

244 Yusuf. i ššali^{y}o un di^{y}a kon nošot^{o}roš ke šomoš šuš ermanoš, a wardar el ganado, i komi^{y}ošelo el lobo. i^{y}-
aš'ent^{e}raštesido šobr'el t^{i}rišteza muy fu^{w}erte i^{y}-el a
llorado tanto, fašta ke š'a'nsegesido šu bišta i š'an
akorbado šuš ešpaldaš. i ši tu lo beyešeš, yā rrey,
abri^{y}aš manzilla g^{a}rande i t'api^{y}adari^{y}aš del. diššo
Yusuf: a bagar, yā fiğoš de Ya^{c}qūb, detene'oš un poko,
ke ki^{y}ero dar assalām šobre bošot^{o}roš. y-ent^{o}ro en šu
245 alqaṣar i pašo šu kongošša. | dešpu^{w}eš šallo a elloš i
dešpidi^{y}oše delloš i di^{y}o assalām šobre elloš. i di^{y}oron
assalām šobr'el i di^{y}eronle gu^{w}alardon de bi^{y}en y-ag^{a}ra-
desimi^{y}ento mucho de par de Allāh. diššo e elloš Yūsuf:
¡yā figoš de Ya^{c}qūb! diši^{y}eron: ¿ke te p^{a}laze, yā rrey?
diššo: ¿ ke oš parese de mi p^{a}ratika? diši^{y}eron: yā rrey,
dete walardon Allāh en bi^{y}en, ke no š'a bišto ot^{o}ro maš
temi^{y}en ke tu ni de meğor p^{a}ratika. mandanoš lo ke ki^{y}e-
246 reš, fazerlo emoš, | in šši'a -llāh. diššo a'lloš Yūsuf:
¿ i no beyedeš komo kunp^{o}lo la mešura i komo šoy (el) meğor [1] de loš k'akoğen wešpedeš? dišši^{y}eron: ši, yā rrey,
i nošot^{o}roš lo faremoš šaber a Ya^{c}qūb, nnu^{w}ešo padre, tu
bu^{w}en rrekoğimi^{y}ento a nošot^{o}roš i la mucha onrra ke de
tu emoš rresebido. diššo a elloš Yusuf: yo tengo un menešter a bošot^{o}roš, yā fiğoš de Ya^{c}qūb. - ¿ i ke eš tu
menešter, yā rrey? diššo: ke me haga'iš a šaber ku^{w}antoš
247 fiğoš šon nasidoš a Ya^{c}qūb: di|šši^{y}eron: yā rrey, dozze
fiğoš mašk^{o}loš i una donzella ke le llaman Dunyā. diššo Yusuf: pu^{w}eš komo no beyo en bošot^{o}roš šino di^{y}ez?
¿ ke šon de loš ot^{o}roš doš rreštanteš? diši^{y}eron a el: yā
rrey, a ku^{w}anto ell-uno delloš, pu^{w}eš komi^{y}ošelo el lobo
al ke le llamaban Yusuf, i^{y}-era el maš hermošo de noš-
ot^{o}roš en kara y-el maš paladino en lenwa y-el maš keri-
do de nu^{w}ešo padre Ya^{c}qūb, pu^{w}eš šali^{y}o un di^{y}a ko'noš-
248 ot^{o}roš a pasentar el ganado, i komi^{y}ošelo e(l) lobo. | i
ya abe llorado por ello Ya^{c}qūb, fašta ke perdi^{y}o šu bišta i š'an akorbado šuš wešoš i š'an tornado b^{a}lankoš šuš
oğoš de t^{i}rišteza i de k^{e}rebantado. diššo Yusuf: ¿ i delante de bošot^{o}roš še lo komi^{y}o el lobo? dišši^{y}eron: ši,

---

246-1 Ms. komo šoy muğer de; vgl. das Koranzitat in 249.

yā rrey. diššo: ¿ pu^{w}es k'eš dell-ot^{o}ro ermano? dišši^{y}e-
ron: eš kon-el ganado k'el llo warda mi^{y}ent^{e}re benimoš,
pork'el eš aporkarado kon-el šerbisi^{y}o de Ya^{c}qūb. diššo
Yūsuf komo lo rreku^{w}enta Allāh, ta^{c}ālā, en šu Alqur'an
249 ell-onrrado, la o(ra) ke loš | oyo Yūsuf, i^{y}-onrrado i
librado šuš meneštereš, diššoleš: BENIDME KON UN
ERMANO KE ABE A BOŠOT^{O}ROŠ DE PADRE. ¿ I NO
MIRA'IŠ KOMO YO KUNP^{O}LO A BOŠOT^{O}ROŠ LA MEŠURA
I KOMO ŠOY EL MEĞOR DE LOŠ AŠENTADOŠ [1]? I ŠI
NO BENIŠ KON EL, NO ABRA A BOŠOT^{O}ROŠ MEŠURA
ENTA MI NI ŠERE'IŠ DE LOŠ ASERKADOŠ A MI [2]. diši^{y}e-
ron: noš lo rrekirriremoš a el de šu padre i noš lo faremoš. depu^{w}eš di^{y}eron assalām šobre Yūsuf i dešpidi^{y}e-
ronše del.
250 I bolbi^{y}eronše tornanteš enta Ya^{c}qūb | kon-el t^{i}rigo, i^{y}-
elloš alb^{i}risi^{y}anteš, muy alegreš. la ora ke legaron a
Ya^{c}qūb, ent^{a}raron šobr'el i di^{y}eron assalām šobre el todoš ğuntoš i diši^{y}eronle: yā Ya^{c}qūb, el rrey de Miṣra te
li^{y}e essalām i ḏize a tu ke te konššu^{w}ele Allāh, ta^{c}ālā,
tu almuṣiba i lo ke te abe aka'esido en tu fiğo Yūsuf,
ku^{w}ando še lo komi^{y}o el lobo. yā anabīyu Allāh, šepaš ke
noš-a hecho onrra g^{a}rande i konpanni^{y}a pu^{w}ena i g^{a}ran
251 rrekoğimen i noš-a kunb^{i}lido muy bi^{y}en la me|šura. no
emoš bišto chamaš rrey de meğoreš koštunp^{e}reš ni p^{a}rati-
kaš ni maš chušto ni maš temi^{y}ente ad-Allāh, ke la ora
ke kešimoš partir para benirnoš i noš dešpedimoš del i
le dimoš essalām, el noš demando ku^{w}antoš fiğoš abi^{y}an
nasido all-anabī Ya^{c}qūb, i le fezimoš a šaber kon-ello.
i diššo a noš: yo amo de bošot^{o}roš en ke me benga'iš kon
pu^{w}ešt^{o}ro ermano Yāmin, porke yo amo muğo berle a el. i
252 ši no le lebamoš, diššo, ke no | abri^{y}a mešura de pan pa-
ra nošot^{o}roš. i noš dešpedimoš del i le dimoš fe de le-

249-1 Ms. aṣ̌enentadoš
-2 Vgl. Koran XII, 59-60. Ašentadoš ist ein Übersetzungsfehler: das ar. aktive Partizip al-munzilīna "diejenigen, die Gäste aufnehmen" wurde als Passiv angesehen. - Der folgende Satz diši^{y}eron ... faremoš entspricht Koran XII, 61.

barlo. i ši no le lebamoš, no abra meššura de pan para
noš ni šeremoš serkanoš en šu amor. depu^{w}eš diši^{y}eron
komo dize Allāh en šu Alqur'an: ENBI^{y}A KO'NOŠOT^{o}ROŠ A
NU^{W}EŠO ERMANO, I NOŠOT^{o}ROŠ A EL ŠEREMOŠ
WARDANTEŠ. DIŠŠO YA^{c}QŪB: ¿ E'A ŠI ŠEREDEŠ FI^{y}ELEŠ
253 A EL, ANŠI KOMO FU^{W}EŠTEŠ FI^{y}ELEŠ A ŠU ERMANO
DE ANTEŠ? MAŠ ALLĀH | EŠ EL MEĞOR DE LAŠ WARDAŠ
Y-EL EŠ EL MAŠ PI^{y}ADOŠO DE LOŠ PI^{y}ADOŠOŠ.[1]
la ora ke abri^{y}eron šuš koštaleš i halaron šuš monedaš ke
fu^{w}eron tornadaš a elloš, dišši^{y}eron: yā padre, ešta eš
nnu^{w}eša moneda ke noš-a še'ido tornada a noš. dišši^{y}e-
ron: padre, danoš a nnu^{w}ešo ermano, i šera k^{e}resido a
noš la mešura, i nošot^{o}roš šeremoš muy wardanteš. diššo
Ya^{c}qūb: no lo enbi^{y}are kon bošot^{o}roš, fašta ke me ben-
254 gayš kon-omenağe | d'Allāh de benirme kon el, šino ke
še'a konp^{e}rešo - ke ki^{y}ere dezir: šino ke mu^{w}era. la ora
ke le di^{y}eron šuš omonağeš, diššo Ya^{c}qūb: Allāh še'a šobre lo ke digo perkurador.[1]

Diššo Ka^{c}bu Alāḥbār: ku^{w}ando diššo Ya^{c}qūb: no lo enbi^{y}a-
re kon bošot^{o}roš, fašta ke me hagayš el-omenağe d'Allāh,
ki^{y}ere dezir ke churašen de no mal apartarlo ni de de-
ššarlo šolo. i churaron por el-anabī Muḥamad, ṣalla
Allāhu ^{c}alayhi wa ssalam[2] la ora ke churaron, diššo

253-1 Vgl. Koran XII, 63-64. Hinter a nu^{w}ešo ermano fehlt die Übersetzung von ar. naktal "damit wir das Maß zugeteilt bekommen". Ein offensichtlicher Übersetzungsfehler liegt in dem Satz ¿ e'a ši šeredeš fi^{y}eleš...de anteš? vor, vgl. ar. hal āmanukum ^{c}alayhi illā kamā amintukum ^{c}alā aḫīhi min qablu "kann ich ihn euch anders anvertrauen, als wie ich euch seinen Bruder anvertraut habe?- Zum folgenden Passus la ora ke... ke noš-a še'ido tornada a noš vgl. KoranXII, 65.

254-1 Der Passus no lo enbi^{y}are...perkurador entspricht Koran XII, 66. Bei šino ke še'a konp^{e}rešo vgl. ar. illa an yuḥāṭa bikum "außer ihr werdet bedrängt", ke ki^{y}ere dezir: šino ke mu^{w}era ist eine Glosse zum Korantext.

2 Ms.: Eulogieformel unvokalisiert.

255 Ya^{c}qūb: | Allāh, ta^{c}ālā, eš šobre lo ke digo i^{y}-eš berku-
rador i teštigo. qāla - diššo: i ubo mi^{y}edo Ya^{c}qūb ke
loš tomašen de oğo a la ent^{a}rada de Miṣra, i dišo a šuš
fiğoš: yā fiğoš, ¿ ku^{w}antaš pu^{w}ertaš ay en Miṣra para en-
t^{a}rar al rrey? diššī^{y}eron: muchaš pu^{w}ertaš ay para en-
t^{a}rar al rrey. diššo Ya^{c}qūb, komo diššo Allāh, ta^{c}ālā,
en šu Alqur'an ke diššo Ya^{c}qūb: NO ENT^{e}RE'IŠ TODOŠ POR
256 UNA PU^{W}ERTA, MAŠ ENT^{a}RAD POR | EŠPARTIDOŠ.[1] depu^{w}eš
ke Ya^{c}qūb ubo boluntad d'enbi^{y}ar a šu fiğo Yāmin kon-elloš.
la ora ke bino el di^{y}a ke abi^{y}an de partir, bino Ya^{c}qūb
a šu figo Yāmin a la ora de asuḥur i bišti^{y}ole šuš rropaš y-ep^{e}retole kon una sinta, y-akella sinta era la
sinta de Ibrahīm, ^{c}alayhi issalām. i dešpidi^{y}oše del y-
ap^{e}legolo a šuš pechoš y-ašentolo šobre šu anāqa. de-
pu^{w}eš p^{o}loro i diššo: yā fiğo, anši fize kon tu ermano
257 Yūsuf | i no l'e bišto chamaš fašta la ora p^{e}rešente. de-
pu^{w}eš diššo: enkomi^{y}endote ad-Allāh, el Šennor dell-
albaraka.
Qāla: i kaminaron la konpanna para Miṣra. i era Yusuf ke
abi^{y}a obrado en šu alqaṣar doze pu^{w}ertaš, ešk^{i}ribto
šobr'ellaš (loš) nonb^{e}reš de šuš ermanoš. i no abi^{y}a pu^{w}erta
maš hermoša ke šu pu^{w}erta k'eštaba en par de akella
k'era la pu^{w}erta de šu ermano Yāmin, ermano de padre i
258 madre. la ora ke le|garon loš fiğoš de Ya^{c}qūb al šennor
del pašo, diššo a elloš: yo e bišto la p^{i}rimera begada
en kont^{a}ra de lo k'e bišto agora, ke yo oš be'o agora
non pareš. ¿ i ki^{y}en eš ešti ke bi^{y}ene kon bošot^{o}roš i le
t^{a}ra'eš en medi^{y}o de bošot^{o}roš komo k'el fu^{w}eše fu'idor?
diššī^{y}eron: kalla, k'el rrey noš-abe mandado le t^{a}rayga-
moš ešti mansebo a el. diššo: pu^{w}eš detene'oš fašta
259 k'ešk^{i}riba al rrey i le | haga a šaber kon bošot^{o}roš. de-
pu^{w}eš ešk^{i}ribi^{y}o:
Bismi Illāhi irraḥmāni irraḥīmi. del šennor del pašo al
rrey de Miṣra, a ku^{w}anto[1], šepaš k'an legado onze on-

256-1 Vgl. Koran XII, 67. In der zweiten Zitathälfte vgl. den ar. Text: wa dḫulū min abwābin mutafarraqatin "sondern tretet durch verschiedene Tore ein".

259-1 Ms. kawanto

b^{e}reš, i^{y}-alegan šer todoš fiǧoš de Ya^{c}qūb. i no bi^{y}enen
šobre el modo de la bez p^{i}rimera, i bi^{y}ene kon-eloš un
mansebo ešbarbado, de hermoša kara, palad̲ino en-el ha-
blar. el eš el maš paresi^{y}ente de laš ǧenteš a tu, yā
260 rrey, i alegan i dizen | ke tu leš aš mandado ke lo
t^{a}raygan a tu.
La ora ke bi^{y}o la karta el rrey i la li^{y}o, aleg^{o}roše kon
šu benimi^{y}ento alegri^{y}a muy g^{a}rande. y-ešk^{i}ribi^{y}o al šennor del pašo loš detubi^{y}eše kon-el ši^{y}ete di^{y}aš. enpero
fizo akello Yūsuf por aparechar el rrekoǧimi^{y}ento de šuš
ermanoš i de šu ermano Yāmin. qāla - diššo Ka^{c}bu: de-
pu^{w}eš mando Yūsuf ke fu^{w}eše ešpandido šobr'el.[1].. la šeda,
261 i mando kon asitraš | de b^{o}rokado, i fu^{w}eron kolgadaš, i
mando abrir laš pu^{w}ertaš de la sibdad i mando kon loš
bendoneš y-asitraš, i fu^{w}eron eštendidoš en-el torno de
la muralla. i pušo en kada pu^{w}erta mil bat^{i}ri'arkaš, y-
en mano de kadaguno una ešpada rrankada. dešpu^{w}eš mando
kon kandeleroš, i fu^{w}eron ensendidoš. i mando kon laš
262 katredaš, i fu^{w}eron ašentadaš. depu^{w}eš mando kon | tasaš,
i fu^{w}eron ašentadaš i lenaš de p^{e}resi^{y}ošaš potaǧeš i
pu^{w}eštaš delante del. depu^{w}eš mando parar še'iš mešaš de
oro en deresera de laš šilaš, i fu^{w}eron warnesidaš laš
mešaš de loš p^{e}resi^{y}ošoš potaǧeš i manšareš. mando poner
šobre laš mešaš mandileš de šeda. depu^{w}eš mando[1] kon
laš širbi^{y}entaš, i serkaron laš mešaš. depu^{w}eš mando
k'eštubi^{y}ešen loš porteroš en laš pu^{w}ertaš. i mando ke
fu^{w}ešen p^{o}robe'idoš loš merkadoš[2] de la sibdad, mando|
263 poner pendoneš i šennaš en la muralla de la sibdad, mando a loš de la sibdad šali^{y}ešen a rresebir a loš fiǧoš
de Ya^{c}qūb, fašta k'ent^{a}raron a el dent^{o}ro en la sibdad.

Qāla Ka^{c}bu: ent^{o}ro kada uno de loš fiǧoš de Ya^{c}qūb por
una pu^{w}erta. i^{y}-ent^{o}ro Šama^{c}ūn i Yāmin por una pu^{w}erta.
la ora k'ent^{a}raron por donde leš mando šu padre, i no
era ke konbašaše delloš de -llāh ninguna koša, šino un

260-1 Nach šobr'el scheint im Ms. ein Wort zu fehlen.
262-1 Ms. mando mando
2 Ms. merkadadoš

menešter en la p^{e}rešona de Ya^{c}qūb, ke lo rrekabo, y-el
eš dell-al^{c}ilme a lo ke l'emoš demošt^{a}rado, enpero la
264 maš de la chente | no šabe.[1] qāla Ka^{c}bu: la ora k'en-
t^{a}(ra)ron loš fiǧoš de Ya^{c}qūb en la sibdad de Yusuf i
miraron loš merkadoš i šu rrikeza i lo muǧo de šuš bi^{y}e-
neš, i marabilaronše de akello i dizi^{y}an loš unoš a loš
ot^{o}roš: ya l'a[2] še'ido dado a ešti mansebo rre'išmo
g^{a}rande. i la chente mirando a Yāmin y-a šu hermošura i
beldad y-a šu šameletud kon Yusuf. i legaron all-alqaṣar
del rrey i fu^{w}eron debedadoš i detubidoš t^{e}reš di^{y}aš. la
ora ke fu^{w}e el di^{y}a ku^{w}arto, fu^{w}eleš dada lisensi^{y}a para
ent^{a}rar. la ora ke llegaron a la pu^{w}erta šegunda, diššo
265 a elloš el portero ¿ ki^{y}en šo'iš[3] bošot^{o}roš? | diši^{y}e-
ron: šomoš fiǧoš de Ya^{c}qūb, ll'anabī de Allāh, i keremoš
ent^{a}rar al rrey. qāla: i fu^{w}eron detubidoš t^{e}reš di^{y}aš.
y-anši tod'ora ke legaban a nenguna pu^{w}erta, eran detubidoš t^{e}reš di^{y}aš, fašta ke legaron a la pu^{w}erta šetena.
i miraron[1] i bi^{y}eron una pu^{w}erta muy marabilloša. te-
ni^{y}a de alto ku^{w}at^{o}rosi^{y}entoš kobdoš, de ancho sinku^{w}en-
ta kobdoš, ǧapada de oro bermeǧo i de p^{a}lata b^{a}lanka, i
toda almenada, y-en keda almena abi^{y}a perllaš rrellun-
b^{a}ranteš, y-en la pu^{w}erta figurraš ešmaltadaš de todo lo
ke ḫalāqo Allāh, ta^{c}ālā, de abeš i d'animaleš, en medi^{y}a
266 la pu^{w}erta una datilera de perlaš i loš berdugoš | de oro.
y-alsaron loš fiǧoš de Ya^{c}qūb šuš kabesaš i beyeron man-

264-1 Der Passus la ora k'ent^{a}raron...no šabe entspricht Koran XII, 68. Vgl. am Anfang den ar. Text: wa lammā daḫalū min ḥayṯu amarahum abūhu, mā kāna nuġnī ^{c}anhum mina -llāhi min say'in illā ḥāǧatan fī nafsi Ya^{c}qūba qaḍāhā, in der Übersetzung von R. Paret (Der Koran, S. 196)"und als sie da hineingingen, wo ihr Vater sie es geheißen hatte, half es ihnen vor Gott nichts. Es war nichts als ein inneres Bedürfnis Jakobs, dessen er sich entledigte".

2 Ms. le še'ido

3 Ms. šo šo'iš

265-1 Ms. i miraron i miraron

seboš i širbi^{y}enteš del rrey ke abi^{y}an ešpandesido para
elloš la šeda y-ell-aḏibāğ, para k'andašen šobre elloš.
la ora ke bi^{y}o Yūsuf a šu ermano Yāmin, lloro lloro
fu^{w}erte. i ḏizi^{y}anše loš unoš a loš ot^{o}roš: nunka fu^{w}e
bišto en laš chenteš lo ke di^{y}o Allāh a ešti mansebo. ya
l'a še'ido dado rre'išmo muy g^{a}rande. i Yāmin k'andaba
kon šuš ermanoš i miraba a Yusuf y-a šu beldad i hermo-
šura i k^{a}laredad, i^{y}-el ke no lo konosi^{y}a, i bolbi^{y}oše a
šuš ermanoš i ḏisi^{y}a: yā ermanoš, ¿ komo a še'ido dado a
267 ešti | rrey la šemeğansa de mi^{y}-ermano Yūsuf toda? i Yāmin
ke nnunka le konosi^{y}a ni parti^{y}a šuš oğoš del chamaš, i
šuš ermanoš abaššadaš šuš kabesaš, lennoš de mi^{y}edo por
lo ke bedi^{y}an de loš ešpantoš de loš alwasireš i porteroš i p^{a}rrati'arkaš.
I komo legaro(n) los fiğoš de Ya^{c}qūb al rrey, di^{y}aron
ass('al)am sobr'el, i torno šobr'eloš el-assālām i šaludoše kon elloš i ḏiššoleš: ¡ deboš bida Allāh, yā fiğoš
de Ya^{c}qūb! i ḏiši^{y}eronle elloš: yā rrey, k'ell-anabī
d'Allāh Ya^{c}qūb li^{y}e ell-assalām i ḏize ke te de walardon
268 Allāh lo maš iban(ta)šado | de loš walardoneš, pu^{w}eš tu
ereš tan pu^{w}en rrey. ak^{a}lareska Allāh tu kara y-enššalse
tu rre'išmo i^{y}-alse tu^{w}-eštima. depu^{w}eš mando Yūsuf kon
laš mešaš, i fu^{w}eron ašentadaš i pu^{w}eštoš enn-ellaš maneraš de potağeš i manğareš ke no baštari^{y}a nenguno fi-
gurarlo. depu^{w}eš diššo Yūsuf: yā fiğos de Ya^{c}qūb, bed
aki še'iš mešaš, pu^{w}eš tomad kada uno de bošot^{o}roš [1] la
mano de šu ermano de padre i de madre i ši^{y}enteše kon-el
269 enn-una meša. qāla: tomo Šama^{c}un kon la mano de šu | erma-
no i šentoše [1] kon-el, i tomo [2] Niskāhūr kon la mano de
šu ermano i šentoše kon-el, i tomo [2] Rraubil kon la mano
de šu^{w}-ermano i šentoše, i tomo Šama^{c}ūn [3] kon la mano de
šu ermano i šentoše. i šentaronše kon-el loš di^{y}ez i
šentaronše en sinko mešaš i^{y}-enpesaron a komer. i Yāmin
parado en pi^{y}e. i diššole a el el rrey: yā moso, ¿ ke abe
a tu ke no te ši^{y}entaš a komer kon tuš ermanoš? diššo:

268-1 Das Ms. wiederholt pu^{w}eš tomad kadaguno de bošot^{o}roš.
269-1 Ms. šantoše
2 Ms. i tomo i tomo
3 Šama^{c}ūn ist anscheinend anstelle eines anderen Bruders erwähnt.

yā rrey, ke tu aš mandado ke še ši^{y}ente kada uno kon šu
ermano de padre i madre, i^{y}-anši lo an heğo elloš, yā
270 rrey. | e kedado yo šolo, porke, šepaš, yā rrey, ke yo te-
ni^{y}a un ermano de padre i madre ke le dizi^{y}an Yūsuf, i
šali^{y}o un di^{y}a kon-eštoš miš ermanoš a wardar el ganado,
i komi^{y}ošelo el lobo. diššo el rrey: ¿amari^{y}aš, yā moso,
ke yo fu^{w}eše tu konpanero oy para komer en-ešta meša?
qāla: ši, yā rrey. i tomolo Yūsuf de la mano i šentoše
kon-el, i komi^{y}eron danboš enn-una meša. i^{y}-era Yusuf ke
le amanaba loš bokadoš poko enpu^{w}eš poko i mirabalo a šu
kara. la ora ke bi^{y}o akelo Yāmin, akošolo la kongoša i
p^{o}loro p^{o}loro muy fu^{w}erte. i p^{o}loraba Yūsuf por šu p^{o}lo-
271 ro. pu^{w}eš la ora ke | ubi^{y}eron komido, dišo Yūsuf: yā
Yāmin, ¿ke eš lo ke te haze llorar a tu? diššo Yāmin: no
me rri^{y}ewteš, yā rrey, por mi p^{o}loro, ke šepaš, yā rrey,
ke be'o en tu kara šennaleš i šemeletud p^{o}ropi^{y}oš a loš
de mi^{y}-ermano Yusuf. qāla Yusuf: ¿i komo eš tu nonb^{e}re?
qāla: Yāmin. qāla: ¿i komo eš el nonb^{e}re de tu madre?
diššo: Rraḥīl. qāla: ¿i teni^{y}a ot^{o}ro fiğo menoš de tu?
di(ššo): ši, yā rrey. qāla: ¿pu^{w}eš ke še hizo? qāla:
alegaron eštoš miš ermanoš ke še lo komi^{y}o el lobo. qāla:
¿i tu ašte kašado? diššo: ši, i^{y}-adobo Allāh al rey,[1], i
me a'nasido doš fiğoš. diššo: ¿i komo aš nonb^{a}rado all-
uno deloš? qala - (di)šo: e(lo) lonb^{a}rado kon el nonb^{e}re
272 de (mi) | ermano. qāla: ¿i komo še nonb^{a}raba tu ermano?
qāla: Yūsuf. diššo: ¿i komo nonb^{e}reš al šegundo? diššo:
lonb^{e}relo Lobo. diššo: ¿i porke heziš akello? diššo:
porke no še pi^{y}erda el nonb^{e}re de mi^{y}-ermano, alegri^{y}a
de miš oğoš. i lloraba Yāmin, i dizi^{y}a el rrey: ¿i ke te
haze llorar, yā mansebo? qāla: la p^{o}ropi^{y}a koša ke be'o
en ti de llaš šennaleš de mi^{y}-ermano Yusuf, i bi^{y}enseme
la kongošša de deše'o de mi^{y}-ermano. pu^{w}eš la ora no pudo šufrir Yusuf la kongošša i lebantoše a una parte de
šu alqaṣar i lloro i pašo šu kongoša. depu^{w}eš tornoše i
273 diššole: alegrate, yā man|sebo, ke a'un šera tu hecho
bi^{y}en, ši kerra Allāh.

271-1 Die Bedeutung von i^{y}-adobo Allāh al rey ist dunkel.

Qāla: la ora ke ubi^{y}eron komido loš figoš de Ya^{c}qūb,
mando Yusuf kon mi^{y}el, i fu^{w}e eštenp^{a}rada kon awa, i
di^{y}oleš a beber de akello. depu^{w}eš labaron šuš manoš i
lebantaron šuš mešaš. i šentoše Yūsuf en ššu šila i mando kon el t^{i}rigo i la sebada i demando šuš p^{e}resi^{y}oš, i
fu^{w}eron tomadoš delloš. depu^{w}eš diššiyeron a el: yā rrey,
noš te dek^{a}lararemoš una dek^{a}la(ra)si^{y}on muy rrekta, i ke
la šepaš, ke ku^{w}ando obrimoš nu^{w}ešoš koštaleš, t^{o}robamoš
274 nu^{w}eša moneda en loš koštaleš. i nu^{w}ešo | padre ta li^{y}e
essalām i ḏize a tu: šepaš ke noš šomoš de kaša ke no eš
ḥalāl a noš komer ell-algo šin pagarlo. i ši tu, yā
rrey, lo aš hego alhādiya i p^{e}rešente all-anabī Ya^{c}qūb,
pu^{w}eš el dize a tu ke Allāh, ta^{c}ālā, boš de walardon
por-ello, walardon kopi^{y}ošo. qāla: i lloro Yusuf. diššo:
ši, elo eš p^{e}rešente y-alhāḏiya all-anabī Ya^{c}qūb, anabī
de Allāh, i donasi^{y}on por šu onrra del en poder d'Allāh,
^{c}aza wa ǧallā. qāla: dešpu^{w}eš ke Yusuf tomo la mešura i
finko laš rrodillaš en-el šu^{w}elo i mešuro el t^{i}rigo ke
kišo mešurar de loš ḏi^{y}ez ermanoš. la ora ke kiššo mešu-
275 rar la karga de šu ermano | Yāmin, bolbi^{y}oše a el i di-
ššo: ¿ ešti tu koštal, yā mansebo? qāla: ši, yā rrey. i^{y}-
era Yūsuf ke abi^{y}a mandado a un moso šuyo: ku^{w}ando beraš
ke meššuro el koštal dešti mansebo, pu^{w}eš tomaraš el
rra'edero de p^{a}lata y-echarl'aš en-el koštal muy šutilmente. wardate ke no te be'a ninguno. pu^{w}eš la ora ke
fu^{w}e mešurado, fizo lo ke le mando el rrey, i no lo bi^{y}o
nenguno. la^{w}-ora ke ubi^{y}eron kargado šuš koštaleš, bi-
ni^{y}eron al rrey i di^{y}eron assalām šobr'el i ḏišpidi^{y}e-
ronše del.
I kaminaron fašta ke šali^{y}eron de la sibdad. depu^{w}eš di-
276 ššo Yūsuf | a šu moso: šal enpu^{w}eš dešta konpanna i k^{i}ri-
daleš i dileš: ¡ bošot^{o}roš šoyš lad^{o}roneš! i ššali^{y}o en-
pu^{w}eš delloš. la ora ke leš k^{i}rido el moso, pararonše. i
diššo, komo rreku^{w}enta Allāh, ta^{c}ālā, en šu Alqur'(a)n
ell-onrrado ke dize ke dišši^{y}eron loš figoš de Ya^{c}qūb:
¿ I KE T^{O}ROBA'IŠ MENOŠ? DIŠŠI^{Y}ERON: T^{O}ROBAMOŠ
MENOŠ NU^{W}EŠT^{a}RA MEŠURA DEL RREY. Y-A KI^{Y}EN
BERṆA KỌN-ELLA, LE DAREMOŠ UNA KARGA DE
KEMELLOŠ, I YO KON-AKELLO OF^{e}RESKO. DIŠŠI^{Y}ERON:

277 POR ALLAH, YA ŠABEMOŠ KE NO BENIMOŠ AD-
AFOLLAR EN LA TI^yERRA NI ŠOMOŠ LAD°RONEŠ.[1]
depu^weš dišši^yeron: yā rrey, ya šabeš ke noš šomoš de la
kaša dell-annubu'a i de loš erederoš i de loš saliḥeš, i noš-
ot°roš no furtamoš. diššo a elloš, komo dize Allāh,
ta^cālā, en šu Alqur'an ke diššo Yūsuf: ¿ PU^wEŠ KE ŠERA
ŠU WALARDON DE KI^yEN LE ŠERA T°ROBADO EN ŠŠU
KOŠTAL? - ke le den ššu pena i šatišfasi^yon komo maloš.[2]

278 i p^erensipi^yaron de mirar laš kargaš (de loš) ermanoš,
anteš ke mirašen la de Yāmin, šu ermano, depu^weš šakaron
la mešura de la karga de šu ermano Yāmin. y-anši fesimoš
arte para Yusuf, para ke[1] tomaše šu ermano en la ley del
rrey. y-a ki^yen ki^yere Allāh, alsa en g^aradaš, y-el eš
šobre todo šabi^yo.[2] qāla Ka^cbu: la ora ke bi^yeron ake-

277-1 Vgl. Koran XII, 71-73. Bei i yo kon-akello of^eres-
ko heißt es ar. wa anā bihī za^cīmun "und ich bin
Bürge dafür". Šabemoš: die 1. Pers.. Pl. steht versehentlich statt der 2. (ar. ^calimtum).
2 Zu pu^weš ke šera... maloš vgl. Koran XII, 74-75.
Hinter pu^weš ke šera ist durch Verwechslung der Zeilen ein Stück des Korantextes ausgelassen. Vgl. den
ar. Text: qālū: famā ǧazā'uhū in kuntuṃ kāḏibīna?
qālū: ǧazā'uhū man wuǧida fī raḥlihī, fa huwa ǧazā'u-
hū. kaḏālika nağzī -ḏ-ḏālimīna "sie sagten: was soll
die Strafe dafür sein, wenn ihr lügt? Sie sagten:
die Strafe dafür sei diese: derjenige, in dessen Ge-
päck es gefunden wird, soll selbst die Strafe dafür
sein. So vergelten wir den Übeltätern".
278-1 Ms. para ke lo tomaše šu ermano
2 Der Passus y-anši fesimoš arte... šabi^yo nimmt
Koran XII, 76 auf. Gegenüber para ke tomaše šu ermano-
no en la ley del rrey heißt der Korantext: mā kāna
li ya'huda aḥāhu fī dīni -1-maliki illā an yašā'a
-llāh "er konnte seinen Bruder nach dem Gesetz des
Königs nicht zurückbehalten, es sei denn, Gott wollte es". Bei y-el eš šobre todo šabi^yo vgl. wa fauqa
kulli ḏi ^cilmin ^calīmun "und über jedem, der Wissen
hat, ist ein Allwissender".

llo loš ermanoš, turbaronše y-ubi^{y}eron berwensa i mi^{y}edo
de Yūsuf. depu^{w}eš bolbi^{y}eronše e Yāmin, šu ermano, i da-
279 banle | de bofetadaš i ḏizi^{y}anle: ešti pago dabaš al rrey
por la onrra ke te fizo, i te onro kon komer kontigo
enn-una meša y-en-un p^{a}llato, i furtabašle šu meššura.
diššo Yāmin: yā fiğoš de Ya^{c}qūb, no lo^{w}-e yo tomado,
por-el dereytağe de laš kanaš de Ibrahīm, nu^{w}ešt^{o}ro awelo, ni še delo koša ninguna. depu^{w}eš bolbi^{y}eronše a
Yusuf i ḏišši^{y}eronle, komo rreku^{w}enta Allāh en šu
Alqur'an ke ḏišši^{y}eron loš fiğoš de Ya^{c}qūb a Yusuf: YĀ
280 REY, ŠI A FURTADO EŠTI, | PU^{W}EŠ YA FURTO UN
ERMANO KE TENI^{Y}A DE ANTEŠ.[1] y-enk^{u}rubi^{y}olo Yusuf i
no lo dek^{a}laro a elloš, maš diššoleš: bošot^{o}roš šo'iš mala
konpanna, y-Allāh eš el šabi^{y}o kon lo ke figura'iš. depu^{w}eš
diši^{y}eronle: yā rrey, ke akešti mansebo abe padre muy
bi^{y}eğo. pu^{w}eš toma uno de noš en šu llugar, ke noš te bemoš
de loš pu^{w}enoš. ḏiššo Yūsuf: defi^{y}endome kon Allāh ke tome
šino a ki^{y}en t^{o}robamoš nnu^{w}ešo aber en šu poder, ke še-
281 ri^{y}amoš de loš maloš. depu^{w}eš ḏiššo | el rrey a elloš: yā
fiğoš de Ya^{c}qūb, ya šabe'iš ke ki^{y}en furta de nu^{w}ešt^{o}ro
aber, ke le tomamoš por ešk^{a}labo, por ley ke tenemoš en
nnu^{w}ešt^{a}ra ti^{y}erra. ḏiši^{y}eron: ḏizeš berdad, yā rrey.
diššo: pu^{w}eš yo no pu^{w}edo tomar por chuštisi^{y}a šino a
ki^{y}en toma nu^{w}ešt^{o}ro aber. depu^{w}eš tomo kon la mano de
Yāmin i tornolo a šu alqaṣar. y-ašoletoše kon-el Yusuf i
diššo a el: no t'ent^{i}rišteskaš ni tengaš mi^{y}edo, yā mi
282 ermano, ke yo šoy tu ermano. no tengaš kura kon lo | ke
š'a ya hecho. diššo Ka^{c}bu Alāẖbār ke š'ab^{a}rasaron Yūsuf
i Yāmin i ke no še podi^{y}an ešpartir, llorando d'alegri^{y}a
ell-uno dell-ot^{o}ro.

280-1 Vgl. Koran XII, 77. Im folgenden Passus bis ke šeri^{y}amoš de loš maloš wird der Korantext bis Vers 79 fortgesetzt. Anstelle von bošot^{o}roš šo'iš mala konpanna heißt es im Koran ar. antum šarran makānan "ihr seid in der schlimmsten Lage". Zu yā rrey vgl. 204 n. 1; das erste yā rey hat im Koran keine Entsprechung, beim zweiten yā rrey steht die Anrede yā ayyuhā -l-^{c}azīz "o Mächtiger".

La ora ke š'ešfe'uzaron loš figoš de Ya^{c}qūb de šu ermano Yāmin, diššo el mayor, i^{y}-era Yahūda: pu^{w}eš ke ya šabe'iš ke bu^{w}ešt^{o}ro padre abi^{y}a tomado šobre bošot^{o}roš omenaǧe de Allāh de anteš por lo ke faltašteš a Yūsuf, šu ermano, [1] pu^{w}eš yo e berwensa de tornar a nu^{w}ešo pa-
283 dre Ya^{c}qūb, no lebando a nu^{w}ešo ermano kon nošot^{o}roš. diššiʸeron: ¿ pu^{w}eš komo haremoš, yā Yahūda? diššo el, komo d̲ize Allāh, ta^{c}ālā: TORNA'OŠ A BU^{W}EŠO PADRE I DEZID̲LE KE ŠU FIǦO YĀMIN A FURTADO I KE NO LE D̲EZIMOS ŠINO KON LO K'EMOŠ BIŠTO. I NO ERAMOŠ WARDADOREŠ DELLO. I ŠI OŠ DEMANDARA POR EL RREŠTO, DEZILDE KE DEMANDAŠE ALL-ALDE'A Y-A LLA RREKU^{W}A AKELA KE BENḬMOŠ KON-ELLA, KE NOŠOT^{O}ROŠ DEZIMOŠ BERDAD. [1] y-ell-alde'a [2] š'enti^{y}ende por Miṣra i lla rreku^{w}a por loš ke bini^{y}an kon šuš kargaš de
284 Miṣra. | depu^{w}eš fu^{w}eronše i tornaron a Ya^{c}qūb. i kedoše Yahūda en šu llugar. depu^{w}eš ašoletoše Yusuf kon Yāmin i dišole: yā'rmano, no t'ent^{i}rištezkaš, ke yo šoy Yūsuf, figo de Ya^{c}qūb. y-ab^{a}rasaronše i bešabanše ell-uno all-ot^{o}ro ent^{e}re šuš oǧoš, i fu^{w}eše šu t^{i}rišteza delloš. y-amuchesi^{y}eron de lo'ar ad-Allāh, ^{c}aza wa chala, i dar-

---

282-1 Seit Beginn des Absatzes lehnt sich der Text an Koran XII, 80 an. Zu pu^{w}eš ke ya šabe'iš... a Yūsuf, šu ermano vgl. im Koran ar. a lam ta^{c}lamū anna abākum qad aḫaḏa ^{c}alaykum mauṯiqan mina -llāhi wa min qablu mā farraṭtum fī Yūsufa? "wißt ihr nicht, daß euer Vater euch vor Gott ein Versprechen abgenommen hat, und wie ihr früher Joseph gegenüber nachlässig gehandelt habt?"

283-1 Vgl. Koran XII, 81-82. Gegenüber i no eramoš nošot^{o}roš wardadoreš dello heißt es im Korantext ar. wa mā kunnā lilġaybi ḥāfiḏīna "und wir konnten auf das Verborgene nicht achtgeben". I ši oš demandara por el rrešto, dezilde hat im Koran keine Entsprechung. Vgl. danach den Anfang von Vers 82: wa s'ali -l-qaryata -llatī kunnā fīhā wa -l-^{c}īra... "frag die Stadt, in der wir waren, und die Karawane...". Yāmin wird im Koran nicht mit Namen erwähnt.

2 Ms. aldela

le muchaš g^{a}rasi^{y}aš.
I fu^{w}eronše loš ot^{o}roš ad-Aššām, fašta ke legaron al bal
285 de Kin^{c}an. i d̲iši^{y}eron: bamonoš todoš | chuntoš i demoš
assalām šobre Ya^{c}qūb ke barezkamoš todoš una boz, ke
nošot^{o}roš ku^{w}ando daremoš assalām todoš chuntoš, no
t^{o}robara menoš e Yāmin, i no le šera[1] anši^{y}a a el. la
ora k'ent^{a}raron donde eštaba Ya^{c}qūb, i d̲i^{y}eron assalām a
el, era Ya^{c}qūb k'abi^{y}a mandado a la ermana de Yūsuf ke
še lamaba Dunyā, ke le bini^{y}eše kon nnu^{w}ebaš de šuš ermanoš. i ku^{w}ando legaron elloš i no bi^{y}o ella a šu erma-
286 no Yāmin kon-elloš, k^{i}rido | un kirodo g^{a}rande i muy
fu^{w}erte i kayo amortesida šobr'ella, y-ela k^{i}ridando kon
lo alto de šu boz, i d̲izi^{y}a: ¡ o mi amado Yāmin, berdido
eš anši komo še birdi^{y}o Yusuf! i bino ella a Ya^{c}qūb. i
legaron loš ermanoš maš abansadoš i d̲i^{y}eron assalām
šobr'el todoš chuntoš, i^{y}-eloš eran nnu^{w}ebe. i t^{o}robo
menoš Ya^{c}qūb la boz de Yahūda i la boz de Yāmin. i no
pudo enšennore'arše i kayo en ti^{y}erra i no rrekordo en
termino de t^{e}reš oraš, i loš fiǧoš ke penšaban ke š'abi^{y}a
287 mu^{w}erto por la for|taleza de šu amortesimi^{y}ento. la ora
ke[1] rrekordo, bolpi^{y}oše a elloš i d̲iššo a elloš: yā fiǧoš,
agora rrogare[2] ad-Allāh, ta^{c}ālā, kont^{a}ra bošot^{o}roš,
pu^{w}eš boš be'o d̲ifirenteš y-eškerpanteš i šoberbi^{y}oš
partida de bošot^{o}roš. ¿ i ke eš de bu^{w}ešt^{o}ro ermano Yāmin
akel k'era konšu^{w}elo a mi depu^{w}eš de Yūsuf? d̲iši^{y}eron:
yā padre, ke Yāmin a furtado, i no fazemoš teštigo šino
kon lo ke emoš bišto. i demanda ad-Allāh y-a Miṣra ake-
288 lla k'eramoš nošot^{o}roš, y-a la rreku^{w}a akela k'emoš | be-
nido en-ella. i nošot^{o}roš šomoš berdaderoš[1]. yā padre, tu
fiǧo Yāmin a furtado la mešura del rrey de Miṣra, y-ašelo tomado el rrey en p^{e}renda por šu furto. no te akuyteš,
yā padre, kon la rrogari^{y}a ku^{w}ant^{a}ra noš, ke por el dereytaǧe dell-anabī lego, ṣala Allāhu ^{c}alayhi wa salam,

---

285-1 Ms. šara
287-1 Ms. kke
2 Ms. rrogara ad-Allāh
288-1 Zum Passus i demanda...berdaderoš vgl. das Koranzitat auf Manuskriptseite 283.

ke šera enbi^{y}ado en la sageri^{y}a del ti^{y}enpo, ke noš-
ot^{o}roš no lo emoš perdido ni hecho mala konpanni^{y}a. maš
enteš el rrey še lo a tomado por p^{e}renda de šu furto.
289 ḏiššo Ya^{c}qūb: ¿ pu^{w}eš ke eš de Yahūda? ḏišši^{y}e|ron: ȳa
anabīyu Allāh, ke Yahūda še paro[1] en-el kamino por berwensa de tu, pu^{w}eš tornabamoš šineš de Yāmin. i diššo:
i p^{o}loro Ya^{c}qūb p^{o}loro muy fu^{w}erte. depu^{w}eš diššo: de-
fi^{y}endome kon Allāh en ke fu^{w}eše Yāmin lad^{o}ron, enpero
el a še'ido enfamado kon mentira por tomarlo de boš-
ot^{o}roš. benidme kon tinta i papel, i ešk^{i}ribire al rrey
de Miṣra una karta. i bini^{y}eronle kon tinta[2] i papel.
ḏiššo a Rraubil: ešk^{i}ribeme a mi una karta ke ḏiga anši: |

290 Bismi Illāhi irraḥmāni irraḥīmi. de Ya^{c}qūb Isra'ila
Allāhi fiǧo de Is^{c}āq fiǧo de Ibrahīm, amigo de -llāh, al
rrey de Miṣra. assalām šobre tu. a ku^{w}anto depu^{w}eš de
lo'ar ada Allāh akel ke no ay šennor šino el, i te demando, yā rrey, ke fagaš šalutasi^{y}on šobr'ell-anabī lego akel ke šera enbi^{y}ado en la sageri^{y}a del ti^{y}enpo, šepaš, yā rrey, ke noš šomoš de kaša ke an še'ido rrep^{o}ro-
badoš kon loš albālā'eš i an suf^{i}rido. a ku^{w}anto mi awe-
291 llo Ibrahīm, | ya fu^{w}e lansado en-el fu^{w}ego, i sufri^{y}o. i
tubo pu^{w}en kuydar kon Allāh, ^{c}aza w(a) challa, i pušo
Allāh por-el el fu^{w}ego f^{i}ri^{y}o i šalbo. a ku^{w}anto Ismā^{c}īl,
ya fu^{w}e echado para la dewella, i ḏirrimi^{y}olo Allāh kon
dewella muy g^{a}rande. a ku^{w}anto yo, yā rrey, e še'ido
rrep^{o}robado kon-el perdimi^{y}ento de mi fiǧo Yūsuf, i^{y}-era
šu ermano Yāmin ke me konšolaba kon el depu^{w}eš de Yūsuf,
mi amado. pu^{w}eš Allāh[1], yā rrey, temi ada Allāh en mi
292 fiǧo, ke tu ši me bedi^{y}ešeš, abri^{y}aš | bi^{y}adad de mi. ya
š'abe dešfecho mi ku^{w}erpo i š'an akorbado miš ešpaldaš i
š'a delgazado miš wešoš i š'a segado mi bišta. pu^{w}eš
fešme g^{a}rasi^{y}a ke pu^{w}eda mirar a Yāmin. i legado me abe,
yā rrey, ke tu alegaš ke te abe furtado. por Allāh, yā
rrey, no e yo enchend^{a}rado fiǧo lad^{o}ron. pu^{w}eš temi ada
Allāh, yā rrey, i rrešpondi a mi rrogari^{y}a. y-ell-asalām

289-1 Ms. poro
2 Ms. kon tinta kon tinta
291-1 Ms. pu^{w}eš pu^{w}eš Allāh Allāh

de Allāh šobre tu i šu bendisi^{y}on.
Qāla Ka^{c}bu Alāẖbār: y-aparego Ya^{c}qūb a šuš figoš[1] para
293 Miṣra kon manteka i lana i di^{y}o | la karta a Ššama^{c}ūn. i ḏišpidi^{y}oše delloš Ya^{c}qūb. i kaminaron fašta donde eštaba Yahūda, šu ermano, i fu^{w}e kon elloš Yahūda, šu ermano[1], fašta ke legaron šobre Yusuf. i no leš fu^{w}e bedada la ent^{a}rada ni fu^{w}eron detubidoš. i era Yusuf k'abi^{y}a atabi^{y}ado šu alkasar i kolgado šuš asitraš. i mando a šuš alqaydeš y-alwazireš i patri'arkaš, i serkaron konel i kon šu katreda. depu^{w}eš mando benir a loš figoš de
294 Ya^{c}qūb delante del, y-elloš lenoš de mi^{y}edo | i d'ešpanto de lo ke bedi^{y}an de laš wešteš i del-eštado tan g^{a}rande. i^{y}-era Yūsuf ke abi^{y}a fecho achuntar en Miṣra a loš de ššu rre'išmo y-a loš de šu obidensi^{y}a, i ḏi^{y}oleš a ber a šuš ermanoš wešteš i poder muy g^{a}randeš.

La ora ke fu^{w}eron delante de Yūsuf, di^{y}eron assalām šobr'el, i torno šobr'elloš ell-asālām muy ššumariyamente. i la ora k'elloš beyeron akelo, ent^{i}rištesi^{y}eronše[1] de mi^{y}edo šobr'eloš i ḏiši^{y}eron: yā rrey, tokado noš-abe
295 el nozimi^{y}ento y-a nnu^{w}eša konpanna, i noš benimoš | kon manteka i lana. pu^{w}eš kunp^{i}li la mešura a noš i feš asa(ḏaqa)[1] šobre noš, ke Allāh, ta^{c}ālā, da walardon a loš ke fazen aṣaḏaqa šobre noš.[2] depu^{w}eš also Yusuf šu kabesa šob(re)[1] elloš[3] i ḏiššo: yo pi^{y}enšo ke boš-

---

292-1 Ms. šuš figoš i para Miṣra

293-1 Ms. Yahūda i šu ermano

294-1 Ms. ent^{i}rištesi^{y}eronša

295-1 Ende des Wortes am Manuskriptrand nicht ersichtlich.

2 Zu tokado noš-abe...fazen aṣaḏaqa šobre nos vgl. Koran XII, 88. Gegenüber noš benimoš kon manteka i lana heißt der Korantext ar. wa ǧi'nā bi biḍā^{c}atin muzǧātin "wir kommen mit geringer Ware". Gegenüber a loš ke fazen aṣaḏaqa šobre noš steht im Koran nur -l-mutasaddiqīna "die Wohltätigen".

3 Ms. šob(re) noš

ot^{o}ro(š)[1] šoš barruntaš y-ešpi^{y}aš. i mando l(lu)^{w}eg(o)[4] t^{a}ra'er muchaš maneraš de tormentoš, i fu^{w}eron ašentadoš. i ḏiši^{y}eron: por Allāh, no šomoš barruntaš šino loš figoš de Ya^{c}qūb, ell-anabī de Allāh. pu^{w}e(š)[1] kunb^{i}li a noš la mešura i feš aṣ(aḏaqa)[1], ke Allāh walardona a
296 ki^{y}en faze aṣaḏaqa | šobre noš. ḏiššo a elloš Yusuf: yā konpanna de ši^{y}erboš abraykoš, ahazeme a šaber pu^{w}ešaš nu^{w}ebaš y-aberdadeseme bu^{w}ešo hecho, k'a mi še m'eškonde i še me si^{y}ega bu^{w}ešo rrekontami^{y}ento. i keri^{y}a šaber la sertenidad dello. i ši^{y}enp^{e}re pi^{y}enšo ke šo'iš barruntaš, ke boš enbi^{y}a el rrey de bu^{w}eša ti^{y}erra, ši ki^{y}ere gerre'arme a mi. pu^{w}eš Allāh, ta^{c}ālā, m'abe dado a enbodere'ar a bošot^{o}roš i boš-a chošmetido a mi. yo pi^{y}enšo
297 ke bošot^{o}roš šo'iš ḏi^{y}ez ermanoš | o maš i kada^{w}-uno de bošot^{o}roš: kapitan y-alqayde de mil onb^{e}reš, ke šoy'iš todoš di^{y}ez mil. dišši^{y}eron: yā rrey, eškucha de noš nu^{w}ešo ḏicho, i šepaš ke todoš šomoš figoš de Ya^{c}qūb i no šomoš barruntaš ni šomoš gere'adoreš, maš anteš šomoš paštoreš de ganado i konpanna lab^{a}radorra i figoš de Isḥaq figo de Ibrahīm, amigo del pi^{y}adošo. diššo: i bolbi^{y}oše a elloš Yūsuf i diššo: šenta'oš, ke yo ki^{y}erro
298 kontar šobre | bošot^{o}roš, fašta ke me dek^{a}lare'iš pu^{w}ešaš palabraš y-enti^{y}enda pu^{w}ešo afar. hazeme a šaber konello, yā figoš de Ya^{c}qūb. ¿ ku^{w}antoš ubo de figoš Ya^{c}qūb? ḏišši^{y}eron: yā rrey, ubo ḏoze mašk^{o}loš. diššo el rrey: pu^{w}eš no be'o[1] aki šino ḏi^{y}ez. ¿ ke šon de loš ot^{o}roš doš? ḏiši^{y}eron: yā rrey, ell-uno komi^{y}ošelo el lobo, i^{y}-ell-ot^{o}ro dešamošlo en tu poder. ḏiššo Yusuf: ¿ ay en bošot^{o}roš ki^{y}en liga abrayko[2]? dišši^{y}eron: yā rrey[3],
299 todoš le'emoš abrayko. diššo: i bušo el rrey | šu mano debaššo de šu šilla i šako una ešk^{i}ribtura la ku^{w}al

---

4 Das Wort l(lu)^{w}eg(o) ist nur schwach am Rand des Ms. zu erkennen. Ob die beim ersten Schreiber übliche Lesung llu^{w}ego oder lu^{w}ego vorliegt, läßt sich nicht entscheiden.

298-1 Ms. belo

2 Ms. abaryko أبريك

3 Ms dišši^{y}eron yā rrey wird wiederholt.

elloš ešk^{i}ribi^{y}eron a Mālik Ibnu Duġzi Al^{c}ūzā^{c}imu, šennor de la rreku^{w}a de Miṣra, la ora[1] ke lo bendi^{y}eron a
el. i tomaronla loš fiğoš de Ya^{c}qūb i miraron la karta i
lo k'eštaba en-ella, i konosi^{y}eronlo. i dabanše la karta
loš unoš a loš ot^{o}roš, i demudaronše dakello šuš koloreš,
i rrešurti^{y}oleš la šudor g^{a}rande. i ḏiši^{y}eron a el: yā
rrey, no konosemoš ešta letra. diššo Yusuf: ¿ i komo no
300 konose'iš | ešta letra ši^{y}endo bu^{w}eša? ḏiši^{y}eron: no, yā
rrey. i dešpu^{w}eš demando Yusuf la mešura i firi^{y}o en-
ella kon šu dedo y-also šuš oğoš al si^{y}elo i ḏiššo: ya
fiğoš de Ya^{c}qūb, akešta mešura me haze a šaber pu^{w}ešo
rrekontami^{y}ento y-el rrekontami^{y}ento dešta karta. de-
pu^{w}eš firi^{y}o šegunda begada kon šu dedo en la mešura i
ḏišo: šabed ke ḏize la mešura ke me ḏize ke bošot^{o}roš
bendi^{y}ešteš a Yūsuf por beyte adarhameš i ke boš loš |
301 parti^{y}ešteš ent^{e}re bošot^{o}roš i ke pešaban ḏiziši^{y}ete
adarhameš. i^{y}-en-ešto mirabaloš Yusuf, i ke elloš še mo-
ri^{y}an de mi^{y}edo i d'ešpanto.- y-ešta eš la karta k'eš-
k^{i}ribi^{y}ešteš al merkader ke le merko de bošot^{o}roš. ḏi-
ši^{y}eron: defendemonoš kon Allāh, yā rrey, no emoš fecho
deššo ninguna koša. depu^{w}eš firi^{y}o Yūsuf tersera begada[1]
en la meššura kon šu dedo y-eškucho un poko. depu^{w}eš also šu kabesa i ḏiššo: šabed, yā figoš de Ya^{c}qūb, ke la
302 mešura me haze | (a šaber) ke bošot^{o}roš desibi^{y}ešteš a
Yūsuf i ke lo šakašteš d'enta šu padre i ke le dešnudaš-
te šu rropa i lo atašteš kon ku^{w}erdaš laš manoš a saga i
ke lo lansašteš en-ell-alchub. i depu^{w}eš degollašteš una
rreš del ganado i^{y}-untašteš šuš rropaš de la ššang^{e}re. i
maš me faze a šaber ke baništeš a šu padre Ya^{c}qūb i le
ḏešišteš k'el lobo še lo abi^{y}a komido. ešto todo fezišti
kon Yusuf.
303 Diššo: la ora ke oyeron elloš šu dicho del, | bermutaron-
še šuš koloreš, i tubi^{y}eronše por perḏidoš, y-elloš ke
še miraban loš unoš a loš ot^{o}roš. i diššo e elloš
Ššama^{c}un, i^{y}-era šordo, i diššo: yā miš ermanoš, ¿ke ḏi-

---

299-1 Ms. la ora la ora

301-1 Ms. begada begada

ze a bošot^{o}roš el rrey? d̲iši^{y}eron: yā rmano, ya noš ašo-
mamoš kon-el perd̲imi^{y}ento i la mu^{w}erte a noš, ke d̲ize el
rrey ke bendimoš a Yusuf, nu^{w}ešo ermano, i le echamoš
en-ell-alchub i ke alegamoš ke še lo komi^{y}o el lobo. i
šepeš ke šomoš perdidoš. d̲iššo e elloš Ššama^{c}ūn: yā' rma-
04 noš, dame lisensi^{y}a ke k^{i}ride. i^{y}-era Šama^{c}ūn | ke ku^{w}an-
do k^{i}ridaba, no lo o'i^{y}a muğer p^{e}rennada ke no lansaše
la k^{i}ri^{y}atura. i d̲iši^{y}eron loš ermanoš: no t'akuyteš en-
el k^{i}ridar, fašta ke mireš lo ke faze ešti rrey. depu^{w}eš
diššì^{y}eron: yā rrey, temi ad-Allāh i no noš infameš kon
nu^{w}ešt^{o}ro ermano, k'ešti bi^{y}eğo Šama^{c}ūn ku^{w}ando š'enšša-
nna, no še le ašoši^{y}ega šu šanna fašta ke k^{i}r(i)da, i no
lo oye p^{e}rennada ke no lansa lo ke ti^{y}ene en-el bi^{y}en-
t^{e}re. diššo el rrey: pu^{w}eš šabed, yā figoš de Ya^{c}qūb, ke
305 me determino de kortaroš laš kabesaš | [1] y-enforkarboš
ensima la muralla de la sibdad en šaštifasi^{y}on de lo ke
hezište a bu^{w}ešt^{o}ro ermano Yusuf i kon Ya^{c}qūb, annabī
d'Allāh. dešpu^{w}eš dišo anši komo dišo Allāh, ta^{c}ālā, ke
dišo Yusuf a šuš ermanoš: ¿ E'A ŠI ŠABE'IŠ KON LO KE
FU^{W}E FECHO KON YUSUF, PU^{W}EŠ ŠO'IŠ KONPANNA DE
306 ĞĀHILEŠ?[2] d̲iši^{y}eron: no emoš hecho | ninguna koša, yā
rrey, dešo. dišoleš el rra'iy: ke me parese k'ešta'iš turbadoš.
dišo Šama^{c}ūn: no be'o ke noš podamoš šalbar šino kon boz,
i^{y}-o'irl'an laš ğenteš, i^{y}-atemorizarš'an i^{y}-amorteserš'an
i kayran en ti^{y}erra ku^{w}antoš me o'iran.

Dišo ke še bolbi^{y}o Yusuf a šu figo el mayor i dišole: yā
Alfārāšim, lebantate i...[1] por det^{a}raš dakel bi^{y}eğo
307 šordo, ke ku^{w}ando š'enšanna, no še le ašoši^{y}ega | šu ša-
nna fašta ke k^{i}rida, i ši k^{i}rida, atemorizarše (an) laš
ğenteš, šino ke le toka palma de la k^{i}ri^{y}azon de Ya^{c}qūb,

---

305-1 Ab 305 ist das Ms. vom zweiten Schreiber fortgesetzt.

2 Vgl. Koran XII, 89: ar. qāla: hal ^{c}alimtum mā fa^{c}altum bi Yūsufa wa ahīhi id antum ğāhilūna? "er sagte: wißt ihr nicht, was ihr mit Joseph un seinem Bruder machtet, als ihr unwissend wart?"

306-1 Hinter i fehlt im Ms. ein Verb.

anabī[1] de Allāh. i ši le toka palma, lu^{w}ego še le ašo-
ši^{y}ega šu šanna. i lebantoše Alfārāšim, fašta ke še paro
det^{a}raš de šu ^{c}ami Šama^{c}ūn. i^{y}-eštaba delante de Yusuf
un pedaso de una penna ke ši š'ağuntašen si^{y}en onb^{e}reš,
no la podi^{y}an mober. i bino Yusuf enta šuš ermanoš i di-
308 šoleš: yā fiğoš de Ya^{c}qūb, | no ay duda d'enforkaroš en
šaštifasi^{y}on de lo ke hezišteš a bu^{w}ešt^{o}ro ermano, i no
ay duda en-ello. la ora bolbi^{y}eronše a Šama^{c}un i diši^{y}e-
ronle: k^{i}rida, ši noš aš d'ap^{o}robeğar. dišole(š) el
rra'iy: ši k^{i}rida Šama^{c}ūn, yo tomare ešta penna i boš
ferire kon-ella a todoš. i rromangoše Yusuf i llego[1] a
la penna i tomola i firi^{y}o kon-ella en la ti^{y}erra, i
fundi^{y}oše en la ti^{y}erra fundimi^{y}ento. i no kišo ferirloš
309 kon la penna, maš kišoleš most^{a}rar šuš marabillaš. | dišo
ke š'ešpantaron i š'ešturdesi^{y}eron de lo ke beyeron de
la fortaleza de Yusuf i de šu fu^{w}ersa i de šu poder kon
Allāh, ta^{c}ālā. i bino por det^{a}raš de šuš ešpaldaš
Elfārāšim i pašole la mano por šuš ešpaldaš de Šama^{c}ūn,
i no pudo k^{i}ridar. i bolbi'oše Šama^{c}un a šuš ermanoš i
diššoleš: ya m'a tokado a mi palma de la k^{i}ri^{y}azon de
Ya^{c}qūb. i bolbi^{y}eronše a mano derecha i^{y}-a mano ezkerra
310 i bi^{y}eron al mansebo saga Šama^{c}un. | i dišironle: yā man-
sebo, ¿ tu aš pu^{w}ešto la mano šobre laš ešpaldaš d'akešti
bi^{y}eğo? d(i)šo: ši. i diši^{y}eronle: ¿ i komo eš tu non-
b^{e}re, yā mansebo? dišo[1]: yo me llamo Alfārāšim fiğo de
Yusuf fiğo de Ibrahīm, amigo de Allāh, ṣala Allāh ^{c}alay-
hīm wa salam. diši^{y}eronle[2]: yā moso, ¿ i^{y}-en do eš tu
padre? dišo: mi padre eš el rra'iy de Miṣra Yusuf fiğo
de Ya^{c}qūb, mi awelo. la ora diši^{y}eronle a Yusuf anši komo lo dize Allāh, ta^{c}ala, ke le diši^{y}eron: ¿ I TU EREŠ
YUSUF, YĀ RRA'IY?[3] dišoleš: ši, yo šoy Yusuf, i^{y}-ešti

307-1 Ms. anbi أنبي
308-1 Ms. i llamo a la penna
310-1 Ms. diš دش
2 Ms. dišoyeronle
3 Vgl. Koran XII, 90. Im folgenden Passus bis ni de loš bu^{w}enoš ist der Korantext fortgesetzt. Ke ki^{y}en šufre... bu^{w}enoš stimmt mit der Koranfassung nicht

311 eš mi ermano. | i^{y}-a fe'ito Allāh g^{a}rasi^{y}a šobre noš, ke ki^{y}en šufre i teme, Allāh no menošp^{e}resi^{y}a a loš šu-f^{i}ri^{y}enteš ni de loš bu^{w}enoš.

Dišo Ka^{c}bu Alāhbār k'en-a(ke)lla ora še echaron loš fi-ğoš de Ya^{c}qūb en loš pi^{y}edeš de Yusuf, šu'rmano, y-elloš ke le bešaban loš pi^{y}edeš y-elloš ke le dizi^{y}an: ya t'abe abantağado Allāh šobre nošot^{o}roš, i nošot^{o}roš šomoš a ti yerranteš. dišo Yusuf: no abe pekado a bošot^{o}roš, ke yo perdonare, i perdonara Allāh a mi y-a bošot^{o}roš, k'el eš perdonador pi^{y}adošo de loš pi^{y}adošoš. [1]

312 i^{y}-era ke | Yusuf era muy pi^{y}adošo i muy onrrado. deš-(pu^{w}eš) diššoleš Yusuf a šuš ermanoš: idoš kon mi kamiša akešta i lansalda šobre la kara de mi padre Ya^{c}qūb, i lu^{w}ego kobrara šu bišta. i benidboš todoš lu^{w}ego a mi kon bu^{w}ešt^{a}raš muğereš i hiğoš. [1] i^{y}-apereğo Yusuf para šu ermano Yāmin i di^{y}ole mil anākaš i mil manseboš [2] kon mil kaballoš i mil libraš d'alkanfor i d'al^{c}inbar i mil kargaš de t^{i}rigo i dišole: bete, yā'rmano, kon tuš ermanoš, y-ap^{o}robecha'oš dešto todo para bu^{w}ešt^{a}ra benida, i benid todoš kon bu^{w}ešt^{a}raš ğenteš.

313 Pu^{w}eš la ora ke fu^{w}eron partidoš | i dešpedidoš de Yusuf,

---

genau überein, vgl. ar. innahū man yattaqi wa yaṣbir fa'inna -llāha lā yuḍī^{c}u ağra -l-muḥsinīna "wenn einer gottesfürchtig und geduldig ist, - Gott verweigert denen, die Gutes tun, nicht ihren Lohn". Zu yā rrey, das im Koran keine Entsprechung hat, vgl. 204 n. 1.

311-1 Der Passus ya t'abe abantağado...pi^{y}adošoš folgt Koran XII, 91-91. Gegenüber šomoš a ti yerranteš steht im Koran nur ar. kunnā la ḫāṭi'īna "wir sind fürwahr schuldig". Vgl. Vers 92: ar. qāla: lā tatrība ^{c}alaykumu -l-yauma. yağfiru -llāhu lakum wa huwa arḥamu -r-rāḥimīna "euch sei heute kein Tadel. Gott wird euch verzeihen. Er ist der barmherzigste Erbarmer".

312-1 Der Passus idoš kon mi kamiša... muğereš i hiğoš entspricht Koran XII, 93.

2 Ms. mansaboš

i Yāmin kon-elloš ke lebaba la kamiša de Yusuf, kaminaron fašta ke llegaron a di^{y}ez millaš de Ya^{c}qūb. i šin-
ti^{y}o Ya^{c}qūb la golor de Yusuf a termino de di^{y}ez millaš
i diššoleš a šuš ni^{y}etoš, a loš fiǧoš de šuš fiǧoš: yo
fallo la golor de Yusuf. diši^{y}eronle šuš ni^{y}etoš: a'un
eštaš en tu eror, yā awelo, en l'antiga. [1] dišo ke le
rredoblaron [2] šu bešar por-akello. dišo: i yo še de
Allāh lo ke bošot^{o}roš no šabe'iš. i llegaron šuš figoš,
y-aserkoše Yāmin a Ya^{c}qub, i^y-el ke oli^{y}a la golor de
314   Yusuf, i legabanle rrayoš de k^{a}laredad | a Ya^{c}qub. la ora
k'ent^{o}ro Yāmin šobre Ya^{c}qūb, šu padre, i le echo la kamiša de Yusuf šobre šuš oǧoš, lu^{w}ego torno šobr'el la
bišta. i dišo anši komo dize Allāh, ta^{c}āla, en šu
Alqur'an ke leš dišo Ya^{c}qūb: ¿ I NO BOS DIŠE YO A BOŠ-
OT^{o}ROŠ KE Š ABI^{y}A YO DE ALLĀH LO KE NO ŠABI^{y}ADEŠ
BOŠOT^{o}ROŠ? [1] diši^{y}eronle šuš fiǧoš: yā padre, demanda perdon bor nošot^{o}roš de nu^{w}ešt^{o}ro pekado, ke nošot^{o}roš
fu^{w}emoš yerranteš. dišo Ya^{c}qūb: a'un demandere perdon
bara bošot^{o}roš a mi Šennor, k'el eš perdonador pi^{y}adošo,
315   miši|likordi^{y}ošo.
La ora apareǧo Ya^{c}qūb šu partida i kamino kon toda šu
konpanna enta Misra, fašta ke llegaron a la sibdad. i
šali^{y}ološ a rresebir el rra'iy kon še'iš mil pendoneš i
še'išsi^{y}entoš mil d'a kaballo i še'išsi^{y}entoš mil pe'o-
neš i še'išsi^{y}entaš mil donzellaš. i mando el rra'iy
p^{e}regonar por todoš šuš rra'iynoš en la mar y-en la
ti^{y}erra ke bini^{y}ešen a Misra al rresebimi^{y}ento de šu pa-
316   dre. y-atabi^{y}oše Yusuf kon loš meǧoreš de šuš atabi^{y}oš
i beštimentoš. i mando a loš pat^{i}r(i)'arkaš y-a loš al-
wāzileš ke še parašen a la mano derecha y-a la mano ezkerda del kamino. i mando a mil širbi^{y}entaš i širbi^{y}en-
teš kon loš bašilloš d'almizke y-alkanfor y-alḥinbar i
ke fu^{w}ešen ent^{e}re laš ǧenteš por-el kamino. i mando ten-

---

313-1 Zu yo fallo la golor de Yusuf und a'un eštaš en
       tu eror, en l'antiga vgl. Koran XII, 94 und 95.
   -2 Ms. rredoblaran
314-1 Vgl. Koran XII, 96(Ende). Der folgende Passus
       diši^{y}eronle... mišilikordi^{y}ošo entspricht Koran XII,
       97-98.

der la(š) šedaš[1] t^{e}reš llewaš d(e) largo i de ancho. i
šali^{y}o Yusuf a rresebir a šu padre en la pušansa mayor,
317 i mando ke fu^{w}ešen abi^{y}ertaš laš pu^{w}ertaš de| šuš alqa-
ṣareš, i mando a loš porteroš y-alqa'ideš i patri'arkaš[1]
i rreğidoreš ke ordenašen laš ğenteš i loš fizi^{y}ešen
azes y-asāfeš kaminami^{y}anto de t^{e}re(š) di^{y}aš. dešpu^{w}eš
fizo atabi^{y}ar la katreda, i^{y}-eš ell-al^{c}arši ke ya lo
imento Allāh en šu Alqur'an el-onrrado en donde dize[2] ke
LA ORA K'ENT^{a}RARON ŠOBRE YUSUF, AKOŠTOŠE A ŠU
PADRE I DIŠŠO: ENT^{a}RAD EN MIṢRA, ŠI KERRA ALLĀH,
ŠEGUROŠ I^{y}-ALEGREŠ . I^{y}-ALSO A ŠU PADRE YA^{c}QŪB|
318 ŠOBRE EL-AL^{c}ARŠI. I KAYERON DANBOŠ ASAĞDADOŠ
ADA ALLĀH, TA^{c}ĀLA.[1] dišo ke mando Yusuf atabi^{y}ar
el-al^{c}arši y-eštendi^{y}o šobr'el el-al^{c}arīl y-el b^{o}rokado i la
šeda. dešpu^{w}eš šali^{y}o a rresebir a šu padre.

Pu^{w}eš la ora ke Yusuf š'aserko a šu padre, miraronše el-
uno al-ot^{o}ro i^{y}-akongošaronše i kayeron ada Allāh en-
ag^{a}radesimi^{y}ento, i no also Yusuf šu kabesa fašta ke
319 l'also šu padre. i la ora ab^{a}raso | Ya^{c}qūb a Yusuf i^{y}-
alegolo a šuš pegoš, y-eštaban danboš ab^{a}rasadoš. i deš-
pu^{w}eš asağdaron, dando g^{a}rasi^{y}aš ada Allāh ke loš abi^{y}a
ağuntado. dišo Ka^{c}bu Alāẖbār: y-alaboše Allāh, ta^{c}āla,
kon-elloš doš i šuš almalakeš de loš ši^{y}ete si^{y}eloš. i^{y}-
also Ya^{c}qūb šuš manoš al-assamā i dišo: o mi Šennor,
y'aš fecho g^{a}rasi^{y}a šobre mi, i yo ši^{y}enp^{a}re t'eng^{a}ran-
320 desere | a tu. i rresibi de mi miš g^{a}rasi^{y}aš i lo'oreš,
yā arḥama arraḥimina, fa'ina ^{c}ālā kuli šay'īn qadīrun.

316-1 Ms. la šadaš

317-1 Die Gruppe -rt- ist im Ms. in der Weise zusammengeschrieben, daß auch die Lesung parti'arkaš möglich ist. Beim ersten Konsonanten fehlt das Sukūn (Zeichen für Vokallosigkeit).

2 Ms. diza

318-1 Vgl. Koran XII, 99-100. Der Koran erwähnt anstelle des Vaters Josephs Eltern. Man wirft sich nicht vor Gott sondern vor Joseph nieder, vgl. ar. wa ẖarrū lahū suğğadan "und sie (alle zusammen) warfen sich vor ihm nieder". I^{y}-alegreš ist im Koran ohne Entsprechung.

dešpu^{w}eš dišole Yusuf: yā annabī de Allāh, lebantate
y-aši^{y}entate šobre la šilla. i dišole Yusuf: yā padre,
ešta eš la dek^{a}larasi^{y}on de loš šu^{w}ennoš ke te konte de
anteš. i ya lo a pu^{w}ešto mi Šennor a mi bi^{y}en, pu^{w}eš m'a
321 šakado a mi de la karsel, i g^{a}rasi^{y}a g^{a}rande | de berme
kon tu, dešpu^{w}eš ke rrebolbi^{y}o el-ašeyṭan ent^{e}re mi i
miš ermanoš, ke mi Šennor eš muy šutil en lo k'el ki^{y}e-
re, i muy šabi^{y}o. i m'aš dado, Šennor, a mi rra'išmo
g^{a}rande i m'abezeš a dek^{a}larar loš šu^{w}ennoš i rrakonta-
mi^{y}entoš. tu ereš k^{i}ri'ador de loš si^{y}eloš i de la ti^{y}e-
rra i tu ereš mi alwali en-ešte mundo y-en-el-ot^{o}ro. ma-
322 tame k^{e}reyente i bu^{w}en muslim, | i^{y}-akošigime kon loš
bu^{w}enoš.- ešto eš lo ke dišo Allāh en šu Alqur'an el-onrrado. [1] dišo Ka^{c}bu Alāḥbār: ya era Yusuf ke no š'ašen-
taba ora nenguna de noche ni de di^{y}a ke no miraba a la
kara de šu padre Ya^{c}qūb, faga šalutasi^{y}on Allāh šobr'el
i šobre todoš loš anabiyeš i menšağeroš, āmin.

Dišo ke fu^{w}e rrakontado por Ibnu Al^{c}abāš ke ku^{w}al fu^{w}e
maš rrap^{o}robado i šuf^{i}ri^{y}ente, Yusuf o Ya^{c}qūb. dišo Ibnu
323 Al^{c}abās, raḍiya Allāhu ^{c}anhu, ke | Yusuf lloro šobre
Ya^{c}qūb fašta ke še dešfeguro de laš lag^{i}rimaš un šennal
berde ke teni^{y}a en šu mašilla, i Ya^{c}qūb lloro fašta ke
š'enb^{a}lankesi^{y}eron šuš oğoš i še sego šu bišta por deše'o i du^{w}elo de Yusuf. i ya fu^{w}e dicho ke por t(a)l koša fu^{w}e rrep^{o}robado Ya^{c}qūb kon perder šu fiğo: dišo: porke Ya^{c}qūb merko una ešk^{a}laba, i teni^{y}a un fiğo la šk^{a}la-
ba, i mando Ya^{c}qūb ešpartir [1] la k^{i}ri^{y}atura de šu madre.

322-1 Zu den Worten Josephs yā padre...bu^{w}enoš vgl. Koran XII, 100-101. Gegenüber i ya lo a pu^{w}ešto mi Šennor a mi bi^{y}en vgl. im Koran wa ğa^{c}alahā rabbī ḥaqqan wa qad aḥsana bī... "mein Herr hat ihn (den Traum) wahr werden lassen, und er hat gut an mir gehandelt...". Nach de la karsel fehlt die Übersetzung von ar. wa ğā'a bikum mina -l-badwi "und er hat euch aus der Wüste hergebracht". Dagegen hat i g^{a}rasi^{y}a g^{a}rande de berme kon tu im Koran keine Entsprechung.

323-1 Ms. ešpartar

dišo Allāh: por mi onrra i mi nobleza, yo ešpartire ent^{e}re
324 tu y-ent^{e}re | el maš amado de tuš fiğoš a tu. y-ešparti^{y}o
ent^{e}r'el i Yusuf, ke ya dišo Allāh ke ki^{y}en ešpartira
ent^{e}re la madre y-el fiğo, anteš ke mude loš di^{y}enteš,
ke lo špartira Allāh a el de šuš amadoš el di^{y}a del
ğu'isi^{y}o. dišo Ibnu Al^{c}abās ke ya ešparti^{y}o Allāh,
ta^{c}alā, ent^{e}re Ya^{c}qūb i šu fiğo ochenta i doš annoš.
dešpu^{w}(e)š ağuntoše kon-el Ya^{c}qūb i^{y}-alsso laš manoš al-
assamā i dišo: Šennor, ya ešpartiš ent^{e}re mi i mi fiğo
325 ochon|ta i doš annoš. a ti še'an laš lo'oreš i laš g^{a}ra-
si^{y}aš, anši komo ereš pertanesi^{y}ente. para ši^{y}enp^{e}re a
el šon laš g^{a}rasi^{y}aš todaš i laš lo'esi^{y}oneš g^{a}randeš.
Dišo Ka^{c}bu Alāhbār[1] ke nunka kobdisi^{y}o kobdisi^{y}a mayor
Yusuf ke ağuntarše kon šu padre i ber šu kara del. i
dišpu^{w}eš ke alkanso šu kobdisi^{y}a, deše'o alkansar kon
šuš padreš i šuš aweloš Ibrahīm i^{y}-Izmā^{c}īl i^{y}-Isḥaq i
Ya^{c}qūb. |
326 Dišo ke eštubi^{y}eron Ya^{c}qūb i Yusuf i šuš ermanoš en
Miṣra lo ka kišo Allāh, ta^{c}āla, šu šuma delloš ent^{e}re
onb^{e}reš i muğereš, ğikoš i g^{a}randeš, t^{e}resi^{y}entaš p^{e}re-
šonaš. y-anši kedo Yusuf en šu rre'išmo kon šu padre i
šu konpanna fašta lo ke kišo Allāh, ta^{c}āla. i^{y}-ešto eš
lo ke noš llego del rrekontami^{y}ento de Ya^{c}qūb i de šu
fiğo Yusuf. |
327 La g^{a}rasi^{y}a de Allāh še'a šobre todo muslim i muslima,
āmin. wa lhamdu lillāhi, rabi il^{c}alamīna.

325-1 Ms. Alāḥabār

GLOSSAR

A. Spanisch

abansarše "vorangehen" 201, "ein Stück weiter weggehen" 39, "beschlossen sein" 139; abansado p.p. "beschlossen" 83, 224, "aufbewahrt, zurückgelegt" 184 (vgl. zu 184 Koran XII, 48: mā qaddamtum "was ihr aufbewahrt habt").
abaššar (abağar) "senken" (den Kopf, Blick) 76, 129, 160, 238, 267.
abenturansa: pu^w^ena abenturansa "Glückseligkeit" 200 (daneben bi^y^en abenturansa 202).
aberdadeser tr./intr. "für wahr halten" 64, 144, tr. "die Wahrheit (über etwas) sagen" 296, intr. "(jm.) glauben" 147.-Vgl. Rek. Ališ. 22v aberdadeçer "glauben, für wahr halten", ib. 18 "(ein Versprechen) erfüllen".
abezar "lehren" 321.
abiltar "(jn.) erniedrigen" 47, 218; abiltado p.p. "gedemütigt" 61, el abiltado de mi llugar "mein elender Zustand" 65.
aborrensi^y^a "Abscheu" 12.-Aspan., vgl. DHist I, 53 aborrencia.
abrayko "hebräisch" 52, 236, 296, 298^2.
abrigadura "Mantel, Umhang" 216.- Aspan. belegt in Ordinaciones de Barbastro von 1369 (vgl. DHist I, 62).
abšensi^y^a "Abwesenheit" 108^2.
abšente: en lo abšente "insgeheim" 189 n. 1, 190.
abundarše "angefüllt, erfüllt sein" 75.
achuntar (aguntar) "zusammenführen, versammeln" 114, 294, 319; achuntarše (ağuntarše) "zusammenkommen, sich vereinigen, sich versammeln" 56, 74, 167, 225, 307, 324, 325 (daneben chuntarše 206); achuntado p.p. "versammelt" 35.
adebdeserše "sich gebühren, (für jn.) eine Verpflichtung sein" 112.- Vgl. Leyes de Moros S. 428 adeudecerse (id.),

adeudecido "vorgeschrieben", Rek. Ališ. 37v adebdeçer "befehlen", ib. 30v adebdeçido "vorgeschrieben"

aderesar "führen, leiten" 194.

afer (afar) "Sache, Angelegenheit" 11, 70, 93, "Geschäft" 79, "Begehr, Vorhaben" 14, 232, 298.- Vgl. Rek. Ališ. 2v afer "Tat", 4v "Angelegenheit", ferner DHist I, 238 afer (Belege bis 16. Jhd.).

afollar "Schaden anrichten" 277.- Vgl. Rek. Ališ. 15 afollar "zerstören", Leyes de Moros S. 429 afollar (mit span. impedir, estorbar, inutilizar, anular übersetzt); aspan. und altarag., vgl. DCELC I, 47, DHist I, 250.

af^{o}rontar "(jn.) übel behandeln" 32.

agarganta "Kehle" 111 (daneben garganta 28).

agu^{w}elo s. awelo

ağuntar s. achuntar

ahazer: ahazer a šaber "in Kenntnis setzen" 296 (sonst fazer bzw. hazer (a) šaber 11, 22 passim). - Afazer "tun" aspan. im Fuero Juzgo (vgl. Fernández Llera S. 96).

aka'eser intr. "eintreten, geschehen" 228, 240, "(jm.) geschehen, zuteil werden" 6, 34, 39, 61 passim, tr. "(jn.) treffen, erreichen" 204 (vgl. zu dieser Stelle Koran XII, 56: nuṣību biraḥmatinā man našā'u "wir treffen mit unserer Barmherzigkeit, wen wir wollen"); aka'eser en la yerra (yi^{y}erra) "der Sünde verfallen" 136, 139, 141.

akongošarše "innerlich sehr bewegt sein (?)" 318.

akonšolarše "sich trösten" 41.

akontentar "zufriedenstellen" 128.

akorbar "senken" (den Kopf) 127, 238; akorbarše "sich krümmen, sich beugen" 102, 107, 210, 244, 248, 292; akorbado p.p. "gebeugt, gebückt" 125, 140

akošegir "ereilen" 36, "vereinigen, zusammenführen" 322.- Vgl. Rek. Ališ. 2, 4v, 62, 75 akošegir "erreichen, erlangen" ib. 61v, 65v "(jn.) in die Gewalt bekommen".

akošer "ergreifen, (jn.) überkommen" 270.

akoštarše "sich wenden an" 317.

akuytarše: no te (t') akuyteš kon "laß ab, sieh ab von" 288, 304.- Vgl. Rek. Ališ. 47 akuytarše "sich beeilen, sich kümmern um".

albornos "Burnus" 84.

alb^{i}risi^{y}a: ab (abe) alb^{i}risi^{y}a "frohe Nachricht! sei beglückwünscht! 193, 201.

alb^{i}risi^{y}ante (alb^{i}risante) "Gutes verheißend" 50, "gute Nachricht bringend, frohlockend" 250.
alb^{i}risi^{y}ar (alb^{i}risar) "gute Nachricht bringen, (jn.) beglückwünschen" 71, 194.
alchez "Gips" 78.
alchub (alğub) "Zisterne, Brunnen" 13, 27, 28^{2} passim. - Von ar. جب ğubb (id.); vgl. kat. aljub (Dicc. CVB I, 518), in DCELC I, 137 (s.v. aljibe) und Steiger, Contribución S. 189, 375 auch arag. alchub angegeben (ohne Beleg).
alchuba, eine Art Obergewand, 39, 57, 159, 177, 200, 212. - Von ar. جبة ğubba, aspan. aljuba, vgl. DCELC II, 1071 (s.v. jubón), DHist I, 450.
alegar^{1} s. ap^{e}legar
alegar^{2} (allegar) "behaupten, angeben" 7, 33^{3}, 233, 259^{2}, 271, 292, 303.
algaribo "fremd, Fremdling" 43, 44, "elend, unglücklich, verlassen" 35, 36^{2}, 37, 48, 62, 108^{3}. - Algarivo aspan., vgl. DCELC I, 120, DHist I, 429.
algo "Gut, Habe, Geld" 77, 83, 118, 143, 208, 219, 274; algoš pl. "?" 10 (s. 10 n. 2); kaša dell-algo "Schatzhaus, Schatzkammer" 215. - Algo "Gut" aspan., vgl. DHist I, 430.
alğub s. alchub
alibyaneser "erleichtern" 106. - Vgl. Rek. Ališ. 7 alibi^{y}aneçer (id.), Leyes de Moros S. 433 alibianecer "genesen".
alimareš pl. "Tiere" 240.
alinpi^{y}ar (alinbi^{y}ar) "für unschuldig erklären, lossprechen 189, 190^{2} (vgl. zu 190 das Koranzitat in 191 n. 1); alinpi^{y}arše "sich freisprechen" 188.
alkanfor "Kampfer" 132, 202, 316.
almiske (almizke) "Moschus" 79, 91, 132, 198, 202, 226, 316.
alsami^{y}ento "Erhebung" (der Stimme) 38.
amami^{y}ento "Liebe" 6 (le amaban amami^{y}ento fu^{w}erte).
amanar "reichen, geben" 270. - Aspan. belegt bei Villena (vgl. DHist I, 515), vgl. auch Aut. s.v. amanar.
amaneser tr. "Morgen, Tag werden lassen" 80.
amar tr. "wollen, belieben" 96, intr. (mit meistens mit en eingeleitetem que-Satz oder Inf.) "mögen, gern wollen" 33, 72, 76, 187, 251^{2}, 270, "gestatten" 91; šer maš amado (-a) a "(jm.) erwünschter, lieber sein" 118, 154,

155, 187 (vgl. ar. احب الى aḥabbu ilā "jm. lieber sein").
amatar "löschen" 134.
amori^{y}o "Liebe" 16, 48, 117[2]. - Vgl. Rek. Ališ. 65, 85 amori^{y}o "Liebe".
amortesido: i kayo amortesido (-a) šobr'el (ella) "er (sie) fiel in Ohnmacht" 65, 109, 165, 286 (vgl. ar. سقط مغشيا عليه saqaṭa maġšiyan ^{c}alayhi "er fiel in Ohnmacht").
amortesimi^{y}ento (amortisimi^{y}ento) "Ohnmacht" 40, 110, 287.
amucheser intr. mit de und Inf. "(etwas) noch mehr tun" 194, 284; amucheserše "zunehmen, mehr werden" 73[2]. - Vgl. Rek. Ališ. 30, 82v amucheçer (-še) "zahlreich sein, zunehmen", Leyes de Moros S. 435 amuchezer "vermehren".
amuchesimi^{y}ento "große Menge, Vielsein" 112.
anğeza "Breite" 196. - Ancheza arag., vgl. DHist I, 567, auch Rek. Ališ. 19v, 29, 80v anp^{e}leça (ancheça) "Breite".
anotar "(Übles) nachsagen" 187, 188, 189.
anši^{y}ar "ängstigen" 178; anši^{y}arše "begehren" 138.
anta s, enta
ante ke conj. "bevor" 20.
aparsero "Teilhaber" 47, 171.
apartarše "sich entfernen" 57, "sich trennen" 107, "abstehen von" 214 (mit de und Inf.).
apešgar "beschweren" 45.
ap^{e}legar: ap^{e}legar (alegar) a šuš pechoš "an seine Brust drücken" 6, 9, 16, 110, 256, 319; ap^{e}legarše (alegarše) "sich nähern" 44, 110, 220.
aporkarado "beauftragt, betraut mit" 248.
apoši^{y}ento "Gemach" 127, "Wohnung" 209.
ap^{e}rešurar "zuteil werden lassen, schicken" 32.
ap^{e}retar "umgürten" 256 (ep^{e}retole); ap^{e}retarše "sich (mit jm.) zusammentun" 179, "größer, stärker werden" 180, 210. - Vgl. Rek. Ališ. 13v, 82v ap^{e}retarše "größer, stärker werden".
ap^{o}rometer "(jm.) zubestimmen" 132 (daneben p^{o}rometer s. S. 121). - Aprometer bei Hernán Nuñez (vgl. DHist I, 696).
arre'ami^{y}ento "Schmuck" 82. - Vgl. DHist I, 777 arreamiento (im 16. Jhd. belegt).
arredrado "fern" 48.
asennar "mit den Augen blinken" 97; asennarše "sich ein-

ander zublinken" 238. - Vgl. Rek. Ališ. 77v açennar "Zeichen geben", Leyes de Moros S. 427, 438 aceñar, ceñar "Zeichen mit der Hand geben", ferner DCELC I, 767 (s.v. ceño).

ašentar tr. "setzen, hinsetzen" 78, 89, 91 passim, "(in einen Zustand) versetzen" 65, intr. "Halt machen, rasten" 49, 70, 96, "(jm.) zustoßen" 48, 65, fazer ašentar "sitzen lassen" 84, 116, 158, 188; ašentarše "sich setzen" 17, 79, 183, 204, 205, 320, 322, "geoffenbart werden" 70, no m'e... ašentado ašentada "nicht bin ich... zu einer Rast abgestiegen" 70; ašentado p.p. "sitzend" 38, 49, zu ašentadoš 249 s. 249 n. 2. (Zu den Bedeutungen "absteigen, rasten", "geoffenbart werden" vgl. ar. نزل nazala). - Vgl. Rek. Ališ. 12 ašentar "halten lassen", ib. 14, 23, 29 ašentarše "Halt machen, lagern".

ašetado "durstig" 20, 35.

ašetarše "durstig werden" 18, 134.

ašinar "ansagen, bekanntgeben" 77.

ašoletado "verlassen, einsam" 28, 36.

ašoletami^{y}ento "Zurückgezogenheit" 123, 125, 127.

ašoletarše "sich zurückziehen" 123^2, 125^2, 227, 281, 284.

ašomada "Erscheinen" 3, 202.

ašomante: el sol a ašomante "die Sonne scheint über ihm" 100.

ašomarše "sich zeigen" 88, "sich beugen über" 31. 34, 50, 133, "(einer Sache) entgegensehen" 303, "sich entschließen" 21, "sich kümmern, sich widmen" 210.

ašošegarše "sich beruhigen" 176, 304, 306, 307.

atemar "fertig sein (mit), beenden" 104, 243. - Zu aspan. atemar vgl. DCELC IV, 447 (s.v. timar).

atorgar "einräumen, zugeben" 52, 189. - Aspan., vgl. DCELC I, 335 (s.v. autor), auch Rek. Ališ. S. 189.

aturar "bleiben" 49.

au adv. "noch" 37, 46^2, 87 (daneben a'un 10, 21 passim).

auke conj. "obwohl" 59^3, 131.

awelo (agu^{w}elo, awwelo, awello) "Großvater" 19, 21, 22, 139, 175, 220, 223, 279, 290, 310, 313, 325.

az "Reihe" 3, 201.

bagar: a bagar "langsam!" 244.

bal "Tal" 2, 100, 102, 104, 162, 163, 174, 235 (daneben balle, bale 99^2, 100).

barrosero "?" 118.
barrunta "Spion" 231^{2}, 295^{2}, 296, 297.
bašillo "Behälter, Gefäß" 17, 116, 122, 316.
bebrağe "Getränk" 75.
begada "Mal" 16, 17, 62, 109^{2}, 217^{2}, 258, 300, 301 (daneben bez 259).
bendida "Verkauf" 54, 55^{2}.
benedidoš pl. "Geächtete(?)" 24.
benimi^{y}ento "Kommen, Ankunft" 38, 260. - Vgl. Rek. Ališ. 56v, 58 benimi^{y}ento "Kommen".
benir kon "bringen" 55, 249, 251, 289^{2}, "zurückbringen" 254, "darbringen" 253, "(etwas) empfangen" 32; šer bendido kon "(von jm.) aufgesucht werden" 188^{2}. (Vgl. ar. اتى ب جاء ب atā bi, ğā'a bi "kommen mit, bringen"). - Vgl. Rek. Ališ. 1v. 38, 55, 66 benir kon "bringen".
be'oš (mit folg. Nomen) "da war, da zeigte sich plötzlich" 20, be'oš kon (id.) 21, 180, be'oš elloš anši "als sie so waren" 64; be'oš ke "da plötzlich" 43. (Zu be'oš, be'oš kon vgl. ar. اذا, اذا ب idā, idā bi "da war"). Vgl. auch e'oš S. 109. - Beoš (bemoš) kon auch in Rek. Ališ. (vgl. ib. S. 59).
ber: dar a ber "zeigen" 72, 77^{2}, 131 passim (vgl. ar. ارى arā "sehen lassen, zeigen").
berkurador s. perkurador
bermutarše s. permutarše
beštidoreš pl. "?" 100.
beštimento "Gewand" 200, 207, 316.
beyte "zwanzig" 53, 55, 300, binti i ku^{w}at^{o}ro "vierundzwanzig" 115; (daneben beynte 222). - Beyte auch in Rek. Ališ. (vgl. ib. S. 54).
bi^{y}adad s. pi^{y}adad
bi^{y}ent^{e}re: loš bi^{y}ent^{e}reš de loš balleš "die Tiefen der Täler" 206.
bišarma "Hellebarde" 202.
bišfiğo "Enkel" 115.
bofete'ar (pofete'ar) "ohrfeigen" 22, 62.
bolberše "zurückkehren" 42, 249, "sich wenden (an, zu), sich umwenden" 16, 25, 28, 43, 52 passim, no še bolbi^{y}eron a šuš balabraš (a šu dicho) "sie achteten nicht auf seine Worte" 20, 24, mit folg. que-Satz "sich anschicken

zu, beginnen" 17, 20, 24, mit Gerundium "beginnen, wieder beginnen" 45, 136, bolberše kon "beginnen" 165.

bondošo "ertragreich, fruchtbar" 205, 206.- Vgl. bondar, DCELC III, 560 (s.v. onda).

b^{a}rašil Art Gefäß 198.

b^{o}rokada "Brokat" 226 (sonst b^{o}rokado 84, 91, 196, 261, 318).

bulrrar (-še, pulrrar) "Spott, Scherz treiben" 120, 121, 172 (daneben burlar,-še, purlarše 109^{2}, 135, 167).

chamellot (chamellod) "Kamelot, Wollstoff" 84, 116.- Vgl. kat. xamellot, DCELC I, 616 (s.v. camelote).

cherrante s. yerrante

chešemineš (ǧešemineš) pl. "Jasminsträucher" 119, 199.- Zur Form vgl. DCELC II, 1044 (s.v. jazmín).

chiknez (ǧiknez, ǧikenez) "Kleinheit, Jugend" 16, 24, 61, 65, 145.- Aspan. chiquinez, vgl. EI I, 1356.

chinollo "Knie" 60.

chošmeter "unterwerfen" 296.

chošrriba "Höhle (?)" 45.

chudikar "richten, entscheiden" 172, 222, 223.

chure'ar "(auf den Knien) rutschen, sich schleppen" 60.

danboš "beide" 270, 318, 319.- Vgl. DCELC I, 187 (s.v. ambos).

dayunar "fasten" 19.- Vgl. Leyes de Moros S. 440 dayuno "Fasten", weitere Belege vgl. DCELC I, 344 (s.v. ayuno).

dar: darše de mano "herabfallen (?)" 34.

debedar: fu^{w}eron debedadoš "ihnen wurde der Eintritt untersagt" 264; debedarše "abstehen von" 54, 87.-Vgl. Rek. Ališ. 37v debedar "verwehren", aspan. devedar vgl. DCELC IV, 684 (s.v. vedar).

defenderše: defi^{y}endome (defendemonoš) kon Allāh "Gott bewahre!" 52, 101, 189, 289, 301, (zu 189 vgl. Koran XII, 51: ḥāša lillāhi "Gott bewahre!").

delande prp. "vor" 23, 147.

delgazarše "dünn werden" 292.

demetimi^{y}ento "Elend" 210.

dende (dent, ent) prp. "von...aus, von..her, aus" 162, 177, 232, 233, 234; dende ke conj. "seitdem" 107.

dent^{a}rar "eintreten" 238 (sonst ent^{a}rar 8, 70, 72 passim. -Vgl. Rek. Ališ. 1, 1v dent^{a}rar (id.), ferner DCELC II, 303 (s.v. entrar).

depu^{w}eš 1^{2}, 6, 8 passim = span. después, (daneben dešpu^{w}eš 8^{3}, 11, 16 passim).

deresera: en deresera de prp. "vor" 262.

dereytağe: por el dereytağe de "bei der Autorität von" 19, 21, 22, 25, 44 passim. - Vgl. Rek. Ališ. 53v, 64 deritaje (deretaje) "Autorität, Rang"

derrokarše "herabfallen" 133.

desebir "täuschen" 302.

dešdeššida "Ausgang, Ende" 48. - Vgl. Leyes de Moros S. 440 desexyda (span. mit excusa, disculpa, salida übersetzt).

deše'ado "sich sehnend" 103.

dešengannante "wohlwollend, zugetan" 15, 127, (zu 15 vgl. Koran XII, 11: innā lahū lanāṣiḥūna "wir sind ihm wirklich zugetan").

dešengannar (dešenganar) "die Wahrheit sagen" 184, "guten Rat geben" 56.

dešfe'uzarše "die Hoffnung verlieren" 57. - Zu aspan. desfeuzar vgl. DCELC II, 962 (s.v. hucia), ferner desfiuzado in Leyes de Moros (vgl. ib. S. 440).

dešfigurarše (dešfegurarše) "entstellt werden" 166, "verblassen" 323.

dešk^{e}re'er "aufhören zu glauben" 214, "sich vergehen (an)" 24.

dešk^{e}reyenta f. "Ungläubige, Heidin" 139.

dešobedensi^{y}a "Ungehorsam" 215, 217, 227.

dešobidi^{y}ente "ungehorsam" 132.

dešpoğar "entkleiden" 116; dešpoğarše "sich ausziehen" 200.

dešt^{a}rado "Estrade, erhöhter Platz" 120, 125, 152, 196^{2}. - Destrado auch in Leyes de Moros (vgl. ib. S. 440), Inventarios arag.

dešyerror "Irrtum" 151. - Vgl. Rek. Ališ. 42v dešyerrar "Irrtum".

dewella "Enthauptung" 291.

dicho (diğo) "Rede, Worte" 8, 19, 22 passim, ḏito (id.) 31.
difirente "anders als sonst" 287.
ḏirrimir "befreien, retten" 291.
ḏišpediřše "sich verabschieden" 275, 293 (daneben dešpe-
   diřše 230, 249, 252, 256, 313).
dišpu^{w}eš ke conj. "nachdem" 325.
dito s. dicho
dizi^{y}endaš pl. "Gerede, Verleumdungen" 156.
dizиši^{y}ete "siebzehn" 53, 301.
dizi'ocho "achtzehn" 287.
dondeki^{y}ere (doki^{y}ere) ke "überall wo" 129, 131, 161.
dormidor "Schlafender, Schläfer" 6.

e conj. "und" 23, 58, 117, 206, ye "und" 23.
e'a ši (eya ši) Partikel zur Einleitung von Fragesätzen
   86, 75, 99, 100^{3}, 101, 162, 176, 240, 252 (vgl. ar. هل
   hal mit derselben Bedeutung). - Vgl. Rek. Ališ. S. 59 ea ši.
ebunon "Ebenholz" 122.
ementar s. imentar
enbaštido: muy enbaštido de b^{a}rasoš "mit starken Armen
   (?)" 111.
enbeštir "aufdrücken, eindrücken" 71. - Vgl. DCELC IV, 718
   (s.v. vestir) jud. span. envestir.
enb^{a}lakeserše "weiß werden" 323.
enb^{i}ri'ageškaš pl. "Verwirrungen, Ängste" 106.
enchikesido "erniedrigt, gering geachtet" 154 (vgl.
   Koran XII, 32: mina -ṣ-ṣāġirīna "von den gering Geachte-
   ten").
enchuri^{y}ador "einer, der beleidigt" 210.
enchuri^{y}ado "Beleidigter" 210.
enchuri^{y}ar "beleidigen" 43, 44.
enemigansa "Feindschaft" 20. - Vgl. Rek. Ališ. 94 enemi-
   gança "Feindschaft".
enfamar "verleumden" 44, 289 (daneben infamar 304).
enfazende'arše "sich widmen, beschäftigt sein (mit)"
   149, 209.
enfeštillar (enfištillar) "den Blick heften" 88, 125.
enf^{u}lu'ir "beeinflussen, (jm.) eingeben" 195.
enforkar "(jn.) hängen" 171, 173, 305, 308.
engošto "eng" 158.

eng^{i}rillonar (eng^{i}rilonar) "fesseln" 57, 63, 159, 174; eng^{i}rillonado p.p. "gefesselt" 56, 58^{2}, 63, 163, 165, 174.- Vgl. kat. engrillonar.

enguštı^{y}a "Bedrängnis" 185 (daneben anguštı^{y}a 194).

enkanb^{a}rar "aufspeichern" 185.

enkoronar "krönen" 116; enkoranado p.p. "gekrönt" 99.

enkolorado: el enkolorado kon la k^{a}laredad "der mit Klarheit erleuchtete" 71.

enk^{u}rubir "verbergen, verschweigen" 151, 280 (daneben enkubrir 11).

enpara "Versteck" 131, "Trennungswand" 152^{2}, "Trennung" 150, "Verhinderung" 82.- Vgl. Rek. Ališ. 95 enpara "Schutz".

enpodere'ant (-e) "mächtig, geachtet" 193, 203 (vgl. das Koranzitat in 203 n. 1).

enpodere'ar: dar a enpodere'ar (enbodere'ar) "Macht verleihen" 204, 223, 296 (zu 204 vgl. Koran XII, 56: makkanā "wir haben Macht verliehen").

enp^{e}rentar "einprägen" 48.

enp^{e}reši^{y}onar "ins Gefängnis werfen" 143, 154, 156, 157, 158^{2}, 166, 167; enp^{e}reši^{y}onado p.p. "gefangengesetzt" 163, 165.- Vgl. Poema de Yuçuf 39c enp^{e}rexi^{y}onar "gefangen mit sich führen".

enpu^{w}eš adv. "danach, später" 34, 108, prp. "hinter (?)" 14; enpu^{w}eš de prp. "nach, hinter" 29, 194, 276^{2}, "nach" (zeitl.) 1, 24, 61.

ensegeserše "blind werden" 103, 244; ensegesido p.p. "erblindet" 105.

enšanteser "heiligen" 13, 216.

enšennore'ado: ešk^{a}labo enšennore'ado "in herrschaftlichen Rang aufgestiegener Sklave" 99, 101, 106.

enšennore'ar "beherrschen" 209; dar a'nšennore'ar "Macht geben(über)" 31, 46, 87, 194, 210; enšennore'arše "sich (über jn,) erheben" 12; no enšennore'arše (mit de, šino und Inf. oder mit neuem Hauptsatz) "nicht umhin können, nicht unterlassen können" 60, 89, 109, 286.

enššugami^{y}ento "Austrocknung, Versiegen" 179.

enššugarše "austrocknen" 72.

ent s. dende

enta prp. "nach, zu, in Richtung auf" 8, 58, 60 passim (entad-Allāh "zu Gott" 151), "bei" 39, 98 (anta), 161^{2}, 182, 249, "gegen, um" (zeitl.) 104, 104 n.1, enta mi abe "ich habe" 109; d'enta prp. "von...weg" 302.- Zu arag. enta vgl. DCELC II, 266 (s.v. ende).

ent^{e}rašteserše "sich betrüben, trauern" 244 (sonst ent^{i}rišteser tr. 178, -še 15, 34, 39, 281, 284, 294).

e'oš: e'oš eštando anši "als er so dasaß" 216. Vgl. auch be'oš S. 104. - Vgl. Rek. Ališ. 87v eoš "da war".

eskerra s. ezkerra

ešbandir s. ešpandir

ešbarbado "bartlos" 165, 259 (daneben dešbarbado 111).

ešbi^{y}ar "fern halten, entfernen" 154, 156; ešbi^{y}arše "weggehen, sich entfernen" 32, 33, 34, 148.- Vgl. Rek. Ališ. 6, 82 ešbi^{y}ar, -še "sich entfernen".

ešb^{o}lotere'ar "(die Flügel) schlagen" 196.

ešfe'uzarše "die Hoffnung verlieren" 282, "sich enttäuscht sehen" 135.

ešf^{e}regar "reiben" 181^{2}; ešf^{e}regarše "sich reiben" 97, "sich anschmiegen" 60.- Vgl. Leyes de Moros S. 441 esfregar "reiben".

ešg^{a}rasi^{y}arše "sich verabschieden" 16, 58, 114.

eškalab^{a}rarše "sich (am Kopf) verletzen" 58.

eškerpante "ungewöhnlich, anders als sonst" 287.- Esquerpar heute in Santander, vgl. EI II, 1869.

eškešer "vergessen" 224.- Vgl. aspan. escaecer "vergessen" (DCELC I, 574 s.v. caer), Rek. Ališ. 37 eščaeçerše, port. esquecer.

eškibo "entsetzlich" 40^{2}, 67, "schlecht" 142.- Zu aspan. esquivo in diesen Bedeutungen vgl. DCELC II, 409, auch Rek. Ališ. 122v eškibo "häßlich".

ešk^{a}lareser (ešk^{a}lereser) tr. "erhellen, erleuchten" 73, intr. "hell werden, sich erhellen" 2, 10; ešk^{a}lereserše "sich erhellen" 71; ešk^{a}laresido p.p. "erleuchtet" 202.

eškolgar "herabhängen, herablassen" 28, 29^{2}, 50.- Vgl. Rek. Ališ. 30 eškolgarše "sich herunterlassen".

ešk^{e}re'ido "ungläubig, nicht glaubend" 170.- Vgl. Rek. Ališ. 63v ešk^{e}reer "nicht glauben".

eškureserše "dunkel werden" 45.

eškušado: i tan eškušado eš ke "und so unmöglich ist es, daß" 33

ešlargar "länger verweilen" 194.
ešligar "aufbinden, aufknoten" 61, 138^2, 139^2 (daneben dešligar 138). -Esligado in Inventarios arag. (s.v. desligar).
ešmentir "einer Lüge zeihen" 147. - Ebenso esmentir in Fueros de Aragón S. 353 (s.v. desmentir).
ešmerakte (ešmerakto) "Smaragd" 5, 79. - Vgl. ähnliche Formen im Aspan. und Kat., DCELC II, 378 (s.v. esmeralda).
ešnudar "auskleiden" 159, 173; ešnudarše "sich auskleiden" 71; (daneben dešnudar 28, 62, 71, dešnudo "nackt" 62). - Vgl. esnudo in Fueros de Aragón S. 393, Fuero de Teruel S. 521.
ešpaldaš pl. "Schultern, Rücken" 62, 87, 103, 210, 244, 292, 309^2, 310, "Schulterstücke (an der Kleidung)" 57, 63, 177.
ešpandeser "ausbreiten" 2, 197, 266. - Vgl. Leyes de Moros S. 441 espandecido, Fuero de Teruel S. 522 espandreçer "ausbreiten".
ešpandir (ešbandir) "ausbreiten" 74, 89, 177, 196, 260; ešpandido p.p. "ausgebreitet" 79.
ešpartir (meist mit ent^{e}re) "trennen" 18, 61, 139, 323^2, 324^5; ešpartirše "sich trennen" 282; por ešpartidoš "getrennt" 256. -Vgl. Rek. Ališ. 59 ešpartir "trennen", auch aspan. espartir vgl. DCELC III, 676 (s.v. parte).
ešpertarše "aufwachen" 6, 9 (daneben dešpertarše 178). - Vgl. Rek. Ališ. 3v ešpertarše "aufwachen", zu aspan. espertar vgl. DCELC II, 155 (s.v. despierto).
ešpesi^{y}a "Art, Sorte" 10, 75, 116, 119^2, 120^2, 132.
ešpesi^{y}alar "besonders auszeichnen" 4, "auserwählen" 199, 205. - Vgl. Rek. Ališ. 43v ešpeçi^{y}alar "auszeichnen".
ešpoǧar (ešpochar) "auskleiden" 87, 200. - Vgl. Rek. Ališ. 75, 81v, 110 ešpollado (ešpošado, ešpoššado) "nackt", vgl. ferner Fueros de Aragón S. 396 espullar "enteignen", Fuero de Teruel S. 523 espuiar, espojar "berauben".
eštado "Zustand" 93, 164, "Aufenthaltsort" 125, "Aufenthalt" 115 (vgl. 115 n. 2), "Gestalt, Wuchs" 165, "Herrschaftlichkeit" 294; šobre todo eštado "auf jeden Fall" 31 (vgl. ar. على كل حال ^{c}alā kulli ḥālin "auf jeden Fall").
eštansi^{y}a "Augenblick" 76.
eštellamente "?" 209.
eštenp^{a}rar "auflösen, verdünnen" 273.
eštori^{y}a "Geschichte" 56, 95, 101.

ešt^{a}ranneza "schlimme Lage" 66, laš ešt^{a}rannezaš dellalğub "der Grund der Zisterne" 13 (vgl. Koran XII, 10: fī ġayābati -l-ğubbi "auf den Grund der Zisterne").

ešturdeserše "betäubt, verwirrt werden" 309.

etağar "entfernen" 40.- Vgl. Rek. Ališ. 23v, 24 eštajar (eštachar) "entfernen", zu altarag. estallar vgl. DCELC IV, 347 (s.v. tajar).

eya ši s. e'a ši

ezkerro: man (mano) ezkerra (eskerra, ezkerda) "linke Seite" 88, 198^{2}, 211, 236, 309, 316.- Vgl. Rek. Ališ. 62v, 77v eçkerro "links", DCELC II, 1014 (s.v. izquierdo).

fazedor "Schöpfer, Urheber" 47, 162, zu fazedoreš 13 vgl. 13 n. 1.

fecho s. hecho

fe'eza "Schändlichkeit" 138.

fegura, fegurar s. figura, figurar

feletaš pl. "?" 135.

ferrada "Schöpfeimer" 50.

fe'uza "Vertrauen, Zuversicht" 29.- Zu aspan. feuza vgl. DCELC II, 962 (s.v. hucia).

fi^{y}aldağe "anvertraute Sache" 104.- Vgl. Rek. Ališ. 18 fayaldağe "Tribut".

figura (fegura) "Gestalt, Aussehen" 111, 131, 140, 175, "Bild, Bildnis" 124^{2}.- Vgl. Rek. Ališ. 87, 87v figura (fegura) "Bild, Abbild", ib. 86v "Götzenbild", zur Form fegura vgl. DCELC II, 521 (s.v. figura).

figurar (fegurar) "bilden" 133, "abbilden" 124, "beschreiben" 100^{2}, 101^{2}, 103, 111, 268, "vorgeben, vortäuschen" 45, 280.

folgar "ausruhen" 18, "Ruhe haben (vor jm.), befreit sein von" 30.- Vgl. zur 2. Bedeutung Rek. Ališ. 21 folgar und ib. 93 fu^{w}elgo "Befreiung, Erleichterung".

fortaleza "Kraft, Stärke" 3, 89, 309, "Ausmaß" 107, 240, 286, fortalezaš pl. "Widerwärtigkeiten" 86.

fortefikar "verstärken" 70.

f^{a}rawar "bauen, errichten" 102, (f^{a}rago) 78.- Vgl. Rek. Ališ. 91v f^{a}ragu^{w}a "Gebäude", zur Bedeutung ferner DCELC II, 563 (s.v. fragua).

f^{u}ruyta "Frucht" 7 (daneben f^{u}ruta 7^{2}, 119^{3}).

f^{u}rutible: arboleš f^{u}rutibleš "Obstbäume" 119.

fu^{w}elgo "Ruhe, Rast" 18^{2}.

fu^{w}erte "stark, gewaltig" 66^{3}, "heftig" (von Gemütsbewegungen) 6, 8, 39, 40 passim, "schlimm, unheilvoll" 108, 184; oro fu^{w}erte "kräftiges Gold" 124.

gayato "Hirtenstab" 7. - Aragonismus (vgl. DCELC I, 736 s.v. cayado), auch Rek. Ališ. 110v gayato (kayato) "Stab", Leyes de Moros S. 441 gayato "Hirtenstab".
gešemineš s. chešemineš
ğiknez, gikenez s. chiknez
goler "řiechen" 41, 110 (daneben oler 313).
golor "Geruch" 41, 313^{3} (daneben olor 111, 119, 133, 198).
goyo "Freude" 130, 202. - Aragonismus (vgl. DCELC II, 759 s.v. gozo).
g^{a}rada "Rangstufe" 278 (vgl. zu 278 Koran XII, 76: narfa^{c}u darağātin man našā'u "wir erhöhen im Rang, wen wir wollen"), "Lage, Situation" 65, zu 94 vgl. 94 n. 1. - Vgl. Rek. Ališ. 64v g^{a}rada "Rang" (daneben g^{a}rado 64).
g^{i}ritante "rufende Stimme" 63.

hecho (fecho) "Sache, Angelegenheit, was (jm.) betrifft" 17, 48, 72, 172, 273, 296, "Geschäft" 104. - Fecho "Sache, Angelegenheit" auch im Rek. Ališ. (vgl. ib. S. 195).

ibantağa (ibantala) "Vorzug, Gnade, Huld" 3, 16, 72, 97, 171, 212 (bei 171 und 212 liegt ar. فضل faḍl "Huld" zugrunde, vgl. Koran XII, 38 und IV, 54). - Leyes de Moros S. 449 ybantalla, ybantalle, ybantaja "Vorteil, Nutzen".
iban(ta)šado "vorzüglich" 267.
idola (idolla) "Götzenbild" 131, 213^{2}, 214^{2}. - Vgl. Rek. Ališ. 42 idola "Götzenbild"
imentar (ementar) "erwähnen" 9, 95, 172, 182, 205, 317, "gedenken" 44, 118, 128. - Vgl. Rek. Ališ. 25, 65v imentar "erwähnen", ib. 85 "gedenken", Schmitz, Poema de José 225c imendar "erinnern", aspan. ementar vgl. DCELC III, 344 (s.v. mente).
irarše "erzürnt sein" 21 (daneben ayrarše 166).
ištansi^{y}a "Gemach" 123 (sonst eštansi^{y}a 122, 123, 124 passim).
iwalar "gleichen, gleichkommen" 234; šer iwalado "fest sitzen" (auf einem Pferd) 85; iwalado p.p. "hochgewachsen, aufrecht" 165. - Vgl. Rek. Ališ. 3, 38 igu^{w}alar (iwwalar) "aufrichten", ib. 4v iwalado "erwachsen".

kabalisero "Stallmeister" 211.
kabesa (qabesa) "Kopf" 18, 65, 68 passim. "höchste Stelle" 225, "Gipfel" 107, "oberster Rand" 37, 55.
kabo "Spitze" (des Haares) 112.
kadafalšo "Schaugerüst, Podium für einen feierlichen Akt" 195, 202.
kama "Bein" 111, 112. - Cama aspan. und kat., vgl. DCELC II, 645 (s.v. gamba).
kaminami^{y}anto "Marsch, Reise" 317.
kaminanteš pl. "Reisende, reisende Kaufleute" 13, 27.
kaminar "laufen" 8, 104^{2}, "reiten" 108, 202, "reisen" 97, 104, 230, 257, 293, 313, 315 "sich fortbewegen" 70.
kamino: kada kamino ke conj. "jedes Mal wenn" 1.
kanšami^{y}ento "Ermüdung" 71.
kara: šobre la kara de la ti^{y}erra "auf der Erde" 119, 209, šobre la kara dell-awa "auf der Wasseroberfläche" 30.
kašar kon "sich mit jm. verheiraten" 1^{2}, 223, 224.
kaštigar "bestrafen" 128^{2}, 132, kaštigar kon "jn. empfehlen, anvertrauen" 17, 58.- Vgl. Rek. Ališ. 62v kaštigar kon "jn. empfehlen".
katar "sehen, achten auf" 62.
katibar "gefangen nehmen" 173.- Vgl. Rek. Ališ. 87v katibar "gefangen nehmen", Belege für aspan. cativar in DHist II, 879.
katibo "Gefangener" 63, 209, "Gefangenschaft" 214.- Vgl. Rek. Ališ. 87v, 92v katibo "gefangen"; aspan. cativo in beiden Bedeutungen, vgl. DCELC I, 735 (s.v. cautivo), DHist II, 879 (Belege bis 16./17. Jhd.).
katorzeno "vierzehnter" 84.
katreda "Thron" 79^{2}, 89, 123 passim.- Vgl. Rek. Ališ. 91 kat^{e}reda "Thron", ferner DHist II, 883 cátreda.
keššante "Kläger" 210.
kirodo "Schrei, Ruf" 213, 286.
kito "frei von Schuld" 190.
k^{a}lare'ar "hell werden, sich erhellen" 2, 10.
k^{a}laredad (k^{a}laredat, k^{e}leredad) "Klarheit, Helligkeit" 2, 3^{2}, 9, 10^{2} passim.
koğida "Ernte" 206.
komo conj. "wenn, falls" 15 (vgl. zu dieser Stelle Koran XII, 14: la'in akalahū -ḏ-ḏi'bu "wenn ihn der Wolf frißt").
kondisi^{y}oneš pl. "schlechte Charaktereigenschaften" 52.

koneser "kennen" 162 (sonst konoser 99^{2}, 100^{2} passim).- Vgl. Rek. Ališ. 66 koneser "kennen", auch aspan. conecer in Libro de Alexandre und Libro de Apolonio (vgl. Rek. Ališ. S. 198), jud. span. coneser (vgl. DCELC I, 884).

konpanna "Schar, Leute" 12, 15^{2}, 51, 52, 64 passim, "Familie, Sippe, Stamm" 1, 57, 112, 294, 297, 315, 326, "Volk" 87, 170.

konpannar "begleiten" 211 (daneben akonpannar 5).

konpašante "zufrieden, erfreut" 118.- Vgl. Rek. Ališ. 75.

konpašarše "sich begnügen, zufrieden geben". konbašar 263 vgl. 264 n. 1.

konp^{e}render (kon) "(jn., etwas) umringen, umgeben" 66, 197, 201.

konp^{e}rešo p. p. 254. vgl. 254 n. 1.

konrre'ar "schmücken" 84, 99, 137; konrre'arše "sich schmücken" 81.

konšellar "beraten" 27, konšellarše (konšelarše) "sich beraten" 17^{2}.- Aspan. consejar vgl. DCELC I, 885 (s.v. consejo).

konšerbar "vor der Sünde bewahren" 129, 136, 139, 190; konšerbarše "sich hüten" 127, 136, 154.

konšerbasi^{y}on "Bewahrung, Behütung (vor der Sünde)" 129, 155.

kontar (šobre) "Rechenschaft fordern (von jn.)" 297.

kontornar "hin und her wenden" 41.

korağe "Zorn" 12, 20.

korrer: lo ke abe korido šobre mi de laš fortalezaš "was mir an Widerwärtigkeiten zugestoßen ist" 86.

košir "ernten" 184.

koštado: al koštado de "neben" 8, 9, 157, 180, (a šu koštado) 183.

k^{e}rebantado "niedergeschlagen" 47^{2}, "Niedergeschlagenheit" 248.

k^{e}rebar "durch-, zerbrechen" 141, 213, 214.- Vgl. Rek. Ališ. 10, 40 k^{e}rebar "zerbrechen", zu aspan. crebar vgl. DCELC III, 935.

k^{e}reser "steigern, erhöhen" 253, k^{e}resi^{y}ole Allāh en šu hermoššura "Gott steigerte ihre Schönheit" 222, k^{e}reser en (korağe, g^{a}rasi^{y}a usw.) "verstärken, vermehren" (den Zorn, Dank usw.) 12, 20, 31.- Vgl. Rek. Ališ. 65 k^{e}reçer tr. "steigern", zum transitiven Gebrauch vgl. Cuervo, Dicc. II, 582.

k^{i}ri^{y}atura "kleines Kind" 37, 146^{3}, 188^{2}.

k^{i}ri^{y}azon "Familie" 307, 309.

k^{i}ridar "rufen, schreiben" 21, 34, 40, 42 passim (daneben g^{i}ritar 38, 51^{2}, 58, 64, g^{i}rito "Schrei" 38, 72).- Aragonismus,

vgl. DCELC II, 791.
k^{u}rusillada (k^{u}rusilada) "Wegkreuzung" 28, 38, 96, 164, 209, 213, 214.
ku^{w}aleški^{y}ere ke "welche auch immer" 220.
ku^{w}anto: a ku^{w}anto "was betrifft" 31, 36, 77, 101 passim, "diesbezüglich" 98; a ku^{w}anto depu^{w}eš (a ku^{w}anto) "was den Gegenstand (des Briefes) betrifft" (Wendung am Briefanfang) 233, 234, 259, 290, (vgl. ar. اما بعد ammā ba^{c}du mit derselben Bedeutung).
ku^{w}ant^{a}ra prp. "gegen" 142, 288 (daneben kont^{a}ra 258, 287). - Zu aspan. cuantra vgl. DCELC I, 890.
ku^{w}eštaš pl. "Schulter, Rücken" 107.
kulebro "Schlange" 67; kullu^{w}ebra (id.) 157.
kunp^{i}lir (kunb^{i}lir) "vervollständigen, vollenden" 94, 112, 225, kunp^{i}lir la mešura "das Maß füllen" 246, 249, 250, 295^{2}; kunp^{i}lirše "zu Ende sein, verstrichen sein" 114, "beenden" 71 (mit de).
kura: no tengaš (ayaš) kura "sorge dich nicht" 142, 281.
kuydar "meinen, glauben" 172, "(an etwas) denken, beachten" 212, mit Inf. "beinahe tun, nahe daran sein zu" 28, 37; i tubo pu^{w}en kuydar kon Allāh "und er gedachte wohl Gottes" 291. - Vgl. Rek. Ališ. 16 kuidar "denken, glauben", ib. 24v "nahe daran sein zu".

lanber "lecken" 97.
largura "Dauer" 210.
laz^{a}rado "unglücklich, elend" 129, 202. - Lazrado aspan., heute jud. span. (vgl. DCELC III, 5).
lebador "Träger" 199.
lebantar: fazer lebantar "(jn.) sich hinstellen lassen" 124.
lebar "tragen, bringen" 36, 56, 60 passim.
legar (p^{e}legar) intr. "ankommen, erreichen" 1, 2, 29, 30 passim, llegar (id.) 59, 264, 313^{2}, 315, "mitgeteilt werden" 81, 128, 152, 292, p^{e}legonoš (noš llego) "es wurde uns überliefert" 54, 115, 326, tr. "mitteilen, verkünden" 102, 103, 104, 107, legar el-asalām "grüßen" 36, 46, 60, (vgl. ar. بلغ السلام ballaġa -s-salāma "grüßen").
lego: ell-anabī lego "der weltliche Prophet" (=Mohammed) 288, 290.

[le'ir] "lesen" 260, 298; [le'ir] ell-assalām "grüßen" 103, 105, 106 passim, vgl. ar. قرأ السلام qara'a -s-salāma "grüßen"; (daneben le'er 298). - Leir erscheint altarag., vgl. M. Alvar, El dialecto aragonés S. 223.

leno (lenno) "voll" 48, 51, 71, 120^2 passim (daneben lleno 198).

leššar "lassen, verlassen" 31, 41, 170, 205^2, 230 (daneben deššar, dešar 37, 38 n. 1, 43, 182, 234). - Vgl. Rek. Ališ. 60v, 78v lešar "lassen".

li'e, li^{y}e, liga Formen von [le'ir].

ligarsa "Fessel" 69. - Aragonismus, vgl. Rek. Ališ. 51v ligarça "Fessel", EI II, 2567 (s.v. ligarza).

li'i, li^{y}o Formen von [le'ir].

lo'esi^{y}on "Lobpreisung" 325.

lonbo "Rücken" 113.

lonb^{a}rar "nennen" 271, 272 (daneben nonb^{a}rar 29, 77, 122, 210, 271, 272^2, nonb^{e}re "Name" 1, 135^3 passim).

llegar s. legar

llugar "Ort, Stelle" 30, 78, 81, 82 passim, "Ortschaft" 80, "Lage, Zustand" 65 (s. abiltar S. 99), "Stellung, Rang" 80, ši daš llugar "ob du gestattest" 233.

mad^{i}riz "Gebärmutter" 133.

mağada "Unterkunft für das Vieh" 14.

mağı(na)si^{y}on "Gedanken, Sinn" 131. - Maginación bei Vélez de Guevara, vgl. DCELC II, 990 (s.v. imagen).

mallura "Bosheit" 173.

malo: ta mala! "wie unglücklich!" 45, 68, 108, 186. - Vgl. Rek. Ališ. 79, 84, 85 tan mala (bu^{w}ena) "wie schlecht (gut)!".

man "Hand", in den Verbindungen a la man derecha, a la man ezkerra 88^2, 181, 198^2, 211^2, 235, 236 (daneben mano 198^2, 309^2, 316^2).

mandadera: k'el anima eš la mandadera kon el mal "denn die Seele gebietet das Böse" 190 (vgl. in derselben Bedeutung Koran XII, 53: inna -n-nafsa la ammāratun bi -s-sū'i).

mandil "Tuch" 122, "Tischtuch" 262. - Zur Bedeutung vgl. DCELC III, 245 (s.v. mantel).

manera: maneraš de "verschiedenartige" 119, 268.

mantenible "beständig, ewig" (Epitheton Gottes) 48 (vgl. ar. القيوم al-qayyūm "der Beständige"). - Vgl. Rek. Ališ. 53v mantenible, 125 mantenido "beständig".

manzilla "Mitleid, Erbarmen" 243, 244.

mašk^{o}lo "männlich" 2, 115, 227, 247, 298.- Vgl. Rek. Ališ. 9, 99 mašk^{u}lo (maškalo), Leyes de Moros S.444 mascolo "männlich".

maššila (mašila) "Wange" 62, 65, 103, 112, 134, 175^{2}, 323.

meğori^{y}a "Vorzug, Vorrang" 33.

meneŝter "Bedürfnis, Begehren" 113, 114, 127^{2} passim (vgl. ar. حاجة ḥāğa, das im Koranzitat in 263 zugrundeliegt, vgl. 264 n.1).

menoškabar "schmälern, Abbruch tun" 242; zu menoškabadoš 189 n.1, 190 vgl. Koran XII, 52: lā yahdī kayda -l-ḫā-'inīna "er läßt die List der Verräter nicht gelingen".

menšacheri^{y}a (menšağeri^{y}a) "Botschaft" 102, 103, 104, 105, 107, 109.

merkar "kaufen" 53, 69, 77^{2} passim (vertritt span. comprar im ganzen Text).

meser "hin und her bewegen" 92.

meskida "Moschee" 161.- Die Form erscheint auch in anderen Aljamiadotexten, vgl. DCELC III, 364 (s.v. mezquita).

mešk^{a}larše "sich mischen" 168.

mešağero "Bote" 86 (daneben menšachero 86, menšağero 87, 322).- Auch aspan. messajero, vgl. DCELC III, 361 (s.v. meter).

mešura (meššura) "Maß (für Getreide)" 241, 242^{2}, 246, 249^{2} passim.- Mesura in derselben Bedeutung altarag. (vgl. Fueros de Aragó S.481, Fuero de Teruel S.574, Fuero de la Novenera S.182) und kat. (vgl. DCELC III, 322 s.v. medir).

mešurar (meššurar) "abmessen" 241^{2}, 242^{2}, 243^{2}, 274^{3}, 275^{2}.- Vgl. altarag. mesurar "messen" in Fueros de Aragón S.481, Fuero de Teruel S.574.

meytad "Mitte" 120.- Vgl. Rek. Ališ. 25 meytad "Hälfte", altarag. meitat, meytad in Fueros de Aragón S.475, Fuero de Teruel S.574, kat. meitat.

mi^{y}ent^{e}re "während" 23, 26, 59, 248.- Aspan., vgl. DCELC III, 370.

mi^{y}ent^{e}reš: parar mi^{y}ent^{e}reš "bemerken, achtgeben" 50^{2}, 131, 134, 148, 177.- Dieselbe Form auch in anderen Aljamiadotexten, vgl. Rek. Ališ. S.202, DCELC III, 344 (s.v. mente).

milla "Meile" 195, 313^{2}.

mintira: ki^{y}en eš mintira ad-Allāh 32 Bedeutung unklar, vielleicht "wer vor Gott lügt".

mint^{o}rošo "lügenhaft" 18, 19^{2}, 22, "Lügner" 31, 53, 56, 148.- Mintroso aspan., vgl. DCELC III, 345 (s.v. mentir).
miraglo "Wunder" 151.
mišilikordi^{y}ošo "barmherzig" 314.
mudarše "abreisen, fortziehen" 56, no m'e mudado mudada "nicht bin ich zu einer Abreise aufgebrochen" 70.
murtera "Myrthenstrauch" 119, 199.- Vgl. kat. murtrer.

ninguno, -a (nengun, -o, -a) "niemand, kein, -er, -e" 4, 20, 22, 34, 37 passim, "irgendein, -er, -e" (im bejahenden Satz) 157, 167^{2}, 265, negun "kein" 189.
nigliğente (nigliği^{y}ente) "nachlässig, unachtsam" 15, 128.- Vgl. Fuero de Teruel S. 581 nigligent
nonb^{a}rar "nennen" 29, 122, 271, 272^{2}, "(jn.) erwähnen" 210, "sagen" 77.
nozimi^{y}ento "Not, Verderben" 294.- Vgl. Rek. Ališ. 93, 101v noçimi^{y}ento (nozimi^{y}ento) "Schaden".

obdesido "begütert, reich (?)" 113.
obedensi^{y}a (obidensi^{y}a) "Gehorsam" 89, 97, 127, 140, 214, 217, 227, 294.- Vgl. Rek. Ališ. 45 obidençi^{y}a, dieselbe Form bei Sem Tob (vgl. DCELC III, 546 s.v. oír).
obidi^{y}ente "gehorsam" 126.- Zur Form vgl. DCELC III, 546 s.v. oír.
obrir "öffnen" 71, 88^{2}, 100^{2}, 196, 235, 273 (daneben abrir 82, 122, 130, 196, 253, 261, 316).- Obrir kat. und ostarag. (vgl. DCELC I, 12 s.v. abrir), Rek. Ališ. 57, 58v id.
ochonta "achtzig" 325 (daneben ochenta 135, 324).
o'idor: ell-o'idor "der hört" 156 (vgl. Koran XII, 34: as-samī^{c}u "derjenige, der hört").
olyo "Öl" 179.- Olio aspan., vgl. DCELC III, 538 (s.v. olivo).
omenağe (omonağe) "Eid, Versprechen" 17, 20, 30, 37, 54, 253, 254^{2}, 282, (vgl. ar. موثق mauṯiq "Versprechen", das in 253, 254, 282 zugrundeliegt, vgl. Koran XII, 66, 80).
ora: la ora adv. "da dann" 52, 55, 144, 186, 223, 308, 310, la ora de akello (dakello) "da, dann" 16, 24, 37, 40, 46, 68, 88, en-(ake)lla ora "da" 311; la ora ke conj. "als" 2, 4, 6, 7 passim.- Vgl. auch im Rek. Ališ. laš oraš "da, dann" (häufiger).

ordenador (ordanador) "Verfasser" 153, 154, 156, 178.

pago "Pfau" 79, 89. - In arag. Texten häufige Form, vgl. DCELC III, 700 (s.v. pavo).
paladino "klar, rein" (von der Sprache) 247, 259.
panisero "Bäcker" 168. - Vgl. altarag. panicera "Bäckerin" (DCELC III, 633 s.v. pan), EI III, 3124 panicero (arag.).
par^{1}: non pareš "in ungerader Zahl" 258
par^{2}: de par de prp. "von...her" 230, de par de Allāh "im Namen Gottes" 245; en par de prp. "neben" 257.
parar: parar mešaš "Tische decken" 75, 262. - Parar la mesa ist arag., vgl. DCELC III, 659.
parečar "bereiten" 218 (sonst aparečar, aparechar 152, 155, 158^{2}, 260, 292, 315).
pareser "scheinen" 165, "gut erscheinen" 161, ke oš parese (de) "wie gefällt euch?" 245.
paresi^{y}en (-te) "ähnlich" 105, 259.
parsimi^{y}ento "Nachsicht, Schonung" 156, 157, 158.
parsir "verzeihen" 68^{4}. - Aspan. parcir, vgl. DCELC III, 661.
partida: partida de "einige" 13, 27, 287, (vgl. ar. بعض ba^{c}ḍ "Teil, einige"), delloš partida a partida "gegenseitig, einander" 66 (vgl. ar. بعضهم بعضا ba^{c}ḍuhum ba^{c}ḍan). - Vgl. Rek. Ališ. 41v partida de "einige", 4, 7v partida delloš a partida "einander"; zu partida "Teil" vgl. Fueros de Aragón S. 508, Fueros de Teruel S. 590.
partir^{1} "teilen, verteilen" 54, 55, 301.
partir^{2} "abreisen" 256, 313, "abwenden" (die Augen) 267, partirše dešti mundo "sterben, aus dem Leben scheiden" 40.
partisoyon "Entscheidung" 34.
pasensi^{y}a "Geduld" 138.
pasentadero "Weideplatz" 14.
pasentar "weiden (tr.)" 15, 247. - Vgl. Pardo Asso S. 258 pacentar.
pelota "Kugel" 78.
perche "Vorhof, Vorhalle" 74. - Dieselbe Form in Inventarios arag. s.v. porche.
perdimi^{y}ento "Verlust" 291, "Verderben" 61, 65, 129, "Tod" 17, 303.

perkurador (berkurador) "Sachwalter" 254, 255, (vgl. zu 254 Koran XII, 66: wakīlun "Sachwalter"). - Vgl. Rek. Ališ. 4, 31v perkurador (porkurador) "Wächter", 8v perqurador "Befehlshaber".

perkurar "engagieren, beauftragen" 235.

permutami^{y}ento "Veränderung" 218.

permutarše (bermutarše) "sich verändern" (von der Gesichtsfarbe) 107, 303; permutado p. p. "verändert" 105, 142.

persinto "Geldtasche" 230, 241^{2}, 242^{2}.

pertaneser "sich gebühren, angemessen sein" 195.

pertanesi^{y}ente "angemessen" 127, maṣ pertanesi^{y}ente (kon) "(einer Sache) würdiger" 203 (vgl. ar. احق ب ahaqqu bi "würdiger", ansi komo ereš pertanesi^{y}ente "wie es dir zukommt" 325. - Vgl. Rek. Ališ. 89 maš perteneci^{y}ent kon "würdiger".

pešebrar "sich bemühen, beharren" 69. - Vgl. span. perseverar.

pi^{y}adad (bi^{y}adad) "Mitleid" 8, 146, 155, 204, 243, 292. - Die Form ist aspan., vgl. DCELC III, 802 (s.v. pío).

p^{e}legar s. legar

poder "Macht" 309, "Kraft" 64, "Besitz, Besitzgewalt" 55, 56, 280, (vgl. zu en šu poder 280 Koran XII, 79: illā man wağadnā matā^{c}anā ^{c}indahū "außer denjenigen, bei dem wir unser Eigentum gefunden haben"), en poder d'Allāh "bei Gott" 72, de poder de "von (jm.) weg" 86.

pofete'ar s. bofete'ar

poner (mit doppeltem Akk.) "(jn.) zu etwas machen" 214, 215, 217^{2}.

ponimi^{y}ento "Untergang (der Sonne)" 104^{2}.

pošar "rasten, lagern" 49; pošarše "sich hinstellen, sich setzen" 57. - Vgl. Rek. Ališ. 87, 95v pošar(-še) "sich setzen", ib. 99 (kon) "mit (jm.) leben", zur Bedeutung vgl. DCELC III, 855.

potağe "Getränk" 237, 262^{2}, 268.

p^{a}ratika "Gewohnheit" 214, "Handlungsweise" 245^{2}, 251.

p^{e}remido "bedrängt, bedrückt" 185. - Vgl. aspan. premer, -ir (DCELC III, 872).

p^{e}rensipi^{y}ador "Urheber" 162.

p^{e}rensipi^{y}ar "beginnen" 278 (mit de und Inf.).

p^{e}rešentarše "anwesend sein, erscheinen" 81; p^{e}rešentado p. p. "anwesend" 81.

p^{e}reši^{y}onero "Gefangener" 174, 175^{3}, 182.

p^{e}rešona "Mensch" 11, 51², 137, 153, 208, "Person" 326, "Körper" 102 (peršona), 133, 178, oft zur Umschreibung eines Personal- oder Reflexivpronomens (zum Teil pleonastisch) 45, 118, 125 passim (vgl. in derselben Anwendung ar. نفس nafs "Seele, eigene Person, Selbst"). - Ebenso Rek. Ališ. p^{e}rešona (vgl. ib. S. 203).

p^{i}ri^{y}eša "Eile" 58. - Diese Form allgemein span. noch im 16./17. Jhd. Vgl. Aut., DCELC III, 887 (s.v. prisa).

p^{o}ro: la bu^{w}ena p^{o}ro te faga (pu^{w}ena p^{o}ro te haga) "es gereiche dir zum Guten" (Glückwunschformel) 194, 224.

p^{o}robiši^{y}on (p^{o}robisi^{y}on) "Nahrung, Nahrungsmittel, Speise" 49, 170, 207⁴ passim, "Tröstung" 58.

p^{o}rometer "versprechen" 37, 224, "androhen" 185.

pulrrar s. bulrrar

purna "Funke 180². - Arag., vgl. Pardo Asso S. 297.

puššansa (pušansa) "Macht" 238, "Herrlichkeit" 316.

puyada "Hügel, Erhebung" 78. - Vgl. Rek. Ališ. 104v puyada "Anstiegsweg".

puyar "emporziehen" 50. - Vgl. Rek. Ališ. 104v puyar "hinaufsteigen", Leyes de Moros S. 446 puyar (mit span. subir übersetzt); altarag., vgl. Fueros de Aragón S. 532 (s.v. pueye), Fuero de Teruel S. 603 poyar.

qabesa s. kabesa

rra'edero ein Getreidemaß 275. - Vgl. EI III, 3495 raedera (navarr.).

rrakontami^{y}ento s. rrekontami^{y}ento

rrakontar s. rrekontar

rrankar "entwurzeln" 7, una ešpada rrankada "ein gezogenes Schwert" 261. - Rancar aspan. belegt, vgl. Cid III, 478 (s.v. arrancar), DCELC I, 276, EI III, 3503, arag. vgl. Pardo Asso S. 302.

rrap^{o}robar s. rrep^{o}robar

rrebolber "Zwietracht stiften" 321; rrepu^{w}e(l)ta p.p. "umgewendet" 241.

rrechola "Ziegelstein". - Kat. rajol, rajola, vgl. Dicc. CVB IX, 109.

rrefirmar "einschreiben" 136; rrefirmarše: ni še rrefirmaban a elloš rra'izeš "und sie schlugen keine Wurzeln" 7.

rrefušarše "störrisch sein, sich sträuben" 98.

rregurarše "?" 16.
rregno "Königreich" 210 (daneben rre'ino, rreyno 47, 315, sowie rreynar "herrschen" 229). - Regno aspan., vgl. DCELC III, 1111 (s.v. rey), auch Rek. Ališ. 72v rrekno.
rre'išmo (rra'išmo) "Königreich, Herrschaft" 47, 95, 149, 157, 191 passim. - Vgl. Rek. Ališ. 27, 57, 62 rreišmo (rrišmo) "Königreich", Leyes de Moros S. 446 reysmo "Königsamt".
rrekabar: rrekabar el (un) meneŝter "den (einen) Wunsch erfüllen" 127, 215, 216^{2}, 220, 223, 224, 263.
rrekerir "verlangen, bitten" 249, "(jn.) zu verführen suchen" (meistens [a alguno] de šu p^{e}rešona) 125, 133, 143^{2}, 144^{2}, 145, 147, 151, 154, 189^{3}, 220, (vgl. ar. راوده عن نفسه rāwadahū ^{c}an nafsihī "jn. zu verführen suchen", das in 151, 154, 189, vgl. Koran XII, 30, 32, 51, zugrundeliegt).
rrekoğimi^{y}ento (rrekoğimen) "gastliche Aufnahme, Bewirtung" 246, 250, 260. - Recogimiento in dieser Bedeutung in Aut.
rrekontador "Erzähler" 176.
rrekontami^{y}ento "was mit jm. geschehen ist, jds. Geschichte" 51^{2}, 230, 296, 300, "Bericht" 101, 300, "Geschichte" 326, rrakontami^{y}entoš pl. "Begebenheiten, Ereignisse" 321.
rrekontar (rrakontar) "berichten, erzählen" 11, 86, 94, 143 passim.
rrekordar intr. "(aus einer Ohnmacht) erwachen" 40^{2}, 102, 162, 286, 287.
rreku^{w}a (rraku^{w}a) "Reisegesellschaft, Karawane" 49, 50, 51, 55 passim. - Recua in dieser Bedeutung aspan. belegt, vgl. DCELC III, 1044.
rrekuroššidar "suchen" 63.
rrep^{o}robar (rrap^{o}robar) "prüfen" 290, 291, 322, 323.
rresebimi^{y}ento "Empfang" 315.
rrešollar "blasen" (vom Wind) 7.
rrešpondedor "der einer Bitte, einem Wunsch nachkommt" 47, 145.
rrešurtir: rrešurti^{y}oleš la šudor "der Schweiß brach ihnen aus" 299.
rretornador: el rretornador "der alles wiederkehren läßt (?)" Beiname Gottes 162 (vgl. ar. المعيد al-Mu^{c}īd "der Wiederholer" als Epitheton Gottes).
rret^{e}reta "kleines Privatzimmer" 122^{3}, 124^{2}, 125, 127^{2}, 129, 141.

rribtar "tadeln" 95, 152, 154, (rri^{y}ewteš) 271.- Vgl. aspan. reptar, rebtar (DCELC III, 1101 s.v. retar).

rrogari^{y}a "Bitte" 4, 5, 46^{2} passim.- Rogaria aspan., vgl. DCELC IV, 51 (s.v. rogar).

rrolde "Kreis, Umkreis" 111, 165; al rrolde de prp. "ringsherum um" 120.- Arag., vgl. Pardo Asso S. 322 rolde.

rromangarše "sich die Ärmel aufstreifen" 308.- Vgl. kat. arromangar.

safran "Safran" 198.- Vgl. Inventarios arag. çafran, kat. safrà.

saga prp. "hinter" 16, 58(sag'), 309, de sage de prp. "hinter" 152, 212; a saga adv. "nach hinten" 22, 28, 302, de saga adv. "hinten" 141, 148^{2}.- Zum Gebrauch von aspan. çaga vgl. DCELC IV, 795 (s.v. zaga), çaga auch häufig im Rek. Ališ.

sageri^{y}a: en la sageri^{y}a del di^{y}a "spät am Tage" 102, en la sageri^{y}a del ti^{y}enpo "in späterer Zeit" 288, 290.- Vgl. Rek. Ališ. 23, 80 çageri^{y}a "Ende (örtl. und zeitl.)", Leyes de Moros S. 438 çagueria (mit span. postrimeria übersetzt).

sarrar "schließen" 149 (daneben serrar 55, 141); sarado p.p. "geschlossen" 100.

sebil "zivil" 158.

sebto ke conj. "außer daß" 106.- Vgl. Rek. Ališ. S. 190 çepto "außer", cepto in Estatutos de Zaragoza von 1625 (vgl. EI I, 1033).

segarše "dunkel werden" (vom Blick) 292, 323, "(jm.) unklar, nicht bekannt sein" 296.

seniša "Asche" 216.- Vgl. aspan. cenisa, DCELC I, 762.

senserra "Glöckchen" 196.

sensi^{y}a "Wissen, Kenntnis" 165, 212.- Vgl. Rek. Ališ. 2v, 43v çençi^{y}a (šençi^{y}a).

sertefikarše "sich vergewissern" 17^{2}.

sertenidad: šaber la sertenidad "die Wahrheit wissen" 296.- Vgl. aspan. certenidad, certinidad, DCELC I, 795 (s.v. cierto).

si^{y}en "gelehrt, weise" 185.- Vgl. aspan. ciente, EI I, 1059.

si^{y}ente "hundert" 222.

sinkeno "fünfter" 139 (daneben kinto 135).

sufir s. šufrir

suf^{e}rensi^{y}a s. šuf^{e}rensi^{y}a

suf^{i}ri^{y}ente s. šuf^{i}ri^{y}ente

sufrir s. šufrir

šabidor "gelehrt, bewandert" 182.

šalida (šallida) "Türausgang" 142, "Aufbruch" 211, "Ausgang, Ende" 48.

šalimi^{y}ento "Auszug 191. - Vgl. Rek. Ališ. 48 šaliminto "Auszug".

šameletud s. šemeletud

šantefikasi^{y}on "Heiligung" 194.

šaštifasi^{y}on "Genugtuung" 305, 308 (daneben šatišfasi^{y}on, šatišfazi^{y}on 112, 144, 149, 277). - Dialektale Form, vgl. Pardo Asso S. 330 šaštihecho, Rek. Ališ. 89v šaštihaçer.

šekutar "verfolgen, bestrafen" 59^{2}, 68, 234.

šemeğante: (šu) šemeğante de "ein (eine) solcher (solche) wie" 99, 154, 192, 236, no emoš bišto maš šemeğante mansebo "wir haben keinen Burschen wie ihn gesehen" 89, šuš šemeğanteš "seinesgleichen" 117.

šemeletud (šameletud) "Ähnlichkeit" 264, 271.

šenb^{a}lansar "beschreiben" 100. - Vgl. Rek. Ališ. 96v šenb^{a}lançar "vor Augen stellen", ib. 106 "beschreiben".

šenna (ššenna) "Fahne, Zeichen" 93, 193, 195, 197, 199^{2}, 201, 203, 263. - Seña "Fahne" aspan., vgl. DCELC IV, 16.

šenp^{a}lansa "Beschreibung" 112. - Vgl. Rek. Ališ. 24 šenb^{a}lansa "Aussehen", ib. 32, 34 "Beschaffenheit"; semblanza aspan., vgl. DCELC IV, 181 (s.v. semejar), noch bei Cervantes (vgl. Fernández Gomez S. 942 semblança).

šetensi^{y}a "Urteilsspruch" 223^{2}.

šeteno "siebenter" 136.

šeyšeno "sechster" 136.

šiki^{y}ere adv. "wenigstens" 59.

šilo "Siegel" 56

šillar "versiegeln" 55.

šineš de prp. "ohne" 289; šinše "ohne" 63. - Sines de, sinse arag., vgl. DCELC IV, 231 (s.v. sin), auch Rek. Ališ. 41, 53v šineš de "außer", ib. 92v šinše "ohne".

šinle "friedfertig, gütig (?)" 229. - Vgl. Rek. Ališ. 18 šinp^{e}le "freundlich".

šinše s. šineš

šobarano "erhaben" 155, 160.

šoberyo "stolz" 228 (daneben šoberbi^{y}o 33, 287).

šobrepuyar intr. "wachsen, überragend werden" 3, 10, 79, "sich erheben" 101.- Vgl. Rek. Ališ. 35v "aufsteigen".
šolebantarše: šolebantaronše šuš kabelloš "die Haare stiegen ihnen zu Berge" 12.
šuf^{e}rensi^{y}a (suf^{e}rensi^{y}a) "Standhaftigkeit, Geduld" 31, 32, 45, 46, 63, 72, (vgl. ar. صبر ṣabr "Geduld", das in 45, vgl. Koran XII,18, zugrundeliegt).- Vgl. Rek. Ališ. 55, 98v, 100 šufri^{y}ençi^{y}a (çufrençi^{y}a) "Geduld"; die Bildung sufrencia ist aspan., vgl. DCELC IV, 303 (s.v. sufrir).
šuf^{i}ri^{y}ente (suf^{i}ri^{y}ente) "standhaft" 32^{2}, 34, 311, "leidtragend" 322, "geduldig, nachsichtig" (šobre "mit") 44, (vgl. ar. صابر ṣābir "geduldig, standhaft", s. Koranzitat in 32 n.2).
šufrir (sufrir, suf^{i}rir) "geduldig sein, ausharren, Leid ertragen" 34, 63, 290, 291, 311, "(etwas) ertragen" 141, 272, no poder sufrir (sufir) mit de und Inf. oder mit šin ke "nicht umhin können zu" 129, 177, 239, no e ubido poder de suf^{i}rir "ich habe nicht umhin gekonnt" 64; šufrirše "geduldig sein" 87; (vgl. ar. صبر ṣabara "geduldig sein, ausharren", das in 311 zugrundeliegt, s. 310 n.3).- Vgl. Rek. Ališ. 32v šufrirše "geduldig sein".
šutilmente "auf geschickte Art" 275.

ta s. malo
temi^{y}ente (temi^{y}en) "gottesfürchtig" 245, 251.
temorizado "erschrocken, geängstigt" 6, 9, 178.- Aspan., vgl. DCELC IV, 415 (s.v. temer), EI III, 3916 temorizar.
termino: en termino de t^{e}reš oraš "innerhalb von drei Stunden" 286, a termino de di^{y}ez millaš" auf eine Entfernung von zehn Meilen" 313.
ti^{y}enpo "Zeit" 85, 210, 223, "Alter" 24, 61, 163, 165, depu^{w}eš de ti^{y}enpo "nach geraumer Zeit" 182 (vgl. zu dieser Stelle Koran XII, 45: ba^{c}da ummatin "nach einiger Zeit"), ti^{y}enpo de sinko annoš "fünf Jahre lang" 96, ti^{y}enpo abe de "vor, seit" 52, 146.
tirar "ziehen" 50, 51, "entziehe" 219, "befreien" 22.- Vgl. Rek. Ališ. 62v tirar "entfernen"; in der Bedeutung "wegnehmen" aspan., vgl. DCELC IV, 459.
tomar: tomar de oğo "ausspionieren" 255; tomarše a (mit Inf.) "beginnen zu" 153.- Vgl. Rek. Ališ. 111v tomarše a "beginnen zu".

tormen "Unwetter" 69.

tormentador "Folterknecht" 144, 145, 159.

tormentar "quälen, foltern" 59, 143, 144, 145, 147, 159^{2}, 223.- Aspan., vgl. DCELC IV.504, auch Leyes de Moros S.448 tormientar.

tormente (tormento) "Folter, Qual" 128, 144, 145, 156, 157, tormentoš pl. "Folterwerkzeuge" 295.

tornada "Rückkehr" 121.

tornante: i bolbi^{y}eronše tornanteš "und sie kehrten wieder zurück" 249.

tornar tr. "zurückgeben" 22^{2}, 24, 52, 221^{4}, 253^{2}, "wiederherstellen" 93^{2}, "geben, überantworten" 47, "zurückführen, zurückholen" 142, 168, 281, "wieder einstellen" (in den Dienst) 173, "(jn.) gelangen lassen zu" 84, tornar ell-assalām "den Gruß erwidern" 74, 109, 267, 294; intr. "umgeben, umkreisen" 93 n.2, "zurückkehren, zurückkommen" 89, 186, 209, 222, 282, 284, 289, 314, "werden" 48^{2}, 101, 106, tornar en [un] eštado "in einen Zustand geraten sein" 164, tornar de edad "wieder jung werden" 221, torno a dezirlaš "er erwiderte den Gruß" 162; tornarše "zurückkehren" 64, 104, 115, 142, 151, 187, 216, 242, 272, 283, "sich hinwenden zu" 151, "aufmerken" 64, "werden" 248, tornarše de la bendida "den Verkauf beanstanden" 55^{2}.

torno: en-el torno de "ringsherum um" 261.

t^{a}rabaǧo: t^{a}rabaǧo del kamino "Strapazen der Reise" 71.

t^{a}rašponerše "aus den Augen verschwinden" 16^{2}, 57.

t^{e}remolar "erbeben".- Vgl. Leyes de Moros S.448 tremolar (mit span. temblar, agitarse übersetzt).

t^{o}robar "finden" 13, 27, 51, 64, 74, 181, 200^{2}, 277, 280; t^{o}robar menoš "vermissen" 276, 285, 286.- Zu aspan. und arag. trobar vgl. DCELC IV, 609.

wabarše "sich preisen" 114.- Vgl. Rek. Ališ. 93 wabar "preisen", ib. 93 wabarše "sich rühmen", zu aspan. gabarse vgl. DCELC II, 606.

ye s. e

yema "Gemme" Edelstein" 84.- Vgl. Rek. Ališ. 80 yema "Gemme".

yerra (yi^{y}erra) "Sünde" 136, 139, 141.- Vgl. Rek. Ališ. 51v, 83v yerra , Poema de Yuçuf 56d ji^{y}erra "Irrtum, Sünde"; yerra aspan., vgl. DCELC IV, 315 (s.v. error).

yerrante (cherrante) "sündig, irrend" 126, 148, 311, 314, (vgl. ar. خاطئ ḫāṭi' "sündig", das in 148, 311, 314, vgl. Koran XII, 29, 91, 97, zugrundeliegt).

B. Arabisch

adarham (aḏarham, aḍarham, adarhām) "Dirhem, Drachme" 53^2, 54^3, 55, 69, 206^2, 230, 300, 301. Ar. درهم dirham, hisp.ar. darham. - Vgl. DCELC I, 36 (s.v. adarme).
addunyā (adduniyā) "Diesseits, Welt" 170, 224. Ar. دنيا dunyā.
adibāǧ (aḏibāǧ) "Brokat" 75, 78, 79, 123 passim. Ar. ديباج dībāǧ.
adu^{c}a "Gebet" 166. Ar. دعاء du^{c}ā'.
^{c}aǧūza (^{c}aǧuza, ^{c}aǧūzza, ^{c}achūza) "alte Frau" 215^2, 217^2, 218. Ar. عجوزة ^{c}aǧūza.
al^{c}akabreš pl. "Skorpione" 157. Ar. عقرب ^{c}aqrab.
al^{c}arab "Araber" 97, 98^3 passim, ya ^{c}arab "o Araber!" 106. Ar. عرب ^{c}arab "Araber".
al^{c}arabī (al^{c}arabi) "Araber" 114^2, yā ^{c}arabī (yā ^{c}arabi) "o Araber!" 99, 100, 101, 102^2, 106^2 passim. Ar. عربي ^{c}arabī "Araber".
al^{c}arīl s. alḥarīr
al^{c}arši "Thron" 317, 318^2. Ar. عرش ^{c}arš.
al^{c}aziz: ayuhā al^{c}azīz "o Mächtiger!" 239. Ar. ايها العزيز ayyuhā -l-^{c}azīz.
albaḥar "Meer" 7. Ar. بحر baḥr.
albālā "Prüfung" 32, 69, 75, 140, 290. Ar. بلاء balā'.
albaraka "Segen, Segnung" 70, 73, 76, 257. Ar. بركة baraka.
alchahannam "Hölle" 130. Ar. جهنم ǧahannam.
alchana (alǧanna, alǧana) "Paradies" 4, 5, 48, 113^2, 114, 137. Ar. جنة ǧanna.
alchāriya (alǧariya) "Mädchen" 90, 105, 106, 107, 121^2, 222. Ar. جارية ǧāriya.
alchīni "Dschinn, Geist" 51. Ar. جني ǧinnī.
alchohar (alǧohar) "Edelstein" 75, 85, 92, 93, 111 passim. Ar. جوهر ǧauhar.
alchub s. span. Glossar
alchumu^{c}a "Freitag" 162, diya (noche) dell-alchumu^{c}a (alǧumu^{c}a) "Freitag (Nacht des Freitags)" 78, 80^2, 179, 183, 184. Vgl. ar. يوم الجمعة yaum al-ǧum^{c}a "Freitag".
alfaḍila "Vortrefflichkeit, Vorzug" 69. Ar. فضيلة faḍīla.
alǧana, alǧanna s. alchana
alǧariya s. alchāriya

alğohar s. alchohar
alğub s. span. Glossar s.v. alchub
alğumu^{c}a s. alchumu^{c}a
alhādiya (alhādiya) "Geschenk" 274². Ar. هدية hadīya.
alḥāla: la chiknez de mi alḥāla "meine Kleinheit, mein geringes Alter" 65. Ar. حالة ḥāla "Zustand".
alḥarīr (alḥarīl, al^{c}arīl) "Seide" 74, 124, 132, 197, 318. Ar. حرير ḥarīr.
alhaya "Antlitz" 238. Ar. هيئة hay'a.
alẖazāna "Schatzhaus" 203, 204. Ar. خزانة ẖizāna.
alẖazīn: ayuhā alẖazīn "o Betrübter!" 109. Ar. ايها الحزين ayyuhā -l-ḥazīn.
alḥinbar s. al^{c}inbar
ali^{y}akūta, ali^{y}aquta s. alyaqūta
al^{c}ilme "Wissen, Wissenschaft" 179, 263. Ar. علم ^{c}ilm.
^{c}alīm: el ^{c}alīm "der Allwissende" 135. Ar. العليم al-^{c}alīm.
al^{c}inbar (alḥinbar) "Ambra" 79, 91, 132, 202, 226, 312, 316. Ar. عنبر ^{c}anbar.
alkafan "Leichentuch" 36. Ar. كفن kafan.
alkitāb: ell-Alkitāb "das Buch (Gottes)" 83, "die Heilige Schrift" 212, "der Koran" 95, 178. Ar. كتاب kitāb "Buch".
alkuba s. alqūba
alkuḥulado "mit schwarzer Farbe geschminkt" 134. Von ar. كحل kuḥl "Antimon, Salbe zum Schwarzfärben der Augenlider". - Vgl. span. alcoholar (Aut., DCELC I, 101 s.v. alcohol).
almalak "Engel" 3, 46, 49, 66, 69 passim. Ar. ملك malak.
almila "Meile" 39. Ar. ميل mīl.
almilla (almila) "Religion" 170². Ar. ملة milla.
almiske s. span. Glossar.
almusība (almuṣiba, almusiba) "Unglück" 34, 39, 41, 108, 229, 250. Ar. مصيبة muṣība.
alqiṣaṣ "Bestrafung" 68. Ar. قصاص qiṣāṣ.
alqūba (alqubba, alquba, alkūba) "Haus mit Kuppel, Kuppel" 78, 89³, 107, 197 passim. Ar. قبة qubba.
alūma (allūma) "Volk, Generation" 24, 26. Ar. امة umma.
alwaḥya (alwaḥi^{y}a) "Offenbarung" 46, 224. Ar. وحي waḥy.
alwali "Helfer, Wohltäter" 321. Ar. ولي walīy.
alwasir s. alwazir
alwaṣiya "Auftrag" 106. Ar. وصية waṣīya.
alwazir (alwasir, alwāzil) "Wesir, Minister" 47, 197, 199,

200^2, 201^2, 202, 267, 293, 316. Ar. وزير wazīr.
alyaqūta (alyaquta, ali^{y}aquta, ali^{y}akūta) "Hyazinth, Edelstein" 74, 84, 92, 116, 123. Ar. ياقوتة yāqūta.
amaḥado "getilgt, ausgestrichen" 136, 139. Von ar. محى maḥā "tilgen, ausstreichen".
^{c}ami "Onkel väterlicherseits" 307. Ar. عم ^{c}amm.
āmin "Amen" 322, 327. Ar. آمين āmīn.
anabī (annabī) "Prophet" 4, 11, 21, 44, 46 passim, pl. annabiyeš 139, anabīyeš 26, anabiyeš 7, 44, 322; yā anabīyu (annabīyu, anabiyu, anabī'u, anabi'u) Allāh "o Prophet Gottes!" 103 (d'Allāh), 109, 110, 111^2, 112 (-llāh), 164, 165, 228, 234 (de -llāh), 250, 289. Ar. نبي nabīy "Prophet".
anāqa (annāqa, anāka) "Kamelstute" 60^2, 97^3, 98^2 passim. Ar. ناقة nāqa.
annubu'a (annūbu'a, annūbbu'a) "Prophetentum, Prophetenschaft" 91, 141, 277. Ar. نبوة nubūwa.
^{c}arab s. al^{c}arab
^{c}arabī s. al^{c}arabī
arraḥma "Gnade" 71, 103. Ar. رحمة raḥma.
arrak^{c}a "Rumpfbeugung beim muslimischen Gebetsritus" 145. Ar. ركعة rak^{c}a.
arridā "Obergewand" 10, 61. Ar. رداء ridā'.
arrizke "Nahrung" 47, "Besitz, Vermögen" 113, "Geschenk, Wohltat" (von Gott) 113^3, 176, 225, 227. Ar. رزق rizq.
arrūḥ "Seele" 176. Ar. روح rūḥ.
aṣaḏaqa "Spende, Gabe" 132^2, 295^4. Ar. صدقة ṣadaqa.
aṣāf (asāf) "Reihe" 14, 119, 317. Ar. صف ṣaff.
asağda "Prosternation beim Gebet" 65, 194; asağdami^{y}ento "Prosternation beim Gebet" 122; asağdante "niederkniend" 9, 10^2, 33; asağdar "niederknien" 121, 194, 319; asağdado p.p. "niedergefallen" 108, ka'er ašagdado "niederfallen" 65, 318. Von ar. سجدة sağda "Prosternation beim Gebet". - Vgl. Rek. Ališ. S.183 açajdar "anbeten".
aṣala s. aṣṣala
asalām s. assalām
asamā (assamā, asāmā) "Himmel" 4, 68, 72, 100, 102 passim. Ar. سماء samā'.
ašeyṭān s. aššeyṭān
aṣiḏīq: ayuhā aṣiḏīq 183, yā ṣidīq 184 "o Rechtschaffener!" Ar. ايها الصديق ayyuhā -ṣ-ṣiddīq, يا صديق yā ṣiddīq.

aṣitra (aṣitra, asiṭra) "Vorhang" 78, 89, 122, 124, 131[2] passim. Ar. ستر sitr.
aṣṣala (aṣala) "Ṣalāt, das islam. Gebetszeremoniell" 23, 121[2], 145, 161[4]. Ar. صلاة ṣalāt.
assalām (asalām) "Heil, Gruß" 5, 14, 36[2], 46 passim, in derselben Bedeutung assālām (asālām) 36, 74, 267, 294, essalām (esalām, essālām) 106, 110, 229, 250, 251, 274, -ssalām 57. Ar. سلام salām.
assamā s. asamā
aššeyṭān (ašeyṭān, ašeyṭan) "Teufel" 11, 136, 137, 321. Ar. شيطان šayṭān.
asuḥur "Tagesanbruch" 256. Ar. سحر suḥur (vgl. Lane S. 1517 s.v. سحر saḥar).
aṭabaq "Korb" 169. Ar. طبق ṭabaq.
ataḥmideš pl. "Lobpreisungen" 194. Ar. Sg. تحميد taḥmīd.
atasbiḥar "lobpreisen" 10, 13, 121[2], 216. Von ar. تسبيح tasbīḥ "Lobpreis Gottes".
ayuhā Vokativpartikel 109, 183, 239. Ar. ايها ayyuhā.
azzinā (azinā) "Ehebruch" 138, 139[4]. Ar. زناء zinā'.

essalām s. assalām

fir^{c}auneš (fir^{c}ōneš, fir^{c}oneš) pl. "Pharaonen" 33, 196, 229. Ar. Sg. فرعون fir^{c}aun.

ğāhileš pl. "Unwissende, Toren" 305. Ar. Sg. جاهل ğāhil.

ḥalāl "erlaubt, bewilligt" 92, 125, 274. Ar. حلال ḥalāl.
h̲alaqādor "Schöpfer" 47, 154; h̲alāqadoš pl. "Menschen" 44, 66, 213; h̲alāqar (h̲allāqar) "erschaffen" 7, 83, 119, 121, 131, 196, 265. Von ar. خلق h̲alaqa "erschaffen". - Vgl. Rek. Ališ. S. 198 khaleqar, khaleqado usw.
h̲alla "Tante mütterlicherseits" 27. Ar. خالة h̲āla.
ḥaram (ḥarrām) "verboten" 126, 130, 220; ḥarramar "für unverletzlich erklären" 27; ḥarramado (ḥarāmado) p.p. "untersagt, verwehrt" 42, 216, "ausgeschlossen" 137. Ar. حرام ḥarām "verboten", حرم II ḥarrama "für unantastbar erklären, verbieten".
ḥuro "Freier, Freigeborener" 63, 81. Ar. حر ḥurr.

^{c}ibraqī "hebräisch" 64, 67. In den einschlägigen ar. Lexika nicht belegt.

kibṭi "koptisch" 236. Ar. قبطي qibṭī.

mashar "mit der Hand (über etwas) streichen" 83, 113.
Von ar. مسح masaḥa.
muslim "Muslim" 321, 327; muslima "Muslimin" 327.
Ar. مسلم, مسلمة muslim, muslima.

na^{c}am "ja, gewiß" 217. Ar. نعم na^{c}am.

qāla (qala) "er sagte" 43, 45, 68, 73, 102 passim.
Ar. قال qāla.

rabi "mein Herr" 136. Ar. رب rabbi oder ربی rabbī.

ṣāḥibū alḥadīṯ "der Verfasser des Berichtes" 227.
Ar. صاحب الحديث ṣāḥibu -l-ḥadīṯ.
saliḥeš pl. "Rechtschaffene, Fromme" 277.
Ar. Sg. صالح ṣāliḥ.
ṣāndal "Sandelholz" 226. Ar. صندل sandal.
ṣidīq s. aṣiḏīq

ta^{c}ālā s. ar. Sätze
taura: la taura addunyā "das Gesetz der Welt (die Tora)" 170 (s. 171 n. 1). Ar. توراة taurāt.

yā Vokativpartikel 4, 5, 6^{2} passim. Ar. يا yā.

Arabische Sätze

Die Sätze sind jeweils nach dem Anfangsbuchstaben des ersten Wortes aufgeführt.

^{c}alayhi -ssalām (issalām) "das Heil sei über ihm" (dem Namen von Engeln und vormohammedanischen Propheten nachgesetzt) 2, 3, 5, 29, 49 passim, in derselben Bedeutung ^{c}alayhim issalām 193, ^{c}alayhi wa ssalām (ssalam, salam) 2, 72, 87, 205.
Ar. عليه السلام ^{c}alayhi -s-salām.

alasalāmu ^{c}alaykum wa rraḥmatu Allāh wa barakātuhu
s. assalāmu ^{c}alaykum wa rraḥmatu...

alḥamdu lillāhi, rabi il^{c}alamīna "Lob sei Gott, dem Herrn der Menschen" 225. Ar. الحمد لله رب العالمين al-ḥamdu lillāhi rabbi -l-^{c}ālamīna.

assalāmu ^{c}alayka "das Heil sei über dir" (muslimische Grußformel) 109; assalāmu ^{c}alaykum "das Heil sei über euch" 104, 109, 164. Ar. السلام عليك (عليكم) as-salāmu ^{c}alayka (^{c}alaykum).

assalāmu (alasalāmu) ^{c}alaykum wa rraḥmatu (raḥmatu) Allāhi (Allāh, Allāhu) wa barakātuhu "das Heil sei über euch und die Gnade und die Segnungen Gottes" 108, 176, 183, 239. Ar. السلام عليكم و رحمة الله و بركاته as-salāmu ^{c}alaykum wa raḥmatu -llāhi wa barakātuhu.

^{c}aza wa chala "er ist mächtig und erhaben" (nach dem Namen Gottes gesetzt) 20, 22, 38, 43 passim, ebenso ^{c}aza wa chalā 38, 39, 138, 194, 212, 239, ^{c}azza wa chala 121, ^{c}aza wa challa 291, ^{c}aza wa ğalla (ğallā) 181, 274, ġaza wa ğala (ğalla, chala) 2, 53, 151^{2}, 243. Ar. عز و جل ^{c}azza wa ğalla.

bismi Illāhi irraḥmāni irraḥīmi (rraḥīmi) "im Namen Gottes, des barmherzigen Allerbarmers" 55, 232, 234, 259, 290. Ar. بسم الله الرحمان الرحيم bismi -llāhi -r-raḥmāni -r-raḥīmi.

bismi Illāhi wa bi -llāhi "im Namen Gottes und bei Gott" 160. Ar. بسم الله و بلله bismi -llāhi wa bi -llāhi.

fa'ina ^{c}ālā kuli šay'in qadīrun "denn du bist über alles mächtig" 320. Ar. فإنك على كل شيء قدير fa'innaka ^{c}alā kulli šay'in qadīrun.

ġaza wa ğala (chala) s. ^{c}aza wa chala

innaka ^{c}ālā kulli ššayyin qadīrun "du bist über alles mächtig" 225. Ar. انك على كل شيء قدير innaka ^{c}alā kulli šay'in qadīrun.

in šā'a (ša'a, šā, šiya, ššiya, šši'a) Allāh (-llāh) "wenn Gott will" 14, 77, 78, 95, 102, 184, 223, 246. Ar. ان شاء الله in šā'a -llāh.

lā ḥaula wa lā quwata ilā bi -llāhi il^{c}alī il^{c}aḍīmi "es gibt keine Macht und Stärke außer bei Gott, dem Hohen, Allmächtigen"

219, wa lā ḥaula wa lā quwata ilā bi Illāhi -l^{c}aliyi (il^{c}aliyi) il^{c}aḏ̣īmi "und es gibt keine Macht noch Stärke..." 48, 160. Ar. (و)لا حولة ولا قوة الا بالله العلي العظيم
(wa) lā ḥaula wa lā qūwata illā bi -llāhi -l-^{c}alīyi -l-^{c}aḏ̣īmi.

lā illaha ilā -llāh "es gibt keinen Gott außer Gott" (erster Teil des mohammedanischen Glaubensbekenntnisses) 43.
Ar. لا الاه الا الله lā ilāha illā -llāh.

ma^{c}āḏa -llāh "Gott bewahre!" 130. Ar. معاذ الله
ma^{c}āḏa -llāh.

raḍiya Allāhu ^{c}anhu "Gott habe sein Wohlgefallen an ihm" (Wunschformel nach dem Namen von Gefährten Mohammeds) 138, 322. Ar. رضى الله عنه raḍiya -llāhu ^{c}anhu.

rraḥimakumu Allāh "Gott erbarme sich eurer" 162.
Ar. رحمكم الله raḥimakumu -llāh.

ṣala Allāhu (-llāhu) ^{c}alayhi wa salam (ssalam, ssalām) "Gott segne ihn und schenke ihm Heil" (Wunschformel nach dem Namen Mohammeds, in der Leyenda auch nach der Erwähnung Josefs und anderer biblischer Personen) 54, 129, 142, 202, 203, 217, 254 (unvokalisiert), 288; ṣala Allāhu ^{c}alayhīm wa salam "Gott segne sie und schenke ihnen Heil" 310, ṣallā Allāhu ^{c}alayhīm wa ssalam ağma^{c}īna "Gott segne sie alle und schenke ihnen Heil" 136. Ar. صلى الله عليه (عليهم) و سلم (اجمعين) ṣallā -llāhu ^{c}alayhi (^{c}alayhim) wa sallama (ağma^{c}īna).

ṣalawātu Allāhi ^{c}alayhi "Gottes Segnungen mögen über ihm sein" (dem Namen Mohammeds nachgestellt) 7. Ar. صلوات الله عليه ṣalawātu -llāhi ^{c}alayhi.

subhana Allahi il^{c}aḏ̣īmi "gelobt sei Gott, der Allmächtige" 42, subḥana Allāh il^{c}aḏ̣īm ilḥakīmi "gelobt sei Gott, der Allmächtige, Allwissende" 126. Ar. سبحان الله العظيم الحكيم subḥāna -llāhi -l-^{c}aḏ̣īmi -l-ḥakīmi.
subḥānahu (subḥanahu) "er sei gelobt" 178, 221.
Ar. سبحانه subḥānahū.

ta^{c}ālā "er ist erhaben" (dem Namen Gottes nachgestellt) 1, 4, 7, 11 passim, ebenso ta^{c}āla 305, 309, 310, 314, 318, 319, 326^{2}, ta^{c}alā 324. Ar. تعالى ta^{c}ālā.

tabāraka wa ta^{c}ālā "er ist gepriesen und erhaben" (dem Namen

Gottes nachgestellt) 32, 47, 66, 194, 229.
Ar. تبارك و تعالى tabāraka wa ta^{c}ālā.
wa ^{c}alayka issalām "und über dir sei das Heil" 164;
wa ^{c}alayka assalām wa rraḥmatu Allāhu wa barakātuhu "und über dir sei das Heil und die Gnade und die Segnungen Gottes" 176. Ar. وعليك السلام ورحمة الله و بركاته wa ^{c}alayka -s-salāmu wa raḥmatu -llāhi wa barakātuhū.
wa lā ḥaula wa lā quwata ilā bi Illāhi -l^{c}aliyi il^{c}aḏīmi s. lā ḥaula wa lā quwata...
wa•lḥamdu lillāhi, rabi il^{c}alamīna "und Lob sei Gott, dem Herrn der Menschen" 327. Ar. والحمد لله رب العالمين wa -l-ḥamdu lillāhi rabbi -l-^{c}ālamīna.
wa -llāh a^{c}lam "doch Gott weiß es am besten" 115.
Ar. والله اعلم wa -llāhu a^{c}lam.
wa•ssalāmu ^{c}alaykūm "und das Heil sei über euch" 60.
Ar. والسلام عليكم wa -s-salāmu ^{c}alaykum.

yā arḥama •rrāḥimīn (arraḥimina) "o Barmherzigster der Barmherzigen" 48, 320. Ar. يا ارحم الراحمين yā arḥama -r-rāḥimīna.

C. Eigennamen

^{c}Ād fiǧo de ^{c}Ād fiǧo de Iram Dāti Il^{c}imādi 196: ^{c}Ād, ein im Koran erwähntes Volk, das große Bauwerke errichtet haben soll (vgl. Koran XXVI, 128); zu Iram Dāti Il^{c}imādi vgl. Koran LXXXIX, 6/7: kayfa fa^{c}ala rabbuka bi^{c}Ādin Irama ḏāti -l-^{c}imādi, in der Übersetzung von R. Paret (Der Koran S. 509) "wie dein Herr mit den ^{c}Ād verfahren ist, mit Iram, der (Stadt) mit der Säule".
Al^{c}azīz, in der "Leyenda de Yusuf" Name des Pharaos, dem Joseph diente, 81, 90, 106, 115, 196, 205, 209, 211. Im Koran (XII, 30, 51) wird der Ägypter, der Joseph kaufte, al-^{c}Azīz ("der mächtige Herr, angesehene Herr") genannt.
Alfārāšim (Elfārāšim), Josephs Sohn, 306, 307, 309, 310.
Alfarqadān ("die zwei Kälber") 10, die Sterne β und γ im Sternbild des Kleinen Bären (vgl. Kunitzsch, Sternnomenklatur der Araber S. 58 al-farqadān).
Alḫaliǧ, in der "Leyenda de Yusuf" ein Fluß in Ägypten, 70.
Ar. الخليج al-Ḫalīǧ, ehemaliger Stadtkanal in Kairo.

Alkifāḥ, Josephs Pferd, 199 (ar. الكفاح al-kifāḥ "der Kampf").
Allāh (-llāh), Gott, Allāh, 1, 2, 4^2, 7 passim, Ellāh 5, ·llāh 45. Ar. الله Allāh.
Almariẖ, der Planet Mars, 10. Ar. المريخ al-mirrīẖ.
Almayzān, der Name eines Sterns, 10. Vielleicht ist der ar. Sternname الميسان al-maysān gemeint (vgl. Kunitzsch, Sternennomenklatur der Araber S. 77).
Almizān, das Tierkreiszeichen Waage, 10. Ar. الميزان almīzān.
Almuštari, der Planet Jupiter, 10. Ar. المشترى al-muštarī.
Alqur'an, der Koran, 9, 11, 12, 31 passim, Alqūr'an 39. Ar. القرآن al-Qur'ān.
Anīl (Anil), der Nil, 179^2, 206. Ar. النيل an-Nīl.
Annāziǧa filla de Ṭālūt Ibnu Qaysi, fiǧa de ^{c}Ād, ficha de Šādād el Mayor, eine junge Ägypterin, die Joseph kaufen wollte, 90. Ṭālūt Ibn Qays, ar. Name für König Saul der Bibel (vgl. Enz. Isl. s.v. Ṭālūt); ^{c}Ād s. ^{c}Ād fiǧo de ^{c}Ād.
Asunbul, das Tierkreiszeichen Jungfrau, 10. Ar. السنبلة as-sunbula.
Aššām (Ašām), Syrien, 76, 77, 83, 96, 99 passim. Ar. الشام aš-Šām.
^{c}Aššūrā 72, ar. عاشوراء ^{c}āšūrā', der 10. des muslimischen Monats Muḥarram, Jahrestag des Martyriums Ḥusayns bei Kerbela (680), Festtag der Schiiten.
A^{c}uṭārid, der Planet Merkur, 10. Ar. عطارد ^{c}uṭārid.
Azahara, der Planet Venus, 10. Ar. الزهرة az-zuhara.

Banī ·sra'ila, der Stamm Israel, 26. Ar. بنواسرائيل Banū Isrā'īla (in Banī ist die Genitivendung beibehalten, s. Textstelle).

Chibrīl s. Ǧibrīl

Dunyā (D̲unyā), Schwester Josephs, 1, 36, 58, 60, 105, 247, 285.

Ebrahīm s. Ibrahīm
Elārdūn (Elārdun), der Jordan, 77, 99. Ar. الأردن al-'Urdunn.
Esmā^{c}īl s. Ismā^{c}īl

Falasṭīn, Palestina, 174. Ar. فلسطين Filasṭīn, auch Falasṭīn.

Ǧibrīl (Chibrīl), der Erzengel Gabriel, 5, 46, 49, 71, 87 passim, Ǧiblīl 155, Ǧiblil 161. Ar. جبريل Ǧibrīl.

Ibnu Al^{c}abās, Ibn al-^{c}Abbās, bekannter Gewährsmann für Traditionsberichte im Islam (7. Jhd.), 138, 322, 324.

Ibrahīm, Abraham, Urgroßvater Josephs, 19, 22, 23, 25 passim, Ibrrahīm 113, Ibrāhīm 21, Ebrahīm 163, ar. ابراهيم Ibrāhīm; Ilḫalīl 22, ar. خليل الله ḫalīlu -llāh "der Freund Gottes", Beiname Abrahams, vgl. auch amigo d'(da) Allāh 21, 55, 113.

^{c}Īsā (^{c}Isā), Jesus Christus, 7, 136. Ar. عيسى ^{c}Īsā.

Isḥāq (Isḥaq, Is^{c}āq, Is^{c}aq), Isaak, Großvater Josephs, 23, 65, 140, 145, 163, 171, 290, 297, 325. Ar. اسحاق Isḥāq.

Ismā^{c}īl (Izmā^{c}īl, Esmā^{c}īl), Ismael, Sohn Abrahams, in der "Leyenda de Yusuf" als einer der Vorfahren Josephs angesehen, 23, 135, 140, 171, 291, 325. Ar. اسمائيل Ismā^{c}īl.

Ka^{c}bu Alāḥbār (bzw. nur Ka^{c}bu) 3, 4, 6, 7 passim, Ka^{c}bbu 146, Ka^{c}bū Alāḥbār 20, 108, Ka^{c}bu Alaḥbār 105, Ka^{c}bu Alāḫbār (Alaḫbār, ·lāḫbār) 72, 132, 139, 282, 292, 311, 319, Ka^{c}b al-'Aḥbār (der Rabbiner Ka^{c}b), vgl. Einleitung S. IX.

Kin^{c}ān (Kin^{c}an), Kanaan, 2, 20, 41, 99^{2}, 100^{2}, 102, 104, 162, 163, 174, 231, 284. Ar. كنعان Kan^{c}ān.

Lāwiya, Levi, ein Bruder Josephs, 33, 34.

-llāh s. Allāh

Lobo ("Wolf"), Sohn von Josephs Bruder Benjamin, 272.

Malaku·lmauti (Malakū·lmauti, Malaku Almauti), der Todesengel, 175, 176^{2}. Ar. ملك الموت malaku -l-mauti.

Mālik (Mālīk) Ibnu Duġzi (Ḏuġzi) Alḫuzā^{c}īmu (Ilḫūzā^{c}īmu, Al^{c}ūzā^{c}īmu) 50, 55, 69, 74, 82, 299, nur Mālik 50, 56, 57, 74 passim, Mālik Ibnu Duġzi 88, der Kaufmann, der Joseph nach Ägypten brachte, in der ar. Überlieferung Mālik Ibn Da^{c}r genannt (vgl. Enz. Isl. s.v. Yūsuf b. Ya^{c}qūb).

BIBLIOGRAPHIE

Alvar, M.: El dialecto aragonés, Madrid, 1953.
Aut. = Diccionario de la Lengua Castellana, llamado de Autoridades, hrsg. von der Real Academia Española, Madrid, 1727-39.
Cid vgl. Menéndez Pidal.
Cuervo, R.J.: Diccionario de Construcción y Régimen de la lengua castellana, Bogotá, 1886-93.
DCELC = J. Corominas: Diccionario crítico etimológico de la lengua castellana, Bern, 1954.
DHist. = Diccionario histórico de la Lengua Española, Bd. 1-2 (A-Ce), hrsg. von der Academia Española, Madrid, 1933-36.
Dicc. CVB = A.M. Alcover, F. de B. Moll, M. Sanchis Guarner: Diccionari Català-Valencià-Balear, Bd. 1-10, Palma de Mallorca, 1927-62 (2ed. von Bd. 1 1968).
EI = M. Alonso: Enciclopedia del Idioma, Diccionario histórico y moderno de la lengua española, Madrid, 1958.
Enz. Isl. = Enzyklopädie des Islam, hrsg. von M. Th. Houtsma, T.W. Arnold, R. Basset, R. Hartmann, Leiden, Leipzig, 1913-34.
Fernández Gómez, C.: Vocabulario de Cervantes, Madrid, 1962.
Fernández Llera, V.: Gramática y Vocabulario del Fuero Juzgo, Madrid, 1929
Fueros de Aragón = G. Tilander: Los Fueros de Aragón, Lund, 1937.
Fuero de Teruel = M. Gorosch: El Fuero de Teruel, Leges Hispanicae Medii Aevi, Stockholm, 1950.
Guillén Robles, F.: Leyendas de José, hijo de Jacob, y de Alejandro Magno (Ed.), Biblioteca de Escritores aragoneses, Zaragoza, 1888.
Invent. arag. = B. Pottier: Etude lexicologique sur les inventaires aragonais, Vox Romanica X (1948/9), S. 87-219.
Kunitzsch, P.: Untersuchungen zur Sternnomenklatur der Araber, Wiesbaden, 1961.

Lane, W.: An Arabic-English Lexicon, London, Edinburgh, 1863-93 (8 Bde).
Lázaro Carreter, F.: Formas castellanas en documentos zaragozanos de los siglos XV y XVI, Argensola II, 1951, S.48-50.
Leyes de Moros del siglo XIV, Memorial histórico español V, Madrid, 1853.
Menéndez Pidal, R.: Cantar de Mio Cid, texto, grámática y vocabulario, 3 Bde., 3.ed. Madrid, 1954-6 (1.ed. 1908-11)
- Poema de Yuçuf, Materiales para su estudio. Colección Filológica de la Universidad de Granada I, 1952. (1.Ed. Revista de Archivos, Bibliotecas y Museos VI, 1902).
Nykl, A.R. vgl. Rek. Ališ.
Pardo Asso, J.: Nuevo diccionario etimológico aragonés, Zaragoza, 1938.
Poema de Yuçuf vgl. Menéndez Pidal
Rek. Ališ. = A.R.Nykl: A Compendium of Aljamiado Literature containing: Rrekontamiento del Rrey Ališandᵉre, The History and Classification of the Aljamiado Literature; Revue Hispanique LXXVII, 1929.
Schmitz, M.: Über das spanische Poema de José, Romanische Forschungen XI, 1901, S.315-411, 623-27.
Steiger, A.: Contribución a la fonética hispano-árabe y de los arabismos en el iberorománico y el siciliano. Revista de Filología Española, Anejo XVII, Madrid, 1932.

Koranübersetzungen, die bei der Besprechung der Koranzitate zugrunde gelegt wurden:

Bell, R.: The Qur'an, 2 Bde, engl., Edinburgh, 1937-39.
Blachère, R.: Le Coran, 2 Bde, franz., Paris, 1949-50.
Paret, R.: Der Koran, deutsch, Stuttgart, Berlin, 1966.